日本仏教はじまりの寺 元興寺

一三〇〇年の歴史を語る

元興寺・元興寺文化財研究所〔編〕

吉川弘文館

序文

元興寺は『続日本紀』養老二年（七一八）の「法興寺を新京に遷す」の記事などから、飛鳥（奈良県高市郡明日香村）の法興寺（飛鳥寺）を平城京左京（奈良県奈良市旧奈良市街）に新築移建されたとする。つまり平成三十年（二〇一八）は創建千三百年の節目に当たる。

創建時の元興寺は現在「ならまち」と呼ばれる界隈の大半を境内とし大伽藍を擁した官大寺（後の南都七大寺）のひとつであった。現在は、奈良時代の僧坊（国宝禅室・極楽坊本堂）と講堂跡の一部を伝える元興寺極楽坊境内（真言律宗元興寺）、元興寺五重塔跡（華厳宗元興寺）、小塔院跡（真言律宗小塔院）が伽藍内遺構として国指定史跡とされ、それぞれ寺院として往時の面影と法灯を伝えているのみである。しかし、文化財保護法による発掘調査・史跡整備、文化財修理に伴う研究の成果が評価されユネスコ世界文化遺産「古都奈良の文化財」の一つに登録されている。

元興寺創建千三百年の慶賀に当たり、三寺院が中心となって、開基の蘇我馬子大臣顕彰法要（五月十九日）を明日香村石舞台古墳広場にて、開創慶讃法要（九月二十日）を国宝元興寺極楽堂にて執り行った。同時に公益財団法人元興寺文化財研究所は、これら三寺院と所縁の寺院が伝えてきた関連文化財を一堂に集め、春と秋の二回に分け、歴史と文化を概観する企画展と講演会・シンポジウムを開催した。すなわち、長年にわたって蓄積した研究成果を中心に文化財の展覧会と学究者の講演会を企画したものである。

春期は前身法興寺に視点を当て、企画展『佛法元興―法興寺の遺産・元興寺への道程』を元興寺法輪館にて開催（四月二十八日〜五月二十七日）、シンポジウム『佛法元興―法興寺創建とその時代』、特別講演会『法興寺の遺産・元興寺への道程』を行った。これは奈良時代以前の、蘇我馬子発願と伝え、聖徳太子の佛法興隆の寺であった飛鳥時代の実像を探ったものであった。

秋期は特別展『大元興寺諸仏展及び大元興寺展』を元興寺法輪館にて開催（九月十三日〜十一月十一日）、連続講座『元興寺創建千三百年―その歴史と寺宝』、記念講演会『未来に受け継ぐ元興寺の信仰・伝承・文化財』、シンポジウム『平城京と元興寺―その創建と移り変わり』を行った。ここでは平城遷都から律令制による大寺としての存在、その後の衰退、そして中世南都の都市寺院として再生するさまを概観し、今日に繋がる研究の成果をまとめたものであった。

この記念事業は文化庁はじめ関係諸機関のご理解とご協力により画期的な特別展となり、更に諸講演者の熱弁によって望外の好評を得たものであった。また、各講演によって国・県・市町村指定の有形文化財である建造物や美術工芸品、考古遺物、民俗資料をはじめ伝承や説話など無形文化財など広範な文化財に光を当て、史料化して理解を深めることとの必要性や重要性を再認識させられた。すなわち文化財保護やその普及活動の意義や問題意識の大切さを痛感した。そこで、展覧会や講演会に参加できなかった多くの方々に講演内容を知らせ、図録を再現して公刊すべきと考えた。

この論集は、講演された諸先生方の協力を得て、吉川弘文館により講演録を基に再編集した講演集と、別巻図説である。

仏教伝来からその最先端を歩んで来たとされる元興寺の永い法灯と信仰のかたちを文化財によって理解す

ることは、元興寺研究の深化のみならず、我が国仏教文化の歴史を明らかにし、文化財の新たな理解と保護の精神を高揚させる一助となることを期待したい。

創建千三百年という勝縁に巡り合い、元興寺の法灯とは気づきの教えであることを改めて感じ取った次第である。三宝(佛・法・僧)の恩に気づき、心を直して、生き抜くことを誓い、功徳が普く一切に及ぼすことを願う。大乗仏教の菩薩の道を共に歩みたいものである。

合掌

令和二年九月二十三日

真言律宗元興寺　住職

公益財団法人元興寺文化財研究所　理事長

辻村泰善

目次

第Ⅱ部　元興寺一三〇〇年の歴史と文化財

特別講演

法興寺の光と影

里中満智子
Machiko Satonaka

どうも、こんにちは。今日は専門家の方ばかりいらっしゃる中で、私などが何をお話すればよいのかとも思いますが、その代わりに素人は素人なりに昔から「なぜなんだろう」と思っていた部分を、皆さんと共有して話を進めていきたいと思います。これをきっかけに、皆さんが新しい見方で今後法興寺《ほうこうじ》や元興寺を取り巻く歴史を捉え直してみようと思ってくださったらうれしく思います。

「仏教を採り入れる」ということ

日本に仏教が伝わってきたとき、それを採り入れるかどうかで争いがありました。これは、蘇我《そが》対物部《もののべ》の争いと言われています。物部氏は、もともと神を信じるほう、いわば古いものを守るという保守派だと言われます。それに対して蘇我氏は、渡来系で、仏教という最新のものを取り入れて日本を先進国家にしたほうがいいと思って仏教を推進しました。だから形としては蘇我氏対物部氏＝仏教対神々というふうにいわれます。しかし、はたして本当にそうなのでしょうか。

仏教というと、現代の私たちは、自分の心を安らかにするため、世の中のさまざまなできごとに対して温かい目を向け、自分の接し方を温かくする。あるいは自分自身の行為を反省するときの目安にする。魂の平安のために自分自身を清らかにしなければいけない。そういう宗教観として捉えています。

しかし、仏教を採り入れるということは、ただ単に何を信じるかということではなく、それまでのものと違うものを社会の基盤にしようとするということでした。とにかくわが心を見つめて祈るとか、修行するとか、それだけが仏教ではありません。そもそも経典というのは、インドを発祥とした自然科学とか、医学とか、哲学とかを分かりやすい形で読み解いたものです。分かりやすい論文と言えばいいでしょうか。物理学がある、医学がある、哲学があると、生命とは何か、宇宙とは何か、時間とはどういうことなのか。そういうことを、「仏陀はこうおっしゃった」とお弟子さんが書き留めたものが経典となり、それがさまざまな言語に訳されました。特に日本人にとってなじみ深いのは漢文です。中国に行って、三蔵法師玄奘《げんじょう》たちによって漢文に訳されました。それを日本が採り入れることになります。

仏教とは、ただ自分の心を見つめるとかだけでなく、生きるとは何か、生命とは何か、宇宙とは何か、あるいは数字で表されるものとは何かと、つまりありとあらゆる学問の根本をなすものを書いてくれているのが経典である。だからあれが論文だとすれば、お坊さんはまず何をするかというと、現代でいうと、多くの学者が集まって研究が進んでいる世界の中心地といわれるところに行って、そこで最新の研究結果を勉強して自分なりに論文を書く。そういうことと似ているかもしれません。ものの考え方、魂に形があるかどうか、——たとえば「物にも魂がある」と言い切ったとします。かたや「いや魂は物にはとらわれないのだ」と言ったとする。どちらを信じるかでも、考え方は全然違ってくる。でもこれは、考えてみれば、生命とは何かという根源のところまでいくわけですから、科学です。だからお寺というのは、今でいうと大学のようなところということになります。

では最初、日本に仏教が入ってきた頃はどのような感じだったのでしょうか。仏教と一緒に入ってきたものは、経典のほかに、仏像、お寺という建築物があります。それまでいた神々というのは、姿や形があるわけではありません。だから仏像のように、形を拝むわけではありませんでした。仏教が入ってきたとき、仏像があって、それが心惹かれる顔をなさっていて、心落ち着くお姿でそこにいらっしゃると、何となくほっとするわけです。人間というのは悲しいかな、何もないところになかなかイメージはしにくい。でも仏像があると、それに向かって、その目を見つめて、あるいはその前で頭を下げることによって、自分の意識がそこに集中されます。つまり何らかのよすがになるということです。仏様の姿がここにあると、それに向かって、そちらがありがたい、自分はへりくだるという位置関係がはっきりとつかめる気がします。

それから、お寺の建物は、美しい色でどっしりしていて、極楽浄土を表した部分が多くあると思います。きらびやかで、しっかりとした荘厳で大きな建物の中に入ると、どのような気持ちになるでしょうか。身が引き締まる思いがして、しかも奥の方に仏様が鎮座ましましていると、そちらに向かって自分が頭を下げるというイメージがしやすいと思います。

そういうお寺の建物を見て、神々のためにも神殿を建てようということになりました。だからその後もずっと神仏習合とか言われるように、仏教が入ってきたからといって、古くからある神々やそれを信じている人たちが怒ったとか、仏教を排除しようとしたという形跡はあまり感じられません。最新知識も一緒に入ってくるわけですから。数学、科学、医学、物理学などが入ってくるとやはりわくわくします。こういう世界観、宇宙観を築き上げた人はどのような人なのだろう、仏陀という人でもうかなり大昔にお亡くなりになった、でも仏陀が言い残されたお言葉でこういうことがある、行いを正しくしないといずれやってくるこの世の最期の日にろくな目に遭わないよ、などと言われると、自分の身を律しようと気持ちを引き締めて清らかに生きていこうと思います。だからちゃんと神々への信仰と両立できたのです。

蘇我馬子の国づくりと仏教

蘇我氏が仏教を持ちこんで、物部氏が抵抗してそこで戦いが起きたといわれますが、本当は何があったのか私にはよく分かりません。仏教対古来の神々という対立図式でいわれていますが、そうではなく、新興勢力と保守勢力の覇権争いで戦いが起こったということだと思います。

しかし、戦うときは、みんな「権力が欲しいから、俺のほうがリーダーシップを取りたいからあいつをやっつける」などとは言いません。自分がなぜ戦うかというと、こういう理由があるからだという大義名分を絶対に立てます。現代でもそうです。世界中のいろいろなところで戦いが起きている。そのときに必ず、攻める側には大義名分がついて回る。攻められたほうも、「今度はその復讐だからやっつけてやる」などということは言わない。「あの国のあいつらの考えは間違っているから抵抗するのだ」と、どちらとも愛と平和のために頑張ると言うのです。

だから蘇我氏対物部氏の戦いが、本当に仏教対神々であったとは私に思えません。とにかく勢力争いの後付けとしてこうなったということでしょう。ではどうして蘇我氏が仏教を取り入れたいかというと、やはり革新性です。国をもっと大きくするためには今のままでは駄目だと思うから、何かをしたいわけです。そのときのようすがとなるものが仏教だったのです。なぜならば、当時の日本人から見て経済的にも軍事的にも強大な先進国家と思われていた隋《ずい》が仏教を採り入れていたからです。仏教一色になっているわけではありませんでしたが、仏教を信じ、仏教の科学的な部分を採り入れ、お寺もある。となると、先進国に見習うというのがわが国を豊かにする第一歩です。

だから、蘇我氏は、仏教を取り入れる＝科学的な考え方を取り入れる＝お寺も建てる＝大学を建てる＝そこで優秀な僧たちに勉強させてこの国を導いてもらう、そうすれば先進国である隋のようにこの国も良くなると信じていました。朝鮮半島もそうです。東アジア一帯は仏教を信じていました。もちろん隋でも儒教《じゅきょう》を信じている人もいたし、儒教と仏教と両方をごちゃ混ぜに信じている人もいたし、道教《どうきょう》もありました。しかし、仏教を採り入れて仏教的システムで国の仕組みを動かしていくことが先進国家のやり方なのだと革新的な蘇我氏は考えました。

そこに、物部氏がでーんといたわけです。でもご承知のように、どの氏族にも栄枯盛衰があります。物部氏が勢力を持っているところに蘇我氏が力を付けてくる。その勢いで今のうちに昔からの勢力を叩き潰さなければいけないと思って攻めに転じるということがあります。それが形に表れたのが戦いです。

本当かどうかは分かりませんが、物部氏と蘇我氏の戦いのときには、まだ少年だった聖徳太子《しょうとくたいし》が蘇我氏側で一緒に戦っていました。そのときに聖徳太子が、「この戦いに勝たせてくだされば、お寺を建てます」と誓い、後に四天王寺を建てたといいます。

同じく蘇我馬子《うまこ》も、この戦いでの勝利を祈って、お寺を建てることを誓いました。こうして馬子によってこの国で最初に建てられた総合大学のようなお寺、それが法興寺（飛鳥寺）でした。蘇我馬子がお寺を建てようと考えて、建てるための財源も確保して、そして推古天皇と聖徳太子が推進した、そういう形だったのではないかと思います。馬子はとても先進的で、新興の力、仏教的な考えつまり科学などを採りいれて日本を先進国家にしようとした、そしてそのときに担ぎ上げたのが推古《すいこ》天皇や聖徳太子だったのです。

ただなぜお寺を建てようかと思ったかというと、それは先進国家の総合大学のシステムをそのまま持ってくるところに意味がありました。お寺には、僧たちの暮らしと直結した建物もあれば、修行の建物もあれば、ご本尊を納めておく建物もあれば、イメージした極楽のような荘厳さも必要だと思います。そしてお釈迦様の骨を納めるための、天にそびえる塔も必要です。そういう当時の隋や朝鮮半島では当たり前のようなお寺を見習って建てようとしました。お寺は大学、研究の場、最新知識を得られる場ですので、国力につながるわけです。だからお寺を建てようと思い立ったのです。

そして戦いでは蘇我氏は物部氏に勝ちました。勝ったといっても不思議で、「俺が王だぞ」と言って王朝を打ち立てるわけではないのです。王朝から誰かを立てて、そして自分は寄り添って一緒に政治をしていく。「世の中がこうなればいいのではないか、このシステムをこう変えればいいのではないか、でも私にそれを実行できる力はちょっと頑張っても足りない、そういえばあの人なら力がある、あの人の知恵と力だったら、絶対にこういう理想を実現してくれるはず、そうだあの人のそばにいてあの人が仕事をやりやすいようにお手伝いしよう」と。だから蘇我氏としては、推古天皇なりの横について、国とはこうあるべきではないかということを一緒に進めていければ、それで良かったのではないかなという気もします。

「大化の改新」のイメージ

ところが人間も、同じ家族の中でもいろいろな性格があります。同じ年頃でもいろいろ性格がある。同じ地域にいる人でもいろいろな考え方がある。同じように、馬子の時代は物部氏がいましたが、一生懸命何とか頑張ってこの国を新しくしていくというときに、推古天皇や聖徳太子もいて、それで何とかやってきたということがあるかもしれません。

しかし、子どもとか孫の代になると、よくいわれるのが、こういう状況が当たり前だと思って育ってしまうと、どこか肌感覚としての謙虚さが少なくなっていってしまいます。だから難しいですよ。親が偉くなればなるほど、お金持ちであればあるほど、そういう謙虚さをどう身に付ければいいのか。本当の意味で賢い子どもだったら、世の中の道理、物のすべて、宇宙のすべてを理解したいというだけの想像力と知性のある子どもだったら、自分一人のちっぽけな存在など何ほどのものかと、まず分かります。そうすると謙虚になれるのです。

ところが想像力や探求心が欠如すると、自分が見えているものだけで判断してしまう。そうすると、「お父さんは偉いんだ、お父さんは力を持っている、みんながお父さんに頭を下げる、よく考えれば天皇とか、日嗣《ひつぎ》の御子《みこ》とか、みんな偉そうに言っているけど、うちのお父さんが一生懸命手伝って、知恵を出しているのではないか」と。うちのお父さんが王になってしまえばいいのではないかくらいに思ったりしかねない。だから、蘇我馬子はしっかりしていた、しかし、蝦夷《えみし》とか入鹿《いるか》の代になるとだんだん傲慢になってきた、とよくいわれます。これは見てきたわけでもないので本当かどうか分かりません。もしかしたら修行を積んだ偉いお坊さんはお祈りしていると霊と話せるようになるかもしれないけれども。（客席のお坊さんを見て）出てきませんか？　そうですか。

だから本当のことは誰にも分かりません。では何によってそれを探るかというと、当時、あるいはその少し後の時代に書かれたものを見て考えるしかないわけです。ではそこにどう書いてあるかというと、蘇我氏は強大な経済力、軍事力を持っていたと。甘樫丘《あまかしのおか》の高いところに周りを見下ろすように大邸宅を建てて、しかもプライベートな軍隊を持っていて、その人数たるや結構いた、しかもわが国の歴史書も持っていたと記されます。そして、権力志向で、ずるいことを考えて天皇家より威張ろうとしたから、中大兄皇子がこれではだめだと思って蘇我氏に対してクーデターを起こした。これが「大化《たいか》の改新《かいしん》」だといわれてきました。

本当の「大化の改新」

でも本当のところはどうなのでしょうか。蘇我が大きな力を持っている。お金持ちで本当に傲慢になったのか、天皇よりも威張ろうとしたのか、本当のところはよく分かりません。分かりませんが、ある日推古天皇が亡くなって、誰がその跡を継ぐかというときに、その有力な候補者だった聖徳太子の息子の山背大兄王《やましろのおおえのおう》がどういうわけだか蘇我氏に追いつめられて自害するという事件が起きました。こうなると恐ろしいですよね。蘇我氏はこの国を欲しいがままにする気だと、そう見えても仕方がありません。そして「私もああやって邪魔者扱いして殺されるかもしれない」と思った人も何人かいるはずです。その中の一人が中大兄皇子だと思います。

中大兄皇子はお母さまが皇極《こうぎょく》天皇です。皇極天皇も蘇我氏のあと押しで天皇になっている。蘇我氏というのはいつもあと押しして、自分の息のかかった者、蘇我の血が入っている者をどんどん天皇にしていきます。しかしそうでない者は抹殺されるかもしれない。そう思うと、誰が一番恐ろしがったかというと、その候補者たちが一番恐れるわけです。

だから中大兄皇子の立場になって考えると、「私の母上は蘇我に支えられて天皇でいるが、それでいいのだろうか。母上は蘇我の後ろ盾がなければ、天皇ではいられないかもしれない。しかしここまで蘇我を頼ってしまうとどんどんのさばるばかりだ。それが証拠に堂々と天皇や天皇候補者を暗殺する」と。そう思ってくると「そのうち僕も殺されるかもしれない。嫌だ、怖い」と思っても不思議はないですね。

そんなところに出てきたのが中臣鎌足《なかとみのかまたり》です。この中臣というのは、神に仕える仕事をする一族です。しかし、中臣が、仏教を入れた蘇我のことを邪魔に思って、神々への信仰に戻したかったから中大兄皇子に近づいて権力を握ろうとしたのかというと、そうでもありません。仏教が入ってきても、それを先進の科学として受け止めながら、神々もそのまま大事にしています。中臣はやがて藤原《ふじわら》という姓を天皇から賜って、藤原氏になります。藤原氏の成功は何かというと、なぜ蘇我氏は失敗したのか、なぜ蘇我は潰されてしまったのかというのを側で見ていたことです。というか、それをした張本人ですけどね。

中臣鎌足はあるとき中大兄皇子に近づきます。「このままでよろしいとお思いですか、本来ならあなたが国の天皇になるべきだ、でもこのままではいけない。皇極天皇、スメラミコトさまはどうかなさっている。目を覚ましていただかなければいけない。何よりも悪いのは蘇我だ。あいつをやっつけなければいけません、お手伝いいたしますよ」と言って、中大兄皇子に近づく。そしていわゆる「大化の改新」――最近は「乙巳《いっし》の変」という言い方で教わっていますけれども――がそこであったかどうか。中大兄皇子はまだハイティーン、今なら高校生です。そのような若い男の子が、少し世の中のことを知っている中臣鎌足と手を組んだわけですが、実はこの二人だけで成し遂げたわけではありません。

蘇我氏は経済的基盤が大きいから、一族も大きく、分家もたくさんあります。いつまでたっても主流を本家が握っていると、分家の間に不満が溜まっていきます。分家も皆それなりに何とか力を蓄えてやっていましたが、やはりくすぶっているものがありました。その中でも蘇我氏一族の蘇我倉山田《くらやまだ》石川麻呂《いしかわまろ》という人を抱きこんで、いわゆる「大化の改新」、乙巳の変のクーデターを起こします。クーデターというのは、政権を政権外の者が倒して政権を取ることです。つまり中大兄皇子は政権の外にいたということです。政権の外の非主流派だったから、中大兄皇子は巻き返しを図って、蘇我氏の後を狙っていた中臣鎌足と、蘇我氏の中でも不満を持っていた倉山田石川麻呂たち蘇我氏一族の一部と組んだのです。

だから、「大化の改新」というのは、蘇我氏が悪かったから倒されたということではなくて、次に権力を握ろうと思った人が、権力を持っている邪魔者を倒そうとしたということです。後の時代になるとよく分からなくなるから、「中大兄皇子が腐敗した蘇我の権力を許せなくなって、これでは世の中が良くならない、蘇我はもうやることなすことひど過ぎる、倒さなければ、と一大決心をして蘇我を倒した、これが大化の改新だ。蘇我は悪い、特に入鹿は悪い、蝦夷も子どもの育て方が悪かった」と言われるわけです。死人に口なしですよね。

だけど戦争をするときには大義名分が必要です。「うん、そうだな、あれはやっぱりやっつけたほうがよかったんだな」と皆が思うような大義名分が絶対必要です。そうでなければ民衆の心が離れてしまっては、世の中は治まりません。結局は皆の心です。いつでもどの時代でもどの国でも、どの政権でも民衆の心が離れてしまうと、世の中が乱れる。そうすると政権もぐらついてしまいます。だから政権は「私のやることは美しくて正しくて、愛すべき人たちを守ることなのだ、これが正義なのだ」とアピールします。自分でアピールするのはみっともないとなると、誰かにアピールさせる。それもあまりにもあからさまだと、遠回しに客観的事実としてさまざまなことを言う。そうやって人々は政権の言う通りに思いこまされていきます。

どんな戦いでも犠牲が出ます。一度戦争になったら、やはりはらはら、どきどきする。びくびくする。それでも、必要な戦いだったのだと思うことで自分を納得させる。だから大義名分というのは絶対必要で、その大義名分として蘇我は悪人扱いされました。だから本当に分からないですが、もしかしたら蘇我馬子は「先進的な国を新しく変えよう、新しいシステムで仏教を取り入れて、それを基本に国を動かしていこう」と本当にそう思っていて、自分の財をはたいてまで、この国のために推古天皇と聖徳太子を助けた。そしてわが国最初のちゃんとしたお寺といわれている法興寺を建てたということだったのではないでしょうか。

いわゆる「大化の改新」といわれるその日、宮殿に上がった蘇我入鹿に対して、中大兄皇子と中臣鎌足と蘇我倉山田石川麻呂、この三人の合同チームが皇極天皇の目の前で入鹿を殺すわけです。皇極天皇は「息子よ、なぜそんなことをするのですか」と質問したところ、中大兄皇子に「母上、目を覚ましてください。この男は、ほしいままにしようとしていたのです」と言われて奥に引っ込み、そして退位するという流れになるといわれていますが、何が本当か分かりません。とにかく中大兄皇子と中臣鎌足と蘇我倉山田石川麻呂のチームが、蘇我の跡取り息子である入鹿をだまし討ちみたいにして殺したことは事実です。

軍事基地になった法興寺

そして、入鹿の体を父親の蝦夷のいる甘樫丘に送り届けました。決戦だということで、甘樫丘の蝦夷の大邸宅には兵士が大勢います。そして甘樫丘から見下ろせるような位置に法興寺があるわけです。蘇我氏は、あの辺り一帯は自分たちにとっての聖地であり、宮殿であり、軍事基地でありということで、それを見渡せる甘樫丘に構えていたわけです。

ところがなんということか、自分たちが建てて聖徳太子と推古天皇に捧げた寺、仏教をここから始めるのだといって建てた寺であるあの法興寺に、クーデター軍である中大兄皇子の軍勢が立てこもり、「味方となる者は法興寺に集まれ」と軍事基地を置いたのです。蝦夷の気持ちとしたらどうでしょうか。もし私が蝦夷だったら、「ああ、うちが本当に誠心誠意こめてこの国のためにと思って建てた寺、そこに今、わが家を滅ぼそうという若い軍勢が陣地にしている」と心が乱れたと思います。だからそのためなのか、あるいは、天皇とか天皇になるべき人がこちらに弓を引いたとするのならば大義名分が立たずこれはもう諦めるしかないと思ったのか、自害して館に火を放ってしまいました。

しかし、戦いに勝って、入鹿も蝦夷も滅んで、蘇我氏はここに滅亡したかのようにいわれますが、分家はたくさん残りました。クーデター軍の首謀者の一人倉山田石川麻呂は蘇我氏の一員です。この人も後に中大兄皇子に疑われて自害して果てますが。とにかく蘇我氏対天皇家とか蘇我氏対物部氏という図式だけで見てしまうと、見逃してしまうことがあるように思います。本当に蘇我氏はそんなに悪かったのか、いやあれは本家だけの話だ、いやでもそれも本当なのか分からない。しかし人はさまざまな立場で動き、さまざまな思いの末、迷いに迷って最終的に道を決めます。その中で、まるで子どもでも分かるような、蘇我氏はは威張りすぎて傲慢で、欲しいがままにしようとしたから滅ぼされて当たり前だ、というような、五、六歳の子に言い聞かせて納得させるようなおとぎ話のようなものを誰が信じるでしょうか。いい大人が「きっといろいろあったんですよ、あったんだろうけど、結論としてはこうしておこう」ということで定着していった話はたくさんあると思います。

歴史を見る目

だから、残された話と事実との隙間を探るというと、学者ではないのでそこは自信ないのですが、私ができることというと、人間というものの持っている本質的な力や、癖、思いを汲み取ることです。人は誰も皆、「私は悪者である、欲張りである、みんなを蹴落として資産を独り占めにしたい、軍事力も独り占めにしたい、みんな逆らったら殺すぞ、私ほどの悪者はこの世にいまい」などと言える悪人は滅多にいないと思います。皆何かしらの信念があって、思いがあって、こうしたほうがいいだろうと思って何かを一生懸命やっているのです。でもそこからすれ違いが生まれてしまうときもある。すれ違ってしまうと、「相手を倒さないと自分のやり方は通らなくなる、これでは世の中うまくいかない」、そう思うからこそ敵を倒そうとなるわけです。みんな言い分があるはずです。

だから、現代人なら手記を書いておくとか、どこかに告げ口するとか、さまざまなことができるかも分かりません。でも当時の人はそれができない。できたかもしれないけれども、それは残っていないので本心は分かりません。現代人の私たちにできるのは、せめて想像力を駆使して、さまざまな事実を拾い集め、少しずつつなぎ合わせて、つじつまが合うように考えていきながら、「誰も皆、自分は良いことをしていると信じて生きているのだ」と、そう思いたいです。

そう思うと、「無理もない」と思えることとか、「よく頑張ったな」とか「辛かっただろうな」と思うことはたくさんあります。昔のことを、「こいつは悪かった」、「こいつがずるかった」、「こんなやつはやられて当たり前だ」と決めつけるのは簡単です。簡単ですけれども、そうやって簡単に見てしまう癖がつくと、現代のことも簡単に見てしまいます。

するとどうなるか。たとえば大きな世界のできごととか大きな政治のことでなくても、たとえば家族の中のことでも、簡単に「どうせお母さん、分かってくれないから」、あるいは「どうせ夫に言ったって分かりゃしない、理解しようとしない」と決めがちです。その前に、「自分の考えを伝えたら相手はどう思うかな、じゃあそう思うかもしれないから、こういう言い方をしたほうが分かりやすいだろうか」という、「忖《そん》度《たく》」というのが日本人の芯のところにあると思います。

しかし「忖度」の一方で本心は絶対にいろいろあります。だから私はずっと長い間、「蘇我氏がただ一方的にずるい」とか、「やられるのも当たり前だ」とかいわれるのはどうなのかと思っていました。やられるのが当たり前だなどという存在はこの世には実はないと思います。その当の本人には絶対に本人の言い分がある。ましてや勝った側、残った側からの基準で書かれて、それしか参考になるものがないとなると、これは非常に気の毒なことだと思います。だから、新しい時代には滅ぼされて当然と思われているような人たちが本当にそうだったのかということを見直すのが大事だと思います。

法興寺の遺産

今回、元興寺創建一三〇〇年ということで、この講演会の全体テーマには『法興寺の遺産、元興寺への道』とあります。

法興寺は、日本で最初のきちんとしたお寺、つまり仏教の考えを地上に生かすことができるお寺として建てられたといわれています。ところが、都は遷り変わっていきます。飛鳥に都があったといっても、その頃の飛鳥は天皇がお住まいのところ、「宮」といわれていました。当時の人々の感覚だと、何かあると引っ越す、建て替えるということをします。新しく生まれ変わるということで、そのほうが清らかにリフレッシュできるからです。

ところが、お寺の建物が造られるようになって、大陸風の建築が定着し、宮殿や役所の建物も立派に造られるようになります。役所の組織が整っていて、それ用の建物があって、その奥に宮がある。いわば、皇居があって霞が関の官庁街があるというのが都です。こういう都は飛鳥では作れませんでした。

藤原京で初めて都らしい都ができます。これも先進国家になりたいから、一生懸命頑張って作ったのです。その後、平城京に都が変わります。このときに藤原京で使っていた材木とか瓦は、ほとんどリサイクルされて平城京で使われました。だから藤原京は何にも残っていません。礎石《そせき》しかない。どこに都があったのかも分からないです。宮の場所すら言われなければ分からない、へえと思うだけです。平城京に都が移ったときにごそっと引っ越していったからです。

お寺も都が変わるたびに移転していきます。平城京もできて、他のお寺も移転していきましたが、法興寺は平城京への移転が他のお寺より少し遅れたといわれています。これをまたうがった見方をすると、法興寺は蘇我氏の氏寺で、蘇我氏は国に盾突いたから後回しにされた、という説もありますが、そうではないと思います。なぜなら天皇家には蘇我氏の血がいっぱい入っていますから。

法興寺は平城京に遷された後、元興寺になります。そのときに元の法興寺の瓦や木材をリサイクルで持っていって、今も元興寺の建物に残っています。お寺が移転して名前も変わりました。しかし名前が変わっても、法興寺の遺産は今日まで奈良で生き続けているのです。

一方、明日香の地にも本元興寺《もとがんごうじ》が残され、今も飛鳥寺があります。飛鳥寺の大仏様も後の時代に作ったという説もありましたが、最近の研究では、やはり後で作ったものではなく、創建当時の部分も少なからずあるといわれています。お寺の規模は小さくなってしまいましたが、やはり当時からずっと見ていらした大仏様がまだそこにいらっしゃるわけです。蘇我氏が建てた寺なのに、蘇我氏を打ち倒すための中大兄皇子軍の陣地になってしまいましたが、そのときの蘇我蝦夷の気持ちを思えば、せめてもう少し蘇我氏を見直してほしいなと思います。辛かったと思いますよ、だけど、その後祟ったとか何とかそういう話も聞かないので、良い人だったのではないかなと思います。分からないです。

今日の私の拙い話で、何とか蘇我氏を見直してほしいと思います。通りいっぺんに「あいつは悪いからやられたんだ」と思わないでほしいと思います。蘇我氏の存在に恐怖に震える中大兄皇子という若者がいて、それをもしかしたら中臣鎌足や蘇我氏の分家が利用したのかもしれません。分からないです。ただ、皆一生懸命だったという目で見たいと思っております。そして、そういう思いを継ぐお寺として、奈良の元興寺と明日香の飛鳥寺にも一度訪ねていただきたいと思います。ご清聴ありがとうございました。

仏法元興
——日本仏教の源流——

第Ⅰ部

1 法興寺の造営

東野治之
Haruyuki Tono

はじめに

きょうは「法興寺《ほうこうじ》の造営」というテーマでお話しますが、後ほど考古学や建築史学の方が登場されますので、その方面のことは、ご専門のかたがたにお話しいただくということで、主として、文献から見た法興寺のことを、時代としましては、平城遷都《せんと》のあたりまで、造営の問題を中心に、取り上げてまいりたいと思います。

1 法興寺と元興寺

まず、法興寺あるいは元興寺という寺の名前ですが、どちらを使っても変わりないと、皆さん考えておられるかと思います。実際、これまでは、どちらでもよいという感じで、両方使われてきたと思いますが、年代による前後関係があるだろうといわれています。最初、飛鳥にできた飛鳥寺は、漢字二字で中国風の熟語になっている呼び名、つまり法号が、法興寺だったと考えられます。平城遷都で、その由緒が移ってまいりますと、新たに名付けられて元興寺になったのだと、太田博太郎氏がおっしゃっています（太田　一九七九）。史料を見渡しますと、両方、併用しているように見えるけれども、確かにそういう傾向がある。飛鳥時代の飛鳥寺のほうは法興寺と呼ばれ、平城京に移ってからは元興寺と名付けられているという太田説は、まず、当たっているのではないかと思います。若干、例外があっても、例外は例外として説明がつくようです。

ですから、きょうの話は、結局、法興寺がどういうふうにできて、どういう歴史をたどったかということになると思います。平城遷都後の元興寺については、秋の講演会で改めて取り上げられるということでして、平城京に移ってくるまでの飛鳥寺を、お話しすることになります。

実は法興寺から元興寺、それから、ずっと後の時代まで含めまして、すでに、通史として、昔、元興寺文化財研究所の所長であられた岩城隆利氏の『元興寺の歴史』（岩城　一九九九）という本が刊行されていますし、歴史を考えます場合の史料、これも、『元興寺編年史料』（岩城編　一九八三）として集成されています。ですから、一応、史料が集められ、歴史が書かれている状況ではありますが、まだまだ分からないこと、あるいは論議の種になっているようなことがありますので、現状がどうであるかというところをたどってみようと思います。

法興寺と元興寺の名前に関しまして、面白い史料がある。それは、元興寺から東大寺に奉られた次のような歌です。

東大寺大会時、元興寺献歌二首

美那毛度乃　々利乃於古利之　度布夜度利　阿須加乃天良乃　宇太々天万都留

天平勝宝四年四月十日

この歌は、いま申しました寺の名前に関して、示唆するところが大きいと思います。東大寺の大仏ができあがって、その開眼供養《かいげんくよう》が行われた天平勝宝四年（七五二）の四月十日、東大寺の大仏開眼会の翌日になりますが、法会《ほうえ》にちなんで、元興寺から和歌が献上された。それが『東大寺要録』という東大寺の記録に載っています（巻二）。その歌は二首と出ていますけれど、実は三首ある。二首というのは三首の間違いだろうと思われますが、そのうちの一つの歌を、ここに取り出しました。開眼会は、本来、四月八日の釈迦の誕生日に挙行することになっていたのですが、その日に雨が降って、一日延びました（吉村　一九七二）。屋外でやらなければならない大きな法会ですから、延ばさざるを得なかったのです。

歌は万葉仮名で書いてありますが、仮名に直すと「みなもとの」というのは、根元、元ですね。「のりのおこり」、これは仏法を興隆することで、「法興」に当たり、漢字に直せば、「元の法興」ということになります。飛鳥の枕詞《まくらことば》は「飛ぶ鳥の」ですが、それを一字増やして、「とぶやとり」にして、「のりのおこりの」と「あすかのてら」の間に挟んでありますが、歌としては、

みなもとの　のりのおこりの　とぶやとり　あすかのてらの　うたたてまつる

こういう歌で、飛ぶ鳥の飛鳥寺から歌を献上いたしますという、単にそれだけの、簡単なものです。

ここに、「みなもとの　のりのおこりの」と言ったのは、法興寺から元興寺への変化を反映しているとみていいでしょう。つまり、奈良時代の半ばになると、法興寺は、日本の仏法の始まりの寺である、仏教が最

初に興った寺であるという認識になっていた。元興寺という名前そのものが、日本の仏教の興った最初の寺であるという意味を表しているのです。日本の仏教の歴史では、六世紀の末に飛鳥寺ができるわけですが、その飛鳥寺から約一〇〇年余り経ち、平城京に都が移って、その由緒を受け継ぐ寺を造ったときに、飛鳥寺は仏教が始まった寺であり、初めて仏教が盛んになった寺なのだと認識されて、元興寺という名前が新たに生まれた。法興寺という言い方が、まったく廃止されたわけではなくて、元興寺という名前が新たに加わったと考えればいいと思います。

2 造営の経過

この寺は、いま申しましたように、六世紀の末に建立されますが、造られるプロセスは、『日本書紀』にかなり詳しく記録が残っていまして、よその寺よりもよく分かる珍しい寺院です。なぜ、そういうことになったかというと、これもやはり、本格的な仏教寺院として、最初のものであるということがあったからだと思います。正史には、寺の建てられていく順序とか、詳しい経過などは、出てこないのが普通です。ある寺の創建年代ぐらいは出てきても、途中経過まで書いてある寺はまずありません。ところが法興寺に関しては、『日本書紀』が、作られていく経過を詳しく載せている。それはやはり、これが最初の本格的な寺院であったことと関係があると思います。

『日本書紀』や、元興寺の古い記録である『元興寺縁起《えんぎ》』によると、法興寺の造営は、一応、天皇が主導した形になっていますけれども、実際は、時の実力者であった、大臣の蘇我馬子《そがのうまこ》が中心になって、この事業を進めた。崇峻《すしゅん》天皇の元年（五八七）に、寺を造り始めたことが分かっています。この寺を造るにあたって、当時、日本と友好関係にあった百済《くだら》から、釈迦の遺骨である仏舎利をはじめ、僧侶、いろいろな造営技術の指導者などが献上されてきた。これも記録に出てまいります。

それから、『日本書紀』によると、推古四年（五九六）に寺ができて、蘇我馬子の息子が寺の管理者となり、朝鮮半島出身の二人の高僧が住んだということが出ています。

四年冬十一月、法興寺造り竟《おわ》る。則《すなわ》ち大臣の男、善徳臣《ぜんとこのおみ》を以て、寺司《てらのつかさ》に拝す。是の日、慧慈《えじ》・慧聡《えそう》の二僧、始めて法興寺に住す。

『元興寺縁起』では、文字の使い方とか細かい年代とか、少し違うところもありますが、おおむね似通ったことがでてくる。ここでは、大体『日本書紀』に沿って書いていきます。

推古《すいこ》天皇の時代になって、その十四年（六〇六）に、銅でできた丈六の釈迦像と、刺繍で作られた丈六の釈迦像が完成しました。これはその前の年に推古天皇が誓願を立てて作らせたものです。その時の記事によると、作者は鞍作鳥《くらつくりのとり》で、よく鳥仏師と呼ばれる有名な人物です。

この像を造るにあたって、百済と同じく朝鮮半島にありました高句麗《こうくり》の王が、黄金三〇〇両を献上してきたということも出ています。これは、銅の仏像に金メッキするための黄金です。そういう記録からすると、大体、推古十四年頃に、法興寺は完成したということになると思います。一方で、前にふれたとおり、推古四年に工事が終わったという記録もあるわけですが、それとの関係は、また後ほど申します。

この時期の生の資料というのは、ほとんどないわけですけれども、飛鳥寺の発掘が行われていて、そのとき出てきた瓦の中に、文字を刻んであるものがあります。ヘラで刻んでありますから、ヘラ書《がき》といいますけども、そのヘラ書の文字の中に、さまざまな職掌で朝廷に仕えていた集団、部民《べみん》の名前が書かれている平瓦が出てきております。「田部」「白髪部」というような集団名です（図1）（東野　二〇一五、清野　二〇一五、清野・山本・東野　二〇一五）。

律令制が整うと、大きな工事には、一般の人々が徴発されて、労働に駆り出されたり、あるいは、雇用されて賃金は、一応出るという形で働いたりするような体制になるのですが、七世紀代、あるいは六世紀の最末期というような時期ですと、部民が動員されて、寺の工事に労働力を提供したのではないかと思います。やはりその辺にも、古い時代の特色が表れているようです。

最初の本格的な寺院を蘇我氏が造ったわけですけれども、この蘇我氏というのは、仏教に非常に熱心で、崇峻天皇の前の敏達《びだつ》朝から、仏教を盛んにしようと努めた。反対勢力との間に、崇仏・排仏の闘争があったという伝承も残っているわけですが、その蘇我氏が、はじめは、寺院を建てるところまでいかなくて、自分の邸宅に仏像を祭る様子が史料に出てきています。そういう形で、一応、仏を拝む場所、仏教を布教する拠点というものは考えたのでしょうが、寺院という、しっかりした施設として構想したのが、この法興寺でした。だから、最初の本格的寺院というわけです。

図1　飛鳥寺出土瓦ヘラ書「白髪部」
（奈良文化財研究所所蔵）

飛鳥寺、法興寺は、蘇我氏の氏寺《うじでら》だといわれることも結構あるので、そういう記述を目にされた方もあるかもしれませんが、それだけではなかった。推古朝ごろまでは、大体、主要な皇族の人たちは、みんな、蘇我氏と相当濃い血縁関係があった。だから、蘇我氏の寺であるけれども、同時に、朝廷の寺という性格を持っていたと考えていいのです。また、蘇我氏は、乙巳《いっし》の変（六四五年）で、蘇我入鹿《いるか》が殺され、蝦夷《えみし》が自殺し、本家が滅んでしまうわけです。蘇我氏が没落したら、法興寺、飛鳥寺は衰えたかというと、全然そうではありません。そこがやはり、前の時代とのつながりも、考えないといけない点で、一方で、朝廷の寺であるという性格も兼ね備えている。だから、蘇我氏の本家が滅んでからも、その勢いは衰えることがなくて、むしろ、朝廷の主要な寺院として、ますます盛んになっていく。蘇我氏の寺から、国の寺へという動きになっていったわけです。

大化以降、平城遷都に至る間、朝廷の主な寺を挙げるなら、法興寺は必ず数えられてくる。当時の主要な寺院を、四大寺といいます。法興寺、薬師寺《やくしじ》、大官大寺《だいかんだいじ》、川原寺《かわらでら》という四つの大きな寺です。これが、七世紀後半、国家の仏教信仰の中心になります。法興寺はこれまでみてきたとおりですが、川原寺は、天智《てんじ》天皇が建てた寺で、法号は弘福寺《ぐふくじ》、薬師寺は、天武《てんむ》天皇が、妻の持統《じとう》天皇のために建てた。さらに、大官大寺は、舒明《じょめい》天皇が始めた百済大寺《くだらのおおでら》の発展した寺院です。この四つの寺が、七世紀末には、一番、力があった。

これらの寺は、国家が経済的に支える形で運営されました。法興寺も、いわゆる官寺の一つという位置づけです。蘇我氏に対する対抗勢力であった藤原氏、あるいは天皇家も、法興寺の運営には、非常に肩入れをしていて、天智九年（六七〇）に藤原鎌足《かまたり》が亡くなったとき、鎌足の家財の一部が、法興寺に寄進された。鎌足の伝記『大織冠伝《たいしょつかんでん》』に、

家財を割きて、元興寺に入れ、五宗（法相《ほっそう》、三論《さんろん》、倶舎《くしゃ》、成実《じょうじつ》、律《りつ》の各宗）の学問の分に儲け置く。

とあります。これは当然、鎌足の菩提を弔うという意味があったはずで、藤原氏、中臣氏との密接な関係を示しています。

その翌年、天智十年には、天智天皇が病気で倒れるわけですが、その平癒《へいゆ》を祈って、いろいろな財宝を法興寺の仏に献上している。このことは、『日本書紀』同年十月の条に出ています。

是の月、天皇、使を遣して、袈裟《けさ》・金鉢・象牙・沈水香・旃檀香《せんだんこう》及び諸の珍財を、法興寺の仏に奉らしむ。

以上のことは、蘇我氏の対抗勢力だった人たちが、財政的に、あるいは、信仰上も肩入れをした、その表れだといえます。ですから、平城遷都の動きが進んでも、平城京に、この寺の後を継ぐ元興寺を建てるということにもなったのです。

四大寺の、法興寺、川原寺を除いたあとの二つ、薬師寺と大官大寺は、やはり平城京に薬師寺、大安寺として移されましたが、ともに天武、持統朝以後にできた寺で、天武天皇、持統天皇の信仰を伝えるものですけれども、それと並んで、この飛鳥寺が重要視されたのは、日本における仏教の、最初の寺だという位置づけであったからだと思います。

3 特異な伽藍配置

この寺がどういうすがたをしていたかというと、図2の伽藍配置図にもあるように、中心に塔があって、それを三つの金堂が取り囲むという特異な形をしています。伽藍配置については、また後ほど、専門の方々から、詳しいお話があると思いますので、ここでは文献のほうから、それぞれどのようなものが祀られていたかということを見ておきたいと思います。

金堂が三つありましたが、これは、塔を中心にしまして、東と西に金堂が一つずつある。それから、塔の北側に中金堂という、中心の金堂がある。これらの堂に、一体、何が祀られていたのかということです。今、飛鳥寺に行かれたら、飛鳥大仏という大きな金銅仏がある。この飛鳥大仏が本尊であるというわけですけれども、創建当初の本尊がそうであったとはいえません。

先ほど、話したように、推古四年に、

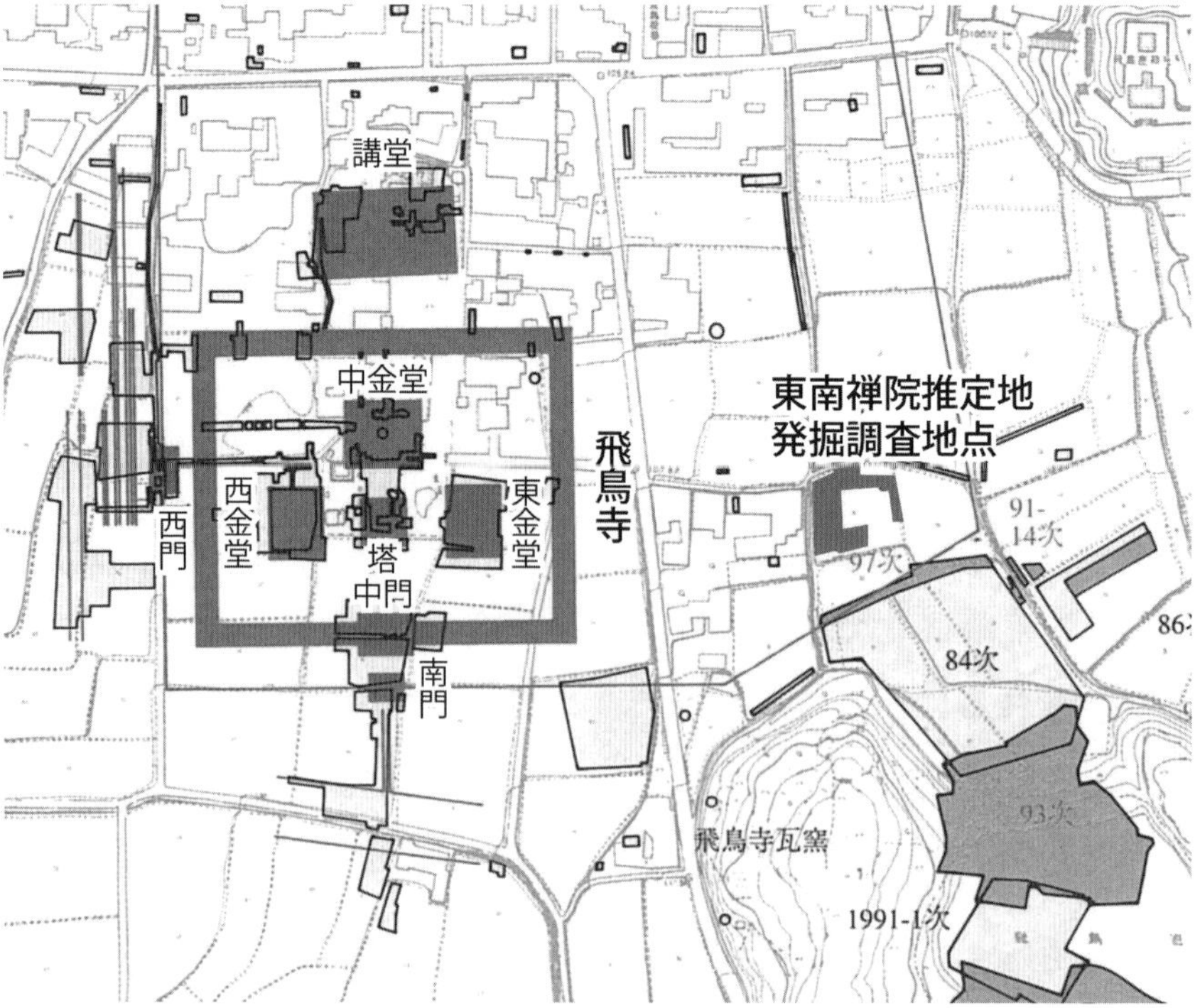

図 2　法興寺伽藍配置図（『奈良国立文化財研究所 1999-II』所収図を改変）

工事が完成しまして、その十年後に、銅と刺繡の釈迦像が完成している。推古十四年の、銅と刺繡の丈六仏というのは、鳥仏師との関わりで有名なわけですが、この銅の丈六仏、これが現在の飛鳥寺の本尊の飛鳥大仏です（図3）。そうすると推古十四年まで、本尊はなかったのかということになります。しかし、そうではなくて、すでにおっしゃっている方があるわけですが、最初の本尊は、敏達天皇十三年（五八四）に、朝鮮半島の百済からもたらされた、弥勒《みろく》の石像だったのだろうと考えられます。『日本書紀』の同年九月のところに、鹿深臣という人が、百済から弥勒の石像を持ち帰ったことがみえる、その像です。法興寺は、最初、この像を本尊にする形で出発して、さらに十年かけて、整備が進められたということなのでしょう。

　この弥勒の石像が、元からの本尊だったということとは、だいぶ後の鎌倉時代の記録ではありますが、『諸寺建立次第《しょじこんりゅうしだい》』に次のように出てきます。

　敏達天皇の御宇、第十三年〈甲辰〉九月、白済国より、馬瑙《めのう》の像の弥勒を渡す。本元興寺の金堂に安んずる

図3　飛鳥大仏（飛鳥寺所蔵）

也。
敏達天皇十三年に、百済からもたらされた、瑪瑙の弥勒、これを本元《もと》興寺の金堂に安んじたと書いてあります。この敏達十三年には、もちろん、飛鳥寺はできていなくて、『元興寺縁起』によれば、この時点では、その石像を蘇我氏が自分の邸宅でお祀りしています。そこにあったものを、法興寺に移したのだろうと考えられます。この時代、瑪瑙といいましたら大理石のことで、大理石製の像だったとわかります。それが本元興寺、つまり飛鳥寺に安置されたわけです。

その像の大きさは、この記事には出てこないのですが、この弥勒の石像に関する史料を、いくつか見てみると、鎌倉時代の初めにできました『建久御巡礼記《けんきゅうごじゅんれいき》』に、飛鳥の法興寺のことを、本元興寺という名称で載せていて、そこに次のような記述がみえます。

北僧房、弥勒の石像〈一尺ばかり。日本国最初の仏像也〉

『建久御巡礼記』は、ある高貴の女性が、奈良の諸寺を巡礼して回った時の記録です。飛鳥寺は、元興寺が平城京にできて以後も、独立した寺として続いていくうちに、だんだん寂れていくわけですけれども、このように、北僧房に弥勒石像が置かれていたということが出ています。それが、「一尺ばかり」というのですから、あまり大きなものではありません。

おそらく、中金堂に安置しても、堂の大きさに比べて小さく、大変バランスを欠いた形であったと思いますが、やはり、日本に百済から伝わってきた、非常に貴重な石像であるということで、最初は、それが本尊になったのでしょう。その像は、元興寺が平城京にできてからも飛鳥に残ったのですが、その後、どうなったか。それについては、さきにもふれた『諸寺建立次第』という、寺院の縁起を集めた本が、続けて次のように書いています。

次の元正天皇、本元興寺を政（改）めて、奈良の京に遷し給う時、彼の仏像等、皆、今の寺に移し奉る。彼の瑪瑙の像は、本の寺に之を安んず。時に多武峰の□僧、盗みて、其の座ばかり遺る也。

多武峰《とうのみね》の僧侶たちがそれを持っていってしまって、台座だけが残っていた。その台座の行方は『建久御巡礼記』に出ています。

彼ノ石像弥勒ハ、本元興寺ニオハシマシヽヲ、多武峰ノ僧、盗取リ奉リテ、後其ノ石ノ座許リヲ、コノ奈良ノ元興寺ヘ送リ渡シテ、金堂ノ内ニ置ケリ。

巡礼してきた女院は、それを拝んだそうです。こういう次第で、その弥勒の石像は、なかなか複雑な伝来経過をたどったのです。

現在、その石像も台座も残っておりませんので、どんなものか分かりかねるのですが、弥勒の石像というなら、弥勒菩薩の半跏像《はんかぞう》だったかもしれません（藤沢　一九四七・一九六二）。ただ、平安時代後期に描かれた法隆寺東院の聖徳太子絵伝（現在は東京国立博物館蔵、法隆寺献納宝物）では、如来坐像として表現されていて、如来の形だった可能性も考えられ、そうなると、弥勒如来になります。のちに、元興寺は弥勒如来を本尊としていますので、いずれにせよ、それにつながっていく、最初の本尊だったということになるでしょう。

そのあと、中金堂に鳥仏師の銅像ができあがって入れられたわけですが、推古天皇十四年の『日本書紀』の記事を見ると、有名なエピソードですが、鳥仏師が完成した像を金堂に入れようとしたら、開口部が狭くて入らない。これは建物を壊さないと入らないのではないかと、みな心配したのですが、それを鳥仏師が、建物を壊さないで、うまく入れたという手柄話が載っています。その話も、中金堂の本尊が、本来、弥勒の石像であったということを考慮しますと、なるほどと納得できる。弥勒の石像は小さいので、中金堂もそれほど大きな像を入れることを想定せずに建てられていた。推古十四年の像は丈六仏で、座ったすがたで高さが八尺もある大きな像なので、これを作った段階で、寸法が合わなくなった。それをうまく入れたということであれば、納得できるわけです。こうして、推古十四年に、中金堂の本尊が、銅の丈六釈迦仏になったということだろうと思われます。

西の金堂については、まったく資料がありません。ただ、残った刺繍の釈迦仏の丈六像、これが祀られたのではないだろうかと思います。これは想像ですけれども、安置すべき像として残っているのは、それしかないからです。

中金堂にありました弥勒の石像が、東の金堂に移された。これについては、聖徳太子の有名な伝記『聖徳《しょうとく》太子《たいし》伝暦《でんりゃく》』が、参考になるでしょう。『聖徳太子伝暦』の記事は、次のようなものです。

十三年〈甲辰〉秋九月、弥勒石像一躯〈今、右京の元興寺東金堂の仏像一躯〉、百済より将来《しょうらい》す。蘇我大臣、其の仏像を請く。

注の部分に、元興寺の東の金堂に、弥勒の石像が祀られているとあります。「右京」と書いてありますが、それでは意味不明で、「右」は、明らかに「古」という字の間違いです。「古」という字の第二画は、昔の書き方では、左に払うような書き方をすることが多いので、「右」とまちがって写されたのでしょう。「古京」は、平城遷都後の飛鳥地方を指す言葉で、「ふるさと」ともいいます。中金堂に丈六仏が入ったので、本尊の入れ替わりが起こったのだろうと思います。

4 塔露盤銘と丈六光銘

それから、塔ですけれども、これはもちろん、仏舎利を収める所ですね。心柱《しんばしら》の下に穴を掘って収めるというのが、古い時代には、わりと一般的な方法ですけれども、そういう形で仏舎利を収めた。この仏舎利は、先ほど申しましたように、百済の王が贈ってくれたものです。塔には仏舎利と一緒に、舎利を称え供養するための品々も、あわせて埋められたわけですが、それが発掘調査で出てきております。これも後ほど、またお話があるだろうと思いますが、古墳などに葬られた人に添えて収める副葬品、それと似たところがあるのですね。品目が、そういうもので占められている。

近年になりまして、百済の遺跡であります王興寺《おうこうじ》という寺の塔跡から、舎利とともに収める供養の品が出てまいりました（国立扶余博物館・国立扶余文化財研究所 二〇〇八）。飛鳥寺の場合と似ていることが話題になりまして、これはいろいろな報道もあったので、ご記憶の方があるかもしれません。似ているというけれど、私には、どうもそれほどとは思われない。品目は似ているけれども、決定的に違うのは、やはり、王興寺の場合は、舎利容器そのものに、舎利を収めるときの銘文が彫られていて、だから五七七年と、はっきり分かるのですが、日本の飛鳥寺については、そういうことはまったくなかった。やはり、文字の使用のあり方が、日本の古代と百済の場合では、かなり違う感じがします。古墳の副葬品と似たものが埋められているのは、以前に書いたことがありますけれども（東野 二〇一七）、塔というのは、釈迦の遺骨を納める所ですから、釈迦を葬った場所という意識が、恐らくあったと思うのです。それはたぶん百済でもあったと思います。だから、葬られたその尊い人にささげる品を、釈迦に対しても、ささげた。それで、舎利埋納品が、古墳の埋葬品とよく似ているということなのではないかと思います。時代が下ると、この意識も変わっていったのでしょうが、初期には、やはり、そういう意識があったのではないかと考えます。

それから、その塔に関しては、露盤銘《ろばんめい》と呼ばれる銘文があったといわれています。露盤というのは、塔の一番上の金属でできた部分ですね。全体をいうこともあるし、根元のところだけをいうこともあります。この場合、おそらく、根元のところだろうと思うのですが、露盤に銘文があった。それから、塔ではありませんが、本尊の仏像に銘文があったともいわれています。これは、丈六光銘、つまり丈六仏の光背の銘文ですね。これらは先ほど申しました、『元興寺縁起』という、元興寺の古い記録に出てくる。全体は大変長文ですし、わかりにくい和風の漢文で書かれているので、ここでは、その文を全部あげることは、避けておきますが、昔から、初期の元興寺を考える史料として、有名なものです。

ただ、すでに申しましたとおり、法興寺、元興寺の歴史は、分かっているようで、なかなか問題が多い。この二つの記録を含めて、『元興寺縁起』の全体を、どう評価するかは、簡単に結論の出ない問題です。近年では、『元興寺縁起』はすべて平安時代の偽作で、まったく史料価値は認められないとする研究者もいる。以前からいわれているのは、いろいろな、後から加えたり、改変したりした部分があるが、部分的には古い記録が残っているという見方で、それが、通説であろうかと思います。しかし、実際、見てみますと、変な記録でして、相当に捏造が加わっていることも、確かでしょう。

たとえば、露盤銘を読んでみますと、建通寺《けんつうじ》という寺がどういうふうにしてできたかということが書かれている。建通寺の縁起ですね。それから、丈六光銘のほうは、元興寺がどういうふうにしてできたか、そのいわれを書いている。こちらが本当の意味での元興寺（法興寺）の縁起です。その建通寺と元興寺は、この縁起では、それぞれ、尼寺と男性の法師の寺ということになっています。尼寺の建通寺というのは、豊浦寺《とゆらでら》のことをさしているのですけれども、これは、そういうふうに、後から作り上げたのであって、最初は全体が、法興寺に関係する記録だったと思います。確証はないけれど、露盤銘と丈六光銘という言い方からして、塔には何らかの銘文があり、仏像にも、光背に銘文があった。それが残って、捏造の種にされ、非常に水増しする形で、現在の形になっているのではないかと、私は見ております。

それではこれらが、古い記録を伝えている証拠はあるのかということになりますが、丈六光銘や露盤銘には、非常に古めかしい漢字の発音を使った万葉仮名が出てきます。それから、国の名前も、「日本」や「大和」に統一されず、「大倭」とか「倭国」というような言い方も、まじって使われている。そういうところが、やはり、七世紀代前半の史料が核にあると思われるところです。

その万葉仮名の具体例を挙げますと、丈六光銘に、「止与弥挙奇斯岐移比弥天皇」という長い天皇の名前（推古天皇）が出てきていますが、「奇斯岐移比彌」は、「かしきやひめ」で、奇怪なというときの、「奇」が、「か」と読まれている。それから、移動の「移」という字が、「や」と読まれる。こういった発音は、中国では南北朝時代までの古い漢字音で、八世紀以降は、消えていきます。あと露盤銘では、蘇我馬子を、「巷宜」「有明子」と書いた例も出てまいりますが、その「巷宜」（そが）や「明」（ま）も、漢字の古い発音によっていて、こういう記載を含む前後の部分は、七世紀の前半の古い記録に基づいているのだろうと思います。

それから、この露盤銘の最後のほうの部分には、特に、法興寺の造営に、直接、関わることが載っております。そこに鏤盤師や、あるいは寺師、瓦師、書人、金人、こういう人々が出てきていますが、いずれも工人ですね。工人とはいっても、下働きをする人ではなくて、百済から来た技術指導者を指して、師という言い方をしている。これは『日本書紀』ですと、博士というふうにも書かれているのですが、たんに職名だけが挙がっているのではなくて、具体的な人名まで出てくるのは、やはり、六世紀、法興寺造営の事実を書いた記録に基づいているからだろうと思います。

本尊の丈六仏、つまり、飛鳥大仏に関しては、最近、科学的な調査が行われました。それによると、金属の成分は、右手を除き、大体同じで、顔や頭頂部、左手など、制作当初の部分が、かなり残っているという結果が出ています（藤岡他　二〇一七）。昔、有名な写真家の土門拳が、飛鳥大仏を一生懸命、撮っていますけれども、そのカラー写真を見ると、飛鳥大仏の瞼《まぶた》のところに、金が鈍く光って写っている（土門一九六五）。これは、この像が金メッキされていた名残です。火災で火をうけて、大きく補修されている飛鳥大仏にも、古い部分が残っているんだなあと思って見ていましたけれども、やはり顔などには、制作時の部分が残っているようです。

おわりに

最後に、平城遷都後の歴史を、簡単にふり返っておきます。飛鳥寺は、平城遷都とともに、その由緒が元興寺に受け継がれたのですが、その後、飛鳥寺は消滅したのではありません。法興寺という名前ではなくて、本元興寺という名前で文献に出てくるようになります。詳しくは申しませんが、平安時代には、大きな寺院が十五大寺という形で、まとまって朝廷の保護を受けていたのですが、『延喜式《えんぎしき》』（玄蕃寮《げんばりょう》）では、本元興寺は、その一つに数えられています。また本元興寺の法会のため、大和国の税を充てることも規定されています。元興寺のほうも、本元興寺とは別に、数えられている。本元興寺と元興寺は、はっきり二つの寺、別の寺として、機能していたというわけですね。

鎌倉時代に、飛鳥寺の塔が焼けますけれども、再建して舎利を収めたときにも、「本元興寺」という形で出てきます。木でできた舎利容器の外箱に、漢文で、次のように墨書があるのです。

此の本元興寺は、建久七年歳次丙辰、六月十七日、火に罹るに依り、焼失し畢《おわ》んぬ。（下略）

ですから、本元興寺は、ひとかどの寺院として、少なくとも鎌倉時代の始め頃までは、かなり機能していたのではないかと思います。そのために、本尊も移動はしていないわけですね。弥勒の石像の台座だけが、これは記念物として、やはり、ぜひともということだったのだと思うのですが、元興寺に移されていますけれども、飛鳥大仏そのものは、本尊として、そのまま残ったのです。

同じように、飛鳥に寺が残り、平城京に新しい寺が作られた例では、薬師寺が有名です。その場合、古い寺の方を、本薬師寺といっていますので、これも本元興寺のように、独立して機能していたと思う方があるかもしれません。しかし、薬師寺の場合は、事情が異なります。本薬師寺は、本元興寺のように、その後、官寺として認められて活動した形跡がまったくありませんし、飛鳥に残った塔などの建物も、平城京の薬師寺の資財帳に載せられていました。つまり新しい寺の管理下に、すっかり包み込まれていたというわけです。

限られた時間で、ほんの概略になりましたけれども、法興寺の歴史を、七世紀代を中心にして、お話させていただきました。どうもご清聴ありがとうございました。

〔参考文献〕

岩城隆利　一九九九『元興寺の歴史』吉川弘文館

岩城隆利編　一九八三『増補元興寺編年史料』吉川弘文館

太田博太郎　一九七九『南都七大寺の歴史と年表』岩波書店

国立扶余博物館・国立扶余文化財研究所　二〇〇八『百済王興寺』

清野孝之　二〇一五「飛鳥寺出土文字瓦の調査」『奈文研ニュース』五八

清野孝之・山本崇・東野治之　二〇一五「飛鳥寺出土文字瓦の再調査」『奈良文化財研究所紀要二〇一五』

東野治之　二〇一一「文献史料からみた薬師寺」『大和古寺の研究』塙書房

東野治之　二〇一五「飛鳥時代の文字瓦二題」『史料学探訪』岩波書店

東野治之　二〇一七『聖徳太子　ほんとうの姿を求めて』岩波ジュニア新書

土門　拳　一九六五『古寺巡礼』第二集、美術出版社

藤岡穣他　二〇一七「飛鳥寺本尊　銅造釈迦如来坐像（重要文化財）調査報告」『鹿園雑集』一九号。

藤沢一夫　一九四七「鹿深臣百済将来弥勒石像説」『史迹と美術』一七七号

藤沢一夫　一九六二「鹿深臣百済将来弥勒石像説補遺」『史迹と美術』三二三号

吉村　怜　一九七二「東大寺大仏開眼会と仏教伝来二百年」『美術史研究』九

2 飛鳥のまちづくりは、法興寺創建からはじまった

考古学からみた法興寺の実像とその役割

黒崎 直

Tadashi Kurosaki

はじめに

飛鳥は、七世紀代にわが国の政治・文化の中心地があった奈良県「明日香村」付近をさし、その頃のことを「飛鳥時代」と呼ぶことはよく知られています。すなわち西暦五九二年の推古《すいこ》天皇「豊浦宮《とゆらのみや》」から六九四年の持統《じとう》天皇「藤原宮《ふじわらのみや》」までの約一〇〇年間をさし、「難波長柄豊碕宮《なにわながらとよさきのみや》」（大阪市）と「近江大津宮《おうみおおつのみや》」（大津市）へ都が遷されたごく短い期間を除き、基本的にはこの飛鳥に都がおかれていました。また本章の主題であるわが国最初の本格的な伽藍《がらん》寺院「法興寺《ほうこうじ》（飛鳥寺）」が崇峻元年（五八八）に創建されたのもこの飛鳥の地でした。六世紀末から七世紀にかけての時期、飛鳥はまさしく日本歴史の表舞台だったのです。

飛鳥時代を特徴づける考古学的な指標は「寺院」と「宮都」といえます。瓦葺《かわらぶ》きで朱塗り柱の礎石《そせき》建物が連なる大伽藍の寺院、大極殿《だいごくでん》・朝堂院《ちょうどういん》などの超大型建物が連なる宮殿とその周囲に配された京が一体をなす宮都、そんな景観を最初に生み出したのが飛鳥です。

ただしこの寺院も宮都も、日本の中から独自に生まれたものではなく、ともに大陸からの影響を大きく受けています。七世紀の東アジアは、激動の時代でした。隋《ずい》や唐《とう》という大国が覇権を示すべく躍動し、周辺の小国は翻弄されました。朝鮮半島の百済《くだら》・新羅《しらぎ》・高句麗《こうくり》の三国も、「倭《わ》」と呼ばれた当時のわが国もその例外ではありません。これに対処するため、国際的視野に立った新しい国造りが求められ、飛鳥に東アジア基準にもとづく「首都機能」の整備が急務になりました。それを実現するには、大陸文化の受容と、その担い手である人々の交流が不可欠となります(黒崎　二〇〇七)。

いつの時代でもそうであるように、保守派と革新派が存在します。大陸文化を積極的に受け入れ新しい国造りをめざす蘇我《そが》氏と、それに慎重な態度をとる物部《もののべ》氏という構図です。六世紀中頃以降、仏教の受容をめぐって対立が先鋭化し、ついに両派は武力で争うことになります。五八七年に勃発した「崇仏派」蘇我馬子《うまこ》と「排仏派」物部守屋《もりや》との権力闘争がそれで、前者の勝利で決着を見たことはよく知られています。

蘇我氏の有力な本拠地が飛鳥にあり、戦の勝利の後ここにみずからの氏寺《うじでら》を造り、縁者の女帝・推古天皇の宮殿を造ることによって、新しい時代「飛鳥時代」の始まりを宣言したのです。

1 法興寺の造営

法興寺(飛鳥寺)の創建は、まさに飛鳥時代の幕開けにふさわしいできごとでした。崇峻天皇元年(五八八)のことです。先にもふれたようにその前年、「排仏派」物部守屋との争いに勝利した「崇仏派」の領袖《りょうしゅう》・蘇我馬子が、戦いにのぞんで戦勝祈願した「造寺塔」を、早速に実行したのです。蘇我氏の本拠地に造営されたこの法興寺は、わが国最初の本格的な伽藍寺院として、歴史的にも文化的にも大きな画期となりました。

法興寺造営の様子は、『日本書紀《にほんしょき》』『元興寺縁起《がんごうじえんぎ》』などの史料から、比較的詳しくうかがうことができます。崇峻元年に百済国から仏舎利《ぶっしゃり》が贈られ、あわせて僧六人、寺工《てらのたくみ》（建築技術者）二人、鑪盤《ろばん》博士（鋳造技術者）一人、瓦博士（造瓦技術者）四人、画工《えかき》（絵・彩色技術者）一人が派遣されてきました。そこで馬子は、飛鳥真神原《まがみがはら》にあった飛鳥衣縫造《あすかきぬぬいのみやつこ》の祖《おや》・樹葉《このは》の家を壊して寺地として法興寺を作り始めます。そして崇峻三年（五九〇）十月には山へ入って用材を確保し、同五年（五九二）十月には仏堂と歩廊《ほろう》の建設を起工します。推古元年（五九三）一月には塔刹柱《さっちゅう》の心礎に仏舎利《ぶっしゃり》をおさめ、その塔が完成するのは推古四年（五九六）十一月のことです。この時に大臣男《こ》善徳臣《ぜんとこのおみ》を寺司に任命し、僧二名を住まわせます。寺の造営が開始されて八年目のことです。むろんこれで寺全体が完成したわけではなく、寺として最低限の体裁が整ったもので、以降も造営工事は続けられていきます。

「飛鳥大仏」として知られる本尊「銅製釈迦如来坐像」は、この時点ではまだ存在しておらず、それが完成するのはさらに十数年後のことです。すなわち仏像の製作は、推古十三年（六〇五）になってからで、鞍《くら》作鳥《つくりのとり》（止利仏師）に命じて「銅・繍《しゅう》二躯の丈六仏」を造らせ、翌年の四月に完成します。ただ完成した銅仏は金堂の扉よりも高く、うまく堂内に納められません。大工たちは扉を壊して入れようとしましたが、鞍作鳥は壊さずに巧みに納めたというエピソードは有名です。その智慧と仏像の出来映えを賞賛した天皇が大《だい》仁《にん》の位を授けたと伝えています。金堂本尊の安置により、法興寺は名実ともに完成しました。造営開始から、実に一八年の年月が経過しています。これを長期とみるか短期とみるかは難しいところですが、わが国が初めて経験する大伽藍の造営ですから、ほぼ妥当な期間だと私は思います。

2 法興寺跡の発掘調査

法興寺は、明日香村飛鳥にある「飛鳥寺（安居院《あんごいん》）」本堂の周辺にその跡をとどめています。大和平野農業用水導水路（吉野分水）の建設にともない、一九五六年（昭和三十一）から一九五八年にかけて発掘調査が実施されました。調査は奈良国立文化財研究所と奈良県教育委員会が協同してあたり、伽藍中心部の構造や寺域南辺の敷石広場を解明するなど、大きな成果がありました。中でも最大の発見は、塔を中心にして北と東と西の三方に金堂を配置するという「一塔三金堂式」の伽藍配置（図1）を見つけたことでしょう。

発掘調査の着手以前、塔・金堂・講堂の各建物が南北一直線に並ぶいわゆる「四天王寺式」の伽藍配置が、日本ではもっとも古式だと考えられてきました。このため調査前には、喜田貞吉さんによる「四天王寺式（本堂の南に塔）」、福山敏男さんによる「法起寺《ほっきじ》式（本堂の東に塔）」、石田茂作さんによる「法隆寺式（本堂西側の入鹿首塚付近に塔）」などが想定されていました。調査は、今に残る飛鳥大仏の台座を手がかりに開始されます。本尊台座の下には巨大な凝灰岩《ぎょうかいがん》（硬質）製の台石が据えられており、それを創建当初のものと考えたからです。そこを金堂跡とし、その南方に塔が存在するとして設定した調査区で、予想通り塔跡が見つかりました。こうして四天王寺式の配置をとる可能性が高まったのですが、西側に設けた発掘区では想定した回廊は発見できず、逆にその場所で建物（西金堂）跡が顔を出しました。この発見は関係者を大いに驚かせました。また同年秋の第二次調査でその対称の位置に同様な建物（東金堂）跡を検出するにおよんで、四天王寺式の想定は完全に否定されました。さらに翌一九五七年夏の第三次調査では、北回廊・講堂跡が発掘され、塔を中心に北の中金堂と、東西両金堂という三棟の金堂が並び建ち、それらを回廊が取り囲むという誰もが想像しなかった「一塔三金堂式」の伽藍配置が確認されたのです（飛鳥資料館　一九八六）。

発掘で明らかになった塔跡は、一辺一二㍍の正方形の基壇をもち、基壇中央には地下式の心礎（基壇上面から深さ二・七㍍）が据えられていました。心礎は方約二・四㍍の花崗岩製で、湿気抜きの小溝を十文字に刻み、中央に舎利《しゃり》孔《こう》が掘り込まれていました（図2）。その内部に納められた舎利容器は、塔が焼失した鎌倉時代に一度掘り出され、供

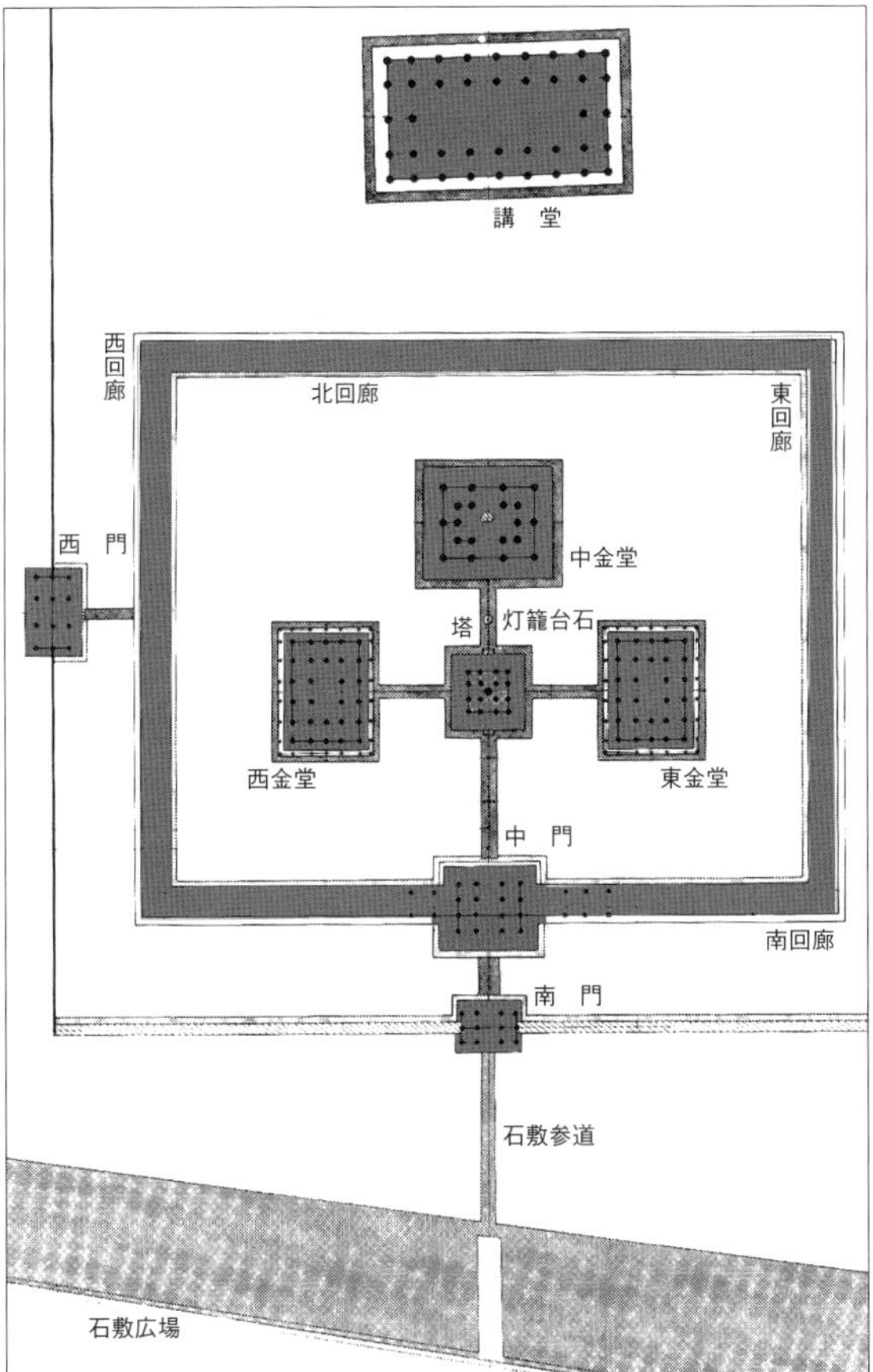

図1　法興寺の伽藍（飛鳥資料館　1986）

養の後にふたたび埋め戻されたものでした。容器の周囲には金銀の延板《のべいた》・小粒、勾玉《まがたま》、管玉《くだたま》、挂甲《けいこう》、馬具、蛇行状《だこうじょう》鉄器などが埋められています（図3）。舎利荘厳具は一般的に仏教色の濃いものですが、ここでは馬具や武器など古墳の副葬品かと見まがうもので、まさに古墳時代から飛鳥時代へと移るその変革の時代を象徴するようでした。

図2　法興寺塔心礎の発掘
（奈良文化財研究所提供）

図3　塔出土の舎利荘厳具（金環・玉類他）
（奈良文化財研究所提供）

中金堂は現本堂が建っているため広範囲に調査できませんが、東面および南北両面の三カ所で、玉石を敷いた雨落溝《あまおちみぞ》を確認し、東西二一・一メートル、南北一七・五メートルの基壇規模が判明しました。ちなみにこの基壇の大きさは、法隆寺の金堂（二〇・六メートル×一七・二メートル）とほぼ等しいものです。基壇の南面では、花崗岩《かこうがん》製の地覆石《じふくいし》と凝灰岩製の羽目石《はめいし》（束石《つかいし》はなし）が残されていました。また東西の金堂は、二重基壇の構造をもつうえ、下成基壇上に礎石が配置されるなど、わが国では他に類を見ないものです。おそらく百済様式の創建軒丸瓦同様、建物の造営も百済の技術者の指導によるところが大ききものと思われます。

寺域に関しては当初、現地表などに残る地《じ》割《わり》痕跡などから、二町（約二一五㍍）四方とみられていましたが、一九七七年（昭和五十二）の調査で寺域北限の一本柱塀が発見され、さらに北へ一町分拡大することが判明しました。またその後の調査では、寺域北限塀が南に折れ曲がる箇所が検出され、南門・西門の発掘成果と合わせ、南北三二四㍍、東西二一〇㍍（三町・二町）の寺域の規模とその範囲が確定しました。

こうして、わが国最初の本格的寺院である法興寺の詳細が解明されました。中でも「一塔三金堂式」伽藍配置の発見が最もセンセーショナルでした。早速に「飛鳥寺式」伽藍配置と名づけられ、その類例や系譜などが調査されました。しかしわが国の仏教文化に影響を与えた百済にはたどれず、高句麗において類例が確認されました。すなわち高句麗の古都「平壌」に所在する「清岩里《せいがんり》廃寺《はいじ》」がそれで、八角形基壇の塔跡を中心に北・東・西の三方に「金堂」が配置されていました（図4）。

これは驚きでした。仏教伝来に関連する史料からは、「百済」との密接な関係がうかがえるうえ、「仏舎利」の提供や僧や造営技術者の派遣など多くの援助を受けています。そして寺跡などから発見される瓦の文様も、「百済」色が強くうかがえます。しかし「飛鳥寺式」伽藍配置の類例は「百済」では見つかっておらず、逆に「高句麗」では「上五里《じょうごり》廃《はい》寺《じ》」や「定陵寺《ていりょうじ》」などでも、同様の配置がみつかっています。このように伽藍配置に関しては「高句麗」の影響を強く受けていたと判断せざるをえません。そのような目でみると、「寺に僧が住み始める」と伝える

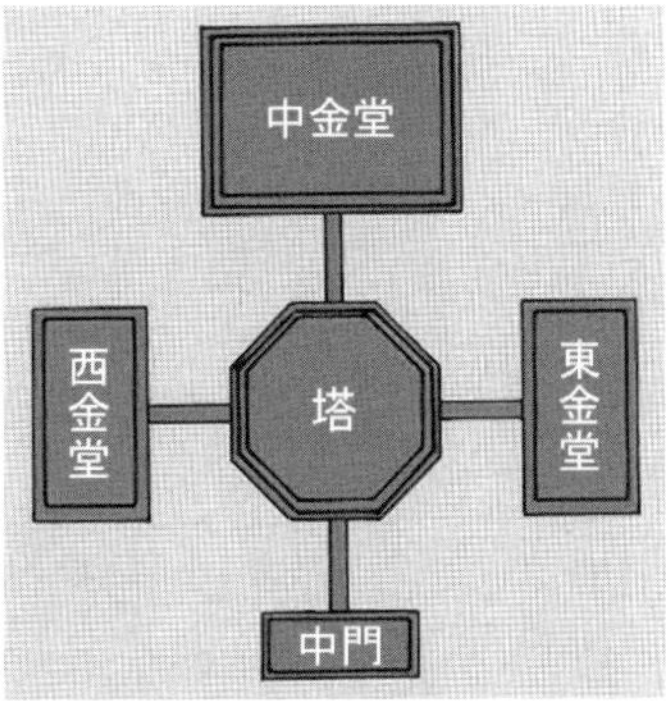

図4　高句麗・清岩里廃寺の伽藍
（奈良文化財研究所　2002）

推古四年（五九六）十二月の記事に登場する僧二名の内の一名は、高句麗僧「慧慈《えじ》」であるし、本尊造仏誓願を記した推古十三年（六〇五）には高麗国（高句麗）から黄金三〇〇両が贈られたとみえます。法興寺造営に関しては、百済だけでなく、広く朝鮮半島各地の文化や技術が結集されたことが、このことからもうかがえます。

なお、百済「王興寺《おうこうじ》跡」の発掘調査（二〇〇五年頃）で、一塔三金堂式に類似する伽藍配置が発見され話題を呼びました。ただし塔両側の東西両金堂に相当する建物が、はたして「金堂」なのか疑問もあって、なお検討すべき問題を今後に残しています。

3 法興寺創建がもつ二つの革新性

法興寺の創建にともない、多くの新技術が朝鮮半島からもたらされたことは、先に紹介したとおりです。仏舎利とともに百済から派遣された僧侶六人、技術者である寺工（建築技術者）、鑪盤博士（鋳造技術者）、瓦博士（造瓦技術者）、画工（絵・彩色技術者）が渡来しています。思想・技巧・技術などを直接伝授してもらうことで始めて、わが国最初の本格的な伽藍寺院が完成できたのです。伝統的な「草葺・板葺」で「白木の掘立柱建ち《ほったてはしらだ》」という建築様式に対し、「瓦葺き」で「青丹《あおに》塗り柱の礎石建ち」という大陸風の建築様式が初めて出現した瞬間です（図5）。それは周辺の風景や景観を一変させるインパクトのある構造物で、まさしく飛鳥という新時代の到来を象徴する「事件」だったでしょう。

以降、有力氏族によって全国各地に氏寺としての寺院が造営されていきます。そして七世紀中頃には、舒《じょ》明《めい》天皇によって最初の「国の大寺（勅願寺《ちょくがんじ》）」百済大寺《くだらのおおでら》が創建されます。ここでは唐や新羅・百済などの東アジア諸国の王権と比肩するような大伽藍が計画され、実際にも高さ一〇〇《メートル》ちかい九重塔の存在が、「吉《き》備《び》池廃寺《いけはいじ》（百済大寺想定遺跡）」の発掘成果から復元されています（奈文研　二〇〇二）。法興寺の創建から約ほぼ半世紀のうちに、このような大伽藍を建設しうる豊かな技術力が、わが国に育まれていたのです。

ただし、瓦葺きで朱塗り柱の礎石建ちという建物構造が宮殿建築に導入されるには、もう少し時間が必要だったようです。『日本書紀』斉明《さいめい》天皇元年（六五五）十月には「小墾田《おはりだ》に大宮を造って瓦葺きにしようとしたが、深山幽谷にある造営用の材木は朽ちたものが多く、宮の造営は中止になった」とみえます。宮殿を構成する殿舎の数は、寺院の堂塔に比べて圧倒的に数が多いので、用いる瓦や建築材など必要な資材を短期間に調達するには技術者や労働力の確保に障害が生じたことでしょう。ちなみにその難問が解消され、宮殿に瓦葺きで礎石建ちの建物様式が採用されるのは、七世紀末の持統天皇「藤原宮」です。そこでは土器製作技術者を瓦造りに充当したり、瓦窯《がよう》を近畿外の四国などにも拡大して増産をはかっています。また建築資材も

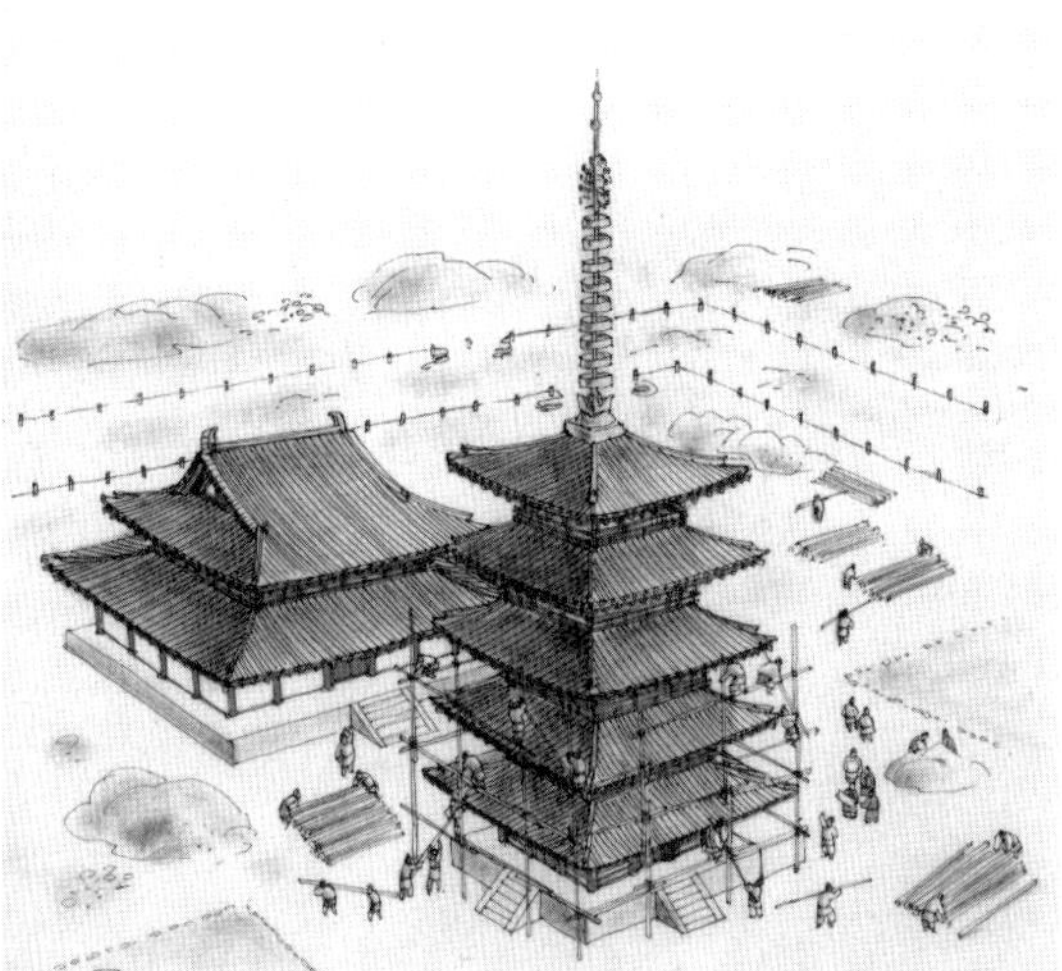

図5　造営中の法興寺―瓦葺きで朱塗り柱の礎石建物の始まり―（早川和子氏絵）

近江の田上山《たなかみやま》に「山作所《さんさくしょ》」を設けて調達し、筏《いかだ》を組み河川や運河などを経て都まで運んできます。まさに国家による強権が発動しうる段階に至って初めて実現できたのです。

とはいうものの、東アジア基準の宮殿イメージは、すでに法興寺の創建に端緒を求めることができます。その意味で「初モノづくし」といえる法興寺の造営が、新しい時代を切り開く契機であったことは間違いありません。

法興寺の創建は、さらに別の面でも革新的な意義をもたらしました。すなわち飛鳥という新しい街づくりに、一つの基準・基点を作り出したという点です。平城京や平安京が、「条坊制《じょうぼうせい》」とよばれる都城（古代都市）の土地区画制度で街作りされていることはよく知られています。具体的には、東西・南北の正方位に引き通された直線道路が作り出す碁盤目状（方眼地割）の都市計画ですが、この南北・東西線を基準とした施設造営の始まりこそが、法興寺の創建だったのです（黒崎　二〇一二）。

その一例を示しましょう。法興寺とほぼ同時期に活動した尼寺「豊浦寺《とゆらでら》」の伽藍軸線は、北に対し西へ約二〇度振っています。また斑鳩《いかるが》「法隆寺西院伽藍」の下層に残る聖徳太子ゆかりの「若草伽藍《わかくさ》」の軸線も、正方位ではありません。六世紀末から七世紀初頭頃の寺院の敷地などは、周辺地形の影響をうけて決められることが多く、豊浦寺は甘樫丘《あまかしのおか》や飛鳥川の流れに沿って伽藍が配置されていますし、若草伽藍は周囲に残る「条里制」と同じ方位に沿って伽藍の軸線が決められています。これに対し法興寺の伽藍はまちがいなく、正方位を意識して軸線が設定されています。こういえば敷地に選んだ飛鳥真神原がたまたま正方位にふさわしい地形だったと考えられますが、決してそうではありません。法興寺は樹葉の家を壊して寺地にしたように、下層に前身の施設が存在しており、実際にその一部が発掘調査で見つかっています。法興寺に北接する

「水落《みずおち》遺跡」「石神《いしがみ》遺跡」は、斉明朝の水時計台と迎賓館の跡です。これらは当然、正方位に造られた施設群ですが、その下層には北に対し西へ方位を振る遺構が確認されています。また法興寺南門の前で発見された石敷き広場も、北に対し西に振る方位です。すなわち真神原と呼ばれた一帯の地形は、飛鳥川の流れの方向に沿い、北で西に振ることが自然です。これをわざわざ改変し、正方位に伽藍を造成することこそ、大きな労力が必要です。それをあえておこなった法興寺造営こそ、飛鳥という首都、新しい街を創りだす第一歩だったのです。

　こうして法興寺が造営されて以降、飛鳥には小墾田宮、飛鳥岡本宮、板蓋宮《いたぶきのみや》、後岡本宮《のちのおかもとのみや》、浄御原宮などの宮殿や、奥山廃寺《おくやまはいじ》、川原寺《かわらでら》、橘寺《たちばなでら》、山田寺《やまだでら》などの寺院が、つぎつぎと造営されていきました。するとこれら多くの施設群を飛鳥の限られた範囲に効率よく配置するには、全体を見渡した配置計画＝都市計画が必要だと考えるのが常識的です。ただし、その存在を否定する研究者が多数を占めるのが現状です。以下、配置計画の有無を再検討しながら、法興寺造営の歴史的重要性を確認したいと思います。

4 法興寺伽藍と古代の官道「下ツ道」「中ツ道」「横大路」

　飛鳥地域に計画的な都市計画（方格地割）が存在するという見解は、一九七〇年に発表された京都大学教授（当時）岸俊男さんの論文「飛鳥の方格地割」に代表されます（岸　一九八八）。そこでは一町（約一〇六メートル）を基準寸法とする方格地割が、「阿倍《あべ》・山田道《やまだみち》（以下「山田道」）」と「中ツ道」との交点を起点に、広く飛鳥地域に存在した可能性を論じています。そのなかで、法興寺・川原寺両伽藍中軸線間が二町半（約二六五メートル）、山田道と法興寺西門間が五町（約五三〇メートル）、山田道と橘寺々域北限間が一三町（約一三七八メートル）、山田道と橘寺塔心礎間が一四町（約一四八四メートル）、川原寺伽藍中軸線の北延長線上に石像物「弥勒石《みろくいし》」が位置することなど、いくつもの興味ある「符合」を指摘しています。そしてそれらを総合して「法興寺・川原寺、あるいは橘寺・豊浦寺など主要寺院の伽藍中軸線が相互に関係しあいながら、正しく方格に一致しているという事実は見逃すことができず、飛鳥における方格地割の実在と、それに基づく総合計画の存在が想定されてくる」と結びました。「飛鳥に方格地割は存在した」というのが岸さんの結論です。

この復元研究は、その直前に解明された藤原京条坊制の基本寸法が一里（約五三〇メートル）であり、それを四分割した約一三二メートルが街割りの単位であることを応用したもので、十分に説得力を持っています。こうして飛鳥の方格地割が広く承認されるかに見えましたが、一九八六年、飛鳥地域の発掘遺構などを再検討した井上和人さんによって全面的に否定されることになります。

法興寺境内の西北に隣接する「石神遺跡」の発掘調査で、岸さんが重視した中ツ道のその想定路面上で、飛鳥時代の別種の遺構が発見されたのです。おまけに当該地では「道路」の遺構はまったく検出されず、逆に七世紀後半の塀や石組溝《いしぐみみぞ》などが、道路の想定空間を塞いでいました。さらに井上さんは、一九七〇年以降の調査で蓄積された発掘データなどを駆使し、かつ各寺院の伽藍計画なども視野に入れて膨大な遺跡・遺構の「検証」作業をおこないました（井上　二〇〇四）。その結果「飛鳥地域における諸宮室、寺院の遺跡・遺構に関するデータを元にその立地、平面構成などを考えると、それらを規制しているような方格地割の存在は、たとえそれが理念上のものであったにせよ、現状では全く確証しがたい」と結論づけたのです。まさしく岸説の完全な否定であり、それ以降、飛鳥の「方格地割」に関する論考は、ほぼ完全に影をひそめてしまいます。

だが岸さんの着想に導かれ「飛鳥の都市計画」を新たな視点で再検討してみると、それが存在する可能性も皆無ではないことに気づきます。「地割計画」が単一唯一のものと捉えると井上さんの批判は盤石ですが、地割計画が複数あり時期によって変遷したと捉えると、岸さんの着想が復活します。たとえば中ツ道想定上で発見された石神遺跡の遺構群は、時期的に七世紀後半以降のもですから、それより前の中ツ道には抵触しません。七世紀前半に道路が通っていた可能性が生じてきます。こうした視点で見直したのが筆者の『飛鳥の都市計画を解く』（黒崎　二〇一一）です。「飛鳥には宮殿や寺院の配置を律する「方格地割」が二種類（基準寸法が一〇六メートルと一三二メートル）、時期を違えて（七世紀前半と後半）存在した」というのが私の答です。その詳細は煩雑となるのでここでは省略しますが、「法興寺がその計画の基点である」については、以下にまとめておきます。

まず、大和盆地を南北に走る下ツ道・中ツ道両道と法興寺との位置関係についてです。香具山《かぐやま》の北方で発掘された中ツ道路心と法興寺塔心との東西間の距離を計ると、一〇三メートルという数値がえられます。これは岸説の基本寸法一町（一〇六メートル）に少し足りませんが、両者の南北距離の長さを考慮するとさほど大きな障害とはならないでしょう。一九七〇年代に岸さんが指摘した「中ツ道と法興寺塔間は一町」という考えの正しさが、あらためて再確認できました。

ところで、下ッ道と中ツ道との間が四里（約二一一〇メートル）であることは異論のないところでしょう。すると下ツ道と法興寺伽藍中軸線の間は二一町ということになります。一方、大和盆地を東西に走る横大路《よこおおじ》と、川原寺・橘寺間を通る東西道路との路心間《ろしんかん》距離は、発掘成果で四二町（約四四三一メートル）と計測されています。この両者は一対二の関係にあり、そこに古代の度地法（土地の長さや広さを測る規定）を読み解く鍵があります。すなわち「大尺《たいしゃく》（高麗尺《こまじゃく》）五尺（約一・七七メートル）を一歩、その三〇〇歩を一里（約五三〇メートル）」とする規定は大宝令《たいほうりょう》（八世紀初）による「令制」の度地法ですが、それに先行する七世紀には「令前」の度地法が存在したようです。すなわち大宝令が施行される以前、高麗尺六尺（約二・一二メートル）が一歩で、その三〇〇歩を一里（約六三六メートル）とする「令前」の度地法が存在し、それが下ツ道・中ツ道間の距離を生み出したとする考え方です。下ツ道・中ツ道間を今まで「令制四里」と解釈したが、なぜ「四里」なのかと考えると、むしろ「令前一〇〇〇歩」（二・一二×一〇〇〇＝二一二〇メートル）と完数値で理解する方がより合理的でしょう（図6）。

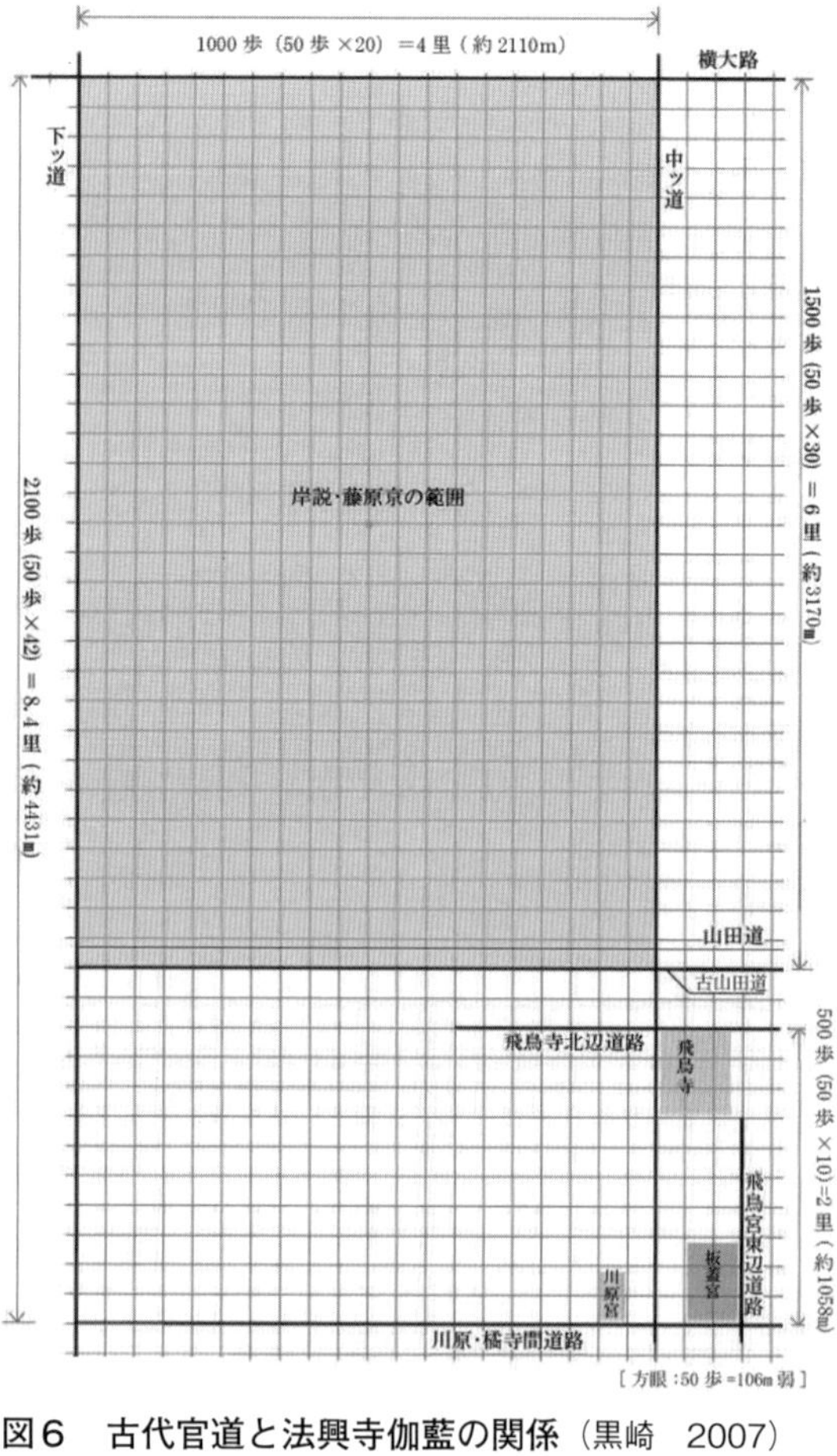

図6　古代官道と法興寺伽藍の関係（黒崎　2007）

以上、七世紀前半にさかのぼって令前三〇〇歩＝一里を一辺長とする土地区画の制度があり、それを三六等分して令前五〇歩（約一〇六メートル）四方の土地を区画したと理解していただければよい。そして六世紀末に創建された法興寺とその周辺の地割を考える場合、より古い制度を想定する方が妥当なので、横大路と川原・橘寺間道路の距離＝四四三一メートルは令前五〇歩の四二町分で、それは令前の七里分に相当します。また下ツ道と法興寺伽藍中軸線間の距離二二〇九メートルは令前五〇歩の二一町分で、令前三里半に相当します。このように横大路・下ツ道と法興寺との配置には、「令前」という古い度地法の影響を色濃く読み取ることができるのです。

まとめにかえて——すべては法興寺から始まった——

古代の官道である「横大路」「下ツ道」が、法興寺の伽藍や寺域と有意の距離を隔てて設定されていることは、ほぼ確定的といえそうです。そうすると、

①両者が有機的に関連して同時に設定されたか？

②どちらか一方の位置が他方の位置を決定したか？

のいずれかになります。

法興寺は、先にふれたように六世紀末の崇峻朝（五八八年頃）に造営が開始されたことは明らかです。一方、横大路や下ツ道など古道の設定年代に関しては、なお議論が続けられおり一致を見ていません。なかで

も設定の年代でよく取り上げられるのが横大路です。そこでは『日本書紀』推古二十一年（六一三）十一月条の「難波より京に至るまでに大道を置く」の記事に注目し、「大道」を大和盆地を東西に走る直線道路「横大路」と解することが多いようです。たしかにその五年前の推古十六年（六〇八）に来日した隋使・裴《はい》世清《せいせい》の一行は、難波から大和川を遡上して三輪《みわ》山麓の「つばいち」を経て飛鳥へ入っているので、この時点ではまだ難波と飛鳥を結ぶ道路は未整備だったと読み取るからです。同様に横大路に直交する南北道の下ツ道・中ツ道・上ツ道などの古道もまた、ほぼ同じ時期に設定・整備されたと考える研究者が多いようです。ただし一方では、横大路や南北三道ともに設定時期はさらに下がって七世紀中頃以降という説や、横大路は推古朝の設定だが南北三道は七世紀中頃以降に下るとの説もあって、なお一致を見ません。

　しかしながら古道の設定年代に関する既往の研究でも、法興寺の創建期である六世紀末にさかのぼるという説はありません。法興寺創建に遅れること四半世紀後の推古二十年前後にこれらの古道が設定されたとするのが現状ではもっとも一般的な解釈といえるでしょう。すなわち法興寺の伽藍や寺域の位置こそが、横大路や下ツ道といった古道の位置設定に関与したのです。

　再三くりかえしてきたように、法興寺の伽藍は飛鳥「真神原」の中に独自に設定されたもので、それによって初めて、飛鳥の中に「正方位」の建物群が生み出されました。瓦葺きで朱塗りの柱という大陸風建造物群の造営とあわせ、飛鳥という新しい時代の首都景観の根本が、法興寺によって決定づけられたのです。また法興寺を核にした約一〇六メートルを基本寸法とする方格地割が周辺に広がって「下ツ道」を生み出し、それが八世紀の首都「平城京」の朱雀《すざく》大路へとつながっていきます（図7）。まさに飛鳥・藤原地域に限らず大和盆地全体に拡がる古道の設定や方格地割など、「すべては、法興寺から始まった」のです。そう理解することこそが、わが国最初の本格的伽藍寺院である法興寺創建の正しい評価ではないでしょうか。

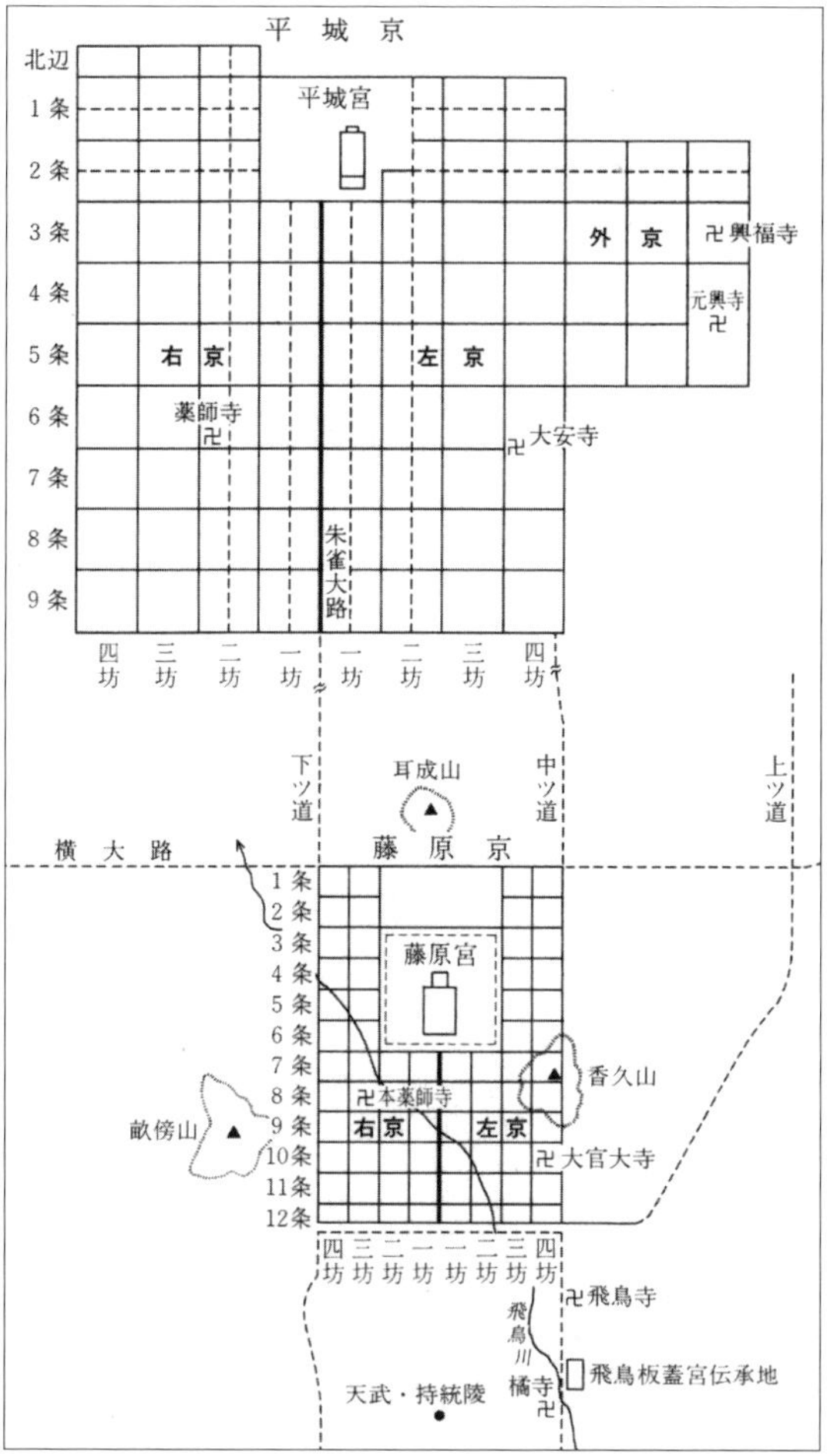

図７　古道を介した法興寺と藤原・平城京の位置関係
（岸　1988）

[参考文献]
飛鳥資料館　一九八六『飛鳥寺』（飛鳥資料館図録第一五冊）
飛鳥資料館　二〇一七『早川和子が描く　飛鳥むかしむかし』（飛鳥資料館図録第六六冊）
井上和人　二〇〇四『古代都城制条里制の実証的研究』学生社
岸　俊男　一九八八『日本古代宮都の研究』岩波書店
黒崎　直　二〇〇七『飛鳥の宮と寺』（日本史リブレット）、山川出版社
黒崎　直　二〇一一『飛鳥の都市計画を解く』同成社
奈良文化財研究所編　二〇〇二『飛鳥・藤原京展』（図録）、朝日新聞社

3 法興寺と飛鳥時代の建築

箱崎和久
Kazuhisa Hakozaki

はじめに

日本最初の本格的仏教寺院である法興寺の建物は、正確にはどのようなすがたをしていたのか。だれもが知りたいこの課題に、現時点では明確に答えることはできません。おそらく、将来、研究が進展しても、「正確に」という条件がある限りは、建物が埋もれたまま発見されるといった奇跡でもない限り、きわめて困難といわざるを得ないと思います。しかし、それに迫ろうと努力することで、おぼろげながらを徐々にはっきりとさせていくことはできます。

創建期の法興寺の具体的な建築を知るための材料は、建物そのものが残っていませんし、その当時の類例となる建築も残っていません。世界最古の木造建築である法隆寺《ほうりゅうじ》金堂でさえ、法興寺創建よりおおざっぱにいえば一〇〇年ほどあとの建築です。ですから、その材料は発掘調査で確認できる建物の基礎（基《き》壇《だん》）部分にとどまります。

法興寺の発掘調査は、後述するように、一九五六・五七年（昭和三十一・三十二）におこなわれましたが、これは日本における古代寺院の本格的な発掘調査の最初の事例でした。その後、古代寺院の発掘調査事例が増えるとともに、詳細な造営の方法やその技法についても明らかになってきました。そうした意味では、古い時期の調査であったゆえにそうした視点をもって発掘できていないきらいはあります。これはむしろ発掘調査技術の進歩としてとらえるべきでしょう。

現在考えるべきなのは、成果を着実にあげてきている発掘調査の蓄積のなかで、再度法興寺の発掘調査成果を見直し、位置づけ直すということだと思います。こうした検討をふまえ、発掘調査成果から語られてきた法興寺の建築について、もう一度考えてみたいと思います。また、元興寺極楽坊《ごくらくぼう》本堂（極楽堂）には、年輪年代調査の成果から、法興寺で用いられたと考えられる建築部材もあります。これについては、狭川先生の詳しい話があると思いますが（本書第Ⅱ部第4章）、この部材からわかる法興寺の建築と、現存する飛鳥時代の建築である法隆寺西院の建築群との様式の差異などについて、再考してみたいと思います。

1 法興寺の伽藍配置

まず、法興寺の発掘調査成果から伽藍配置の問題を検討します。そのためには発掘調査成果を詳細に述べる必要がありますが、紙数の関係で要点だけを述べることとします。先述のように法興寺の発掘調査は、一九五六・五七年に三次にわたっておこなわれ、一九五八年に『飛鳥寺発掘調査報告』が奈良国立文化財研究所より刊行されました。その後、講堂跡では、何度か調査がおこなわれていますが、大きな見解の変更をともなうものではありません。

これらの調査によって、日本で初めて建てられた本格的仏教寺院の実態が判明しました。判明した伽藍配置は、南から南門、中門、塔、中金堂、講堂が中軸線上に並び、塔の東と西には、東金堂と西金堂が塔を向いて建ちます（図1）。回廊《かいろう》は中門の両脇から延びて中金堂の背後を塞いでいます。また西面回廊の西方で西門を、南門の南には石敷広場を確認し、ここから南門、中門、塔を経て中金堂まで玉石敷きの参道を確認しました。さらに塔から東金堂、西金堂へも石敷きの参道が延びるようです。

このように、塔を囲うように中金堂と東西の金堂が建つという、一塔三金堂の伽藍配置であることが判明

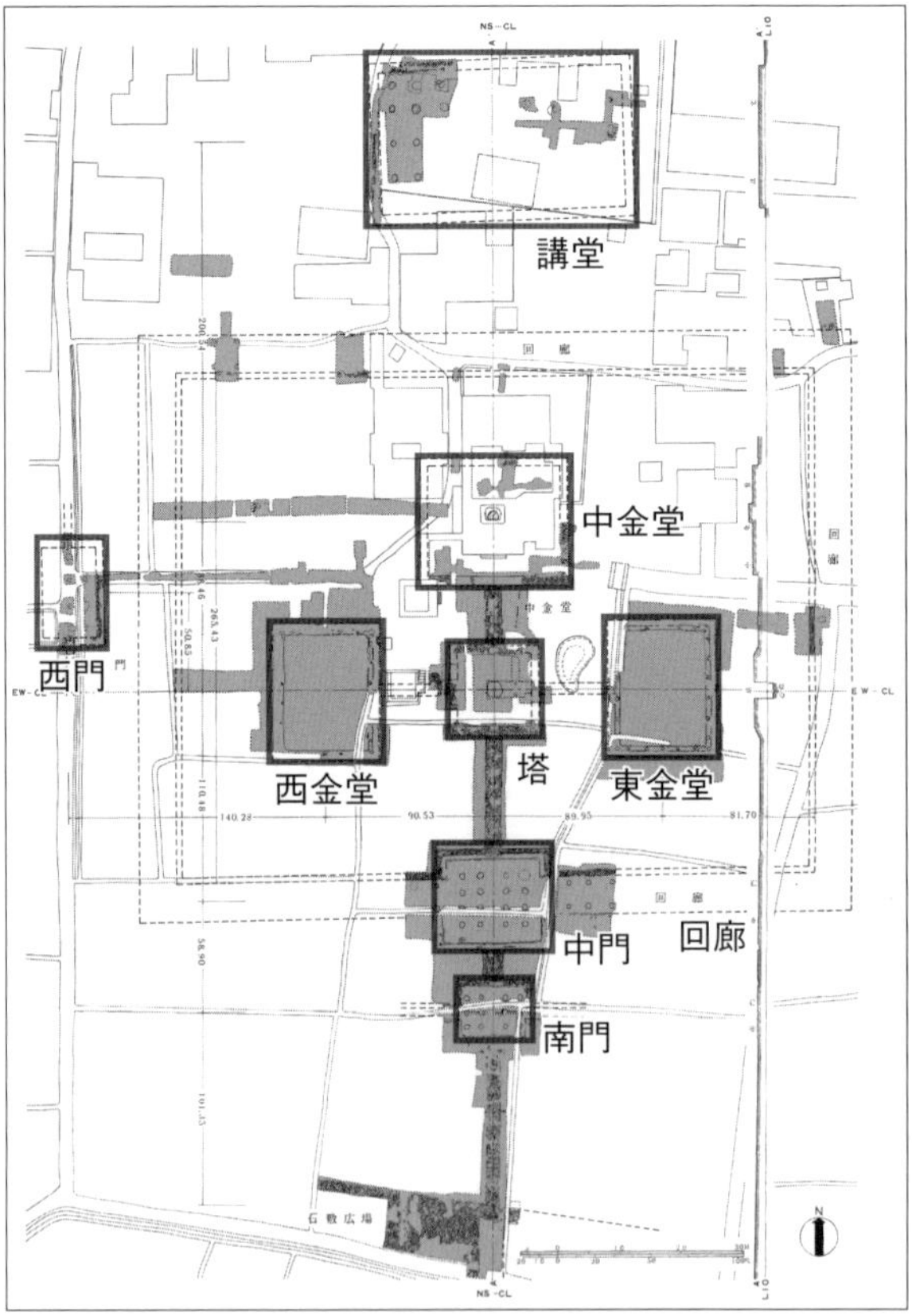

図1　法興寺伽藍配置および発掘調査位置図
（奈良国立文化財研究所　1958に加筆）

したのです。それぞれの建物は、わずかずつ北に対して振れをもち、施工誤差もしくは工事の時期差のようなものを感じさせます。

この伽藍配置は、建築史の教科書では飛鳥寺式として紹介されますが、現在のところ、この伽藍配置をもつ寺院は、日本では発見されておらず、日本最初の本格的寺院である法興寺に採用された後は、それに倣《なら》う寺院はなかった可能性が大きいと思います。国外に目を向けると、すでに『飛鳥寺発掘調査報告』で指摘しているように、この伽藍配置は朝鮮三国の高句麗《こうくり》で用いられた形式で、清岩里廃寺で確認されています。そのほか土城里廃寺、上五里廃寺、定陵寺（いずれも北朝鮮）などでみつかっています。当時の中国の寺院の様相は、発掘成果が少ないため分かりませんが、現在のところは、法興寺の造営にあたって高句麗の形式に倣った可能性が大きいという従来の見解は変わりません。しかし、これも文献から知られているように、法興寺の造営に当たっては、百済《くだら》から工人や僧が派遣されていますので、百済の影響があったことは間違いありません。また高句麗の僧も来ているので、高句麗の影響もあったかもしれません。そのなかで、高句麗の形式を採用している意味を考えなければなりません。そこには日本人、とくに檀那《だんな》である蘇我《そが》氏の意向があったと考えるのが自然でしょう。つまり、日本初の本格的寺院の建立にあたっては、百済の工人に任せて寺院を造ってもらうのではなく、日本人の意思が設計に反映されたと見ることができると思うのです。このことは、寺院建築の建立が、単に大陸の建築の模倣でなく、大陸の建築を模倣しながらも、日本人による様式や構造の取捨選択が積極的におこなわれた可能性を指摘できます。そうであれば古代建築の多様さは、多様な大陸の建築様式を日本人の感覚によって取捨選択した結果と考えることができるのです。

発掘調査で確認した伽藍配置の形式だけを取り上げれば、右記のようなことがいえるわけですが、そのためには、発掘遺構が正しいかどうかを検証しなければなりません。つまり、発掘調査成果をもう一度きちんと見直すことも必要なのです。発掘調査の成果からは、法興寺の伽藍は最終的には一塔三金堂の形式になったことが分かりますが、その成立時期については、発掘調査報告書では明確には述べていません。発掘調査で確認した遺構を創建当初の形式とおよそ解釈しているため、必然的にこうした形式が創建当初から造られていたものと考えられてきていると思います。

ところで、『日本書紀』などの文献からは、五八八年に造営を開始し、五九二年には仏堂と歩廊《ぶろう》（回廊）が建ち、五九三年には塔の心柱《しんばしら》を立て、五九六年には寺が完成したことが分かります。仏堂とは中金堂のことでしょうし、回廊ができているということは中門もできていると考えてよいと思います。しかし、東金堂と西金堂については具体的には書かれていません。このとき仏堂が三棟できたのであれば、それが記載されても良い気がしますし、五八八年から開始した造営で、五九六年までに金堂三棟を含む伽藍が完成したとは考えにくいと思います。五九六年の完成記事も、塔か仏堂かどちらかと見る解釈もあるほどです。

一方、発掘調査では、いずれの堂塔でも基壇上面の礎石《そせき》などは発見されませんでしたが、基壇外装と雨落《あまおち》溝《みぞ》などは部分的に良く残っていました。それをみると、中金堂と塔は花崗岩製《かこうがんせい》地覆石《じふくいし》に凝灰岩製《ぎょうかいがん》の羽目石《はめいし》を立て、その外側に玉石敷きの雨落溝をめぐらせるという、共通する形式で造られています。しかし、東金堂と西金堂は乱石積《らんせきづみ》の二重基壇で（図2）、その外側にめぐる雨落溝を砂利敷きとし、明らかに中金堂や塔とは仕様が異なります。回廊は、南面の中門東方と東面中央部、北面西部でわずかに検出したにすぎませんが、少なくとも南面と東面は、回廊内部の基壇を板石で画し、その外に玉石敷きの雨落溝を備えており、どちらかといえば中金堂や塔と似た仕様です。また、中軸線上には、南門の南の石敷き広場から中金堂まで玉石敷きの参道が敷設されていますが、塔から東金堂や西金堂へ向かう参道は、砂利のようなやや細かな石を敷いているようです。中軸線上に建つ塔・中金堂と、中軸線を外れた東金堂・西金堂とで仕様を変えた可能性も否定できませんが、東金堂と西金堂がやや遅れて完成した、このため基壇外装や雨落溝の仕様が異なる、と考えることもできるかもしれません。そもそも中金堂や塔で発見した基壇外装も、断面観察などはおこなわれておらず、創建当初にさかのぼるかどうかは報告書には言及されていません。発掘調査で確認した遺構を、創建期のものと解釈しているにすぎない状態なのです。

ところで、東金堂と西金堂がない伽藍配置は、一塔一金堂の形式で、日本では四天王寺式と呼ばれ、朝鮮三国の百済に現れる典型的な伽藍配置です。創建当初は四天王寺式の伽藍配置だったが、のちに東西の金堂を加えたのではないか、という疑念も湧きます。ただ、四天王寺式であれば、回廊で囲う区画が東西にそれほど大きい必要がありません。回廊、とりわけ東西面の回廊が当初の位置や形式を保つとすれば、中金堂

図2　法興寺東金堂跡（奈良文化財研究所提供）

と東・西の金堂に造営の時期差があったとしても、当初から東・西金堂の建立計画があったと解釈することもできます。ちなみに、前身となる四天王寺式伽藍配置に対応する回廊があったとしても、調査位置とその面積の関係から、発掘調査で見つかっていない可能性もまた否定できません。

発掘調査成果からは一つの事実を突きとめる必要があるわけですが、こうしたいくつかの可能性を指摘できるのは、発掘調査成果にいくつかの解釈の余地を残しているためです。これは現代的視点では調査時に解明しておくべき課題といえるのですが、当時はそうした視点をもつことができませんでしたので、当時の発掘調査者を責めることはできません。すべては半世紀以上に及ぶ学問あるいは発掘調査技術の進歩のおかげといえます。いずれにしても、そうした謎、あるいは課題を解くには、発掘遺構の再確認、つまり再発掘あるいは新規の発掘調査が必要と思います。過去の発掘調査成果も、現代的視点で詳細に再検討すれば、まだまだ再考する余地があることがわかります。

3 堂塔についての課題

ここでは、いくつかの堂塔を取り上げて、全国あるいは韓国における発掘事例と比較してその意義について考えてみたいと思います。

中金堂は柱配置が不明ですが、基壇規模は正面二一・二一メートル、側面一七・六メートルであることが判明しました。これを六～七世紀の国内外の寺院金堂と比べてみました。紙数の関係で詳細は省きますが、その結果、現存する法隆寺金堂の基壇規模（二二・四×一九・一メートル）より若干小さいものの、およそ似た規模であり、七世紀の寺院金堂としては適当な規模であることが分かります。また朝鮮三国の寺院金堂と比較すると、百済の王興寺（二二・七×一六・六メートル）、陵山里廃寺（二一・六×一六・二メートル）、金剛寺（二一・二×一七・八メートル）などと規模や縦横比が近似し、総体的に見れば高句麗や新羅よりも百済と親近性があることが分かります。

　つづいて塔について、法興寺の塔はやはり柱配置が不明で、基壇規模は一辺が約一二・一メートル（四〇尺）です。この規模は現存する法隆寺五重塔の一三・九メートルには及びませんが、六〜七世紀の国内の塔と比較すると遜色なく、標準的な規模です。また朝鮮三国の塔と比較すると、高句麗の塔は平面八角形のため比較できず、新羅の皇龍寺や百済の弥勒寺といった国家の筆頭寺院には及びませんが、百済の王興寺や陵山里廃寺、統一新羅の四天王寺などが近似した規模となります。また地下式心礎をもつという点でも、百済の寺院と共通します。ただし、中国河北省の趙彭城仏寺で発見された一辺三〇メートルの塔跡が、中国で判明しているなかでは初めて地下式心礎をもつ事例ですので、日本の塔の直接的な関係は百済が濃厚ですが、その源流はやはり中国に求めるべきだと思います。

　東西金堂の基壇規模（下成基壇）は、正面（南北）二〇・三メートル、側面（東西）一五・五メートルで、二重基壇という形式であり、中金堂より一まわり小さいですが、ここでは下成基壇に置かれた礎石に注目します。下成基壇に礎石をともなう事例は、日本ではほとんどありませんが、高句麗の清岩里廃寺の塔、新羅の皇龍寺の中金堂、統一新羅の四天王寺の金堂などで発見されており、皇龍寺中金堂と四天王寺金堂では、基壇上の礎石と縦横の筋をそろえています。これを参考に基壇上の礎石配置を考えると、正面五間、側面四間に復元できるのですが、側面は中央二間が二・七メートル、両端が三・〇メートルと中央二間が両端より狭くなります。こうした平面は、日本では平安時代の室生寺金堂にみられますが、七世紀代の建物としては異例といっていいと思います。

ところで、新羅四天王寺金堂の基壇下礎石は、基壇外装よりも後に設置されたことが明らかになっています。すなわち、基壇下の礎石が基壇外装を避けて設置されているなど、当初から計画的に造られたものではなさそうです。こうした目で法興寺の東金堂の遺構を見ると、基壇下の礎石設置で基壇外装の乱石積が崩れているとみられる箇所があり、一方で基壇下礎石に接して乱石積が設けられている箇所があります。前者は基壇下礎石が後補の可能性を、後者は基壇外装が後補の可能性を示しています。この基壇下の礎石の機能は、建物の荘厳のため、あるいは雨から建物を防ぐために、基壇上の建物の外周に設けた裳階《もこし》という一段低い屋根の柱の礎石と思われます。法隆寺金堂や五重塔でも、最下層に板葺《いたぶき》の裳階が備えられており、これらは後補であることがわかっていますので、それらと共通するといえるかもしれません。いずれにしてもやはり現代的な視点で、遺構を検証する必要がありそうです。

中門は遺存状況が良好で、正面三間、側面三間の礎石がほぼ完存し、基壇外装や雨落溝などもよく残っていました。南門は正面三間、側面二間で、基壇規模も中門に及びません。南門よりも中門が大きい例は七世期の寺院にしばしばみられ、側面を三間にとる例も、文武朝大官大寺《だいかんだいじ》にみられ、現存する法隆寺中門もそうで、法隆寺中門のように二重屋根の建物とみられます。

講堂は一九五八年以降も何度か発掘調査がおこなわれており、正面を八間にとるのが特徴です。正面を八間にとる講堂は、奈良県桜井市の山田寺、大阪市の四天王寺など、やはり七世紀の寺院の特徴です。また朝鮮三国では新羅感恩寺、新羅千軍洞廃寺に例があります。偶数間とすると、正面中央に柱が立って本尊の安置方法に困るわけですが、現在の四天王寺講堂が、正面向かって中央から左右に分けて夏堂、冬堂と呼んで利用しているように、実用的な利用法が重視されたためと思われます。

以上のように、伽藍中軸線上の建物は、七世紀の寺院建築として、またおよそ百済の建物との共通点を多く見いだすことができます。それに対し、東西金堂は、日本に比較する建物が多くないためかもしれませんが、やや特異といわざるをえません。それが源流の問題なのか、時期差なのか、単に建物の相違による変化なのか、検討できる材料がないのが現状です。東西金堂の有無は伽藍配置とも関係するので、興味が尽きない問題です。

4　元興寺の建築部材と建築技法

現在の元興寺には、元興寺極楽坊本堂（極楽堂）と禅室《ぜんしつ》の昭和十八〜二十六年（一九四三〜五一）の解体修理の際、取り替えられた部材がいくつか保管されています。なかには年輪年代調査で七世紀の年代を示す部材もあり、法興寺で使われた建築が、七一〇年の平城遷都とともに移築された可能性も指摘されています。わずか数点ではありますが、法隆寺の建築部材などと比較してみます。

一つめは巻斗《まきと》と呼ばれる組物《くみもの》を構成する部材の一部です（図3）。最外の年輪年代は五八八年で、この用材の伐採年代はこれから数年程度と考えられ、法興寺の建築の用材として加工され、平城遷都とともに法興寺から移建されたものである可能性があります。この部材の特徴は、木口斗《こぐちます》といって、部材の正背面側に年輪を見せる点です。年輪面（木口といいます）は割れが生じやすいので、このような部材の用い方をすると、割れが目立って建物の見栄えが悪くなります。どうしてこのような使い方をするのでしょうか？　たとえばマッチ棒で井桁《いげた》を組む場合に、縦横に置いて組み上げるように、建築部材の組み上げも、木材の繊維を直交させながら積むのが基本的な考え方です。それに基づくと、巻斗の下にある部材は、通常、肘木《ひじき》と呼ぶ横長の部材です。また巻斗の上にのる部材は、桁《けた》や通肘木《とおしひじき》といったやはり横に長い部材です。巻斗を木口斗とすれば、上下の部材と繊維を直交させていることとなり、基本的な考え方、つまり、部材の組み上げの原理がちゃんと守られているといえます。

日本では、木口斗は七世紀後期から八世紀前期の法隆寺西院の建物には見られませんが、七三〇年の薬師寺東塔にはみえ、奈良時代後期の唐《とう》招提寺《しょうだいじ》金堂では見られない技法です。また、七世紀半ばに建立され、十一世紀に倒壊・埋没した山田寺の回廊（奈良県桜井市）でも木口斗を使用していました。中国では比較的新しい建物でも見ることができます。中国が伝統的な技法を残しているというべきか、日本の美的感覚が八世紀には建物細部に及んだとみるべきか、どちらもなかなか判断が難しい点です。法興寺の部材では、このほか七世紀の最外年輪をもつ巻斗三点がいずれも木口斗でした。年輪年代から見て創建当初の建物ではなく、白鳳期に建立された際の部材のようですが、その時点でも木口斗を用いていることが分かります。

つぎに組物の大斗《だいと》を見ます（図４）。大斗とは、柱の直上にあって組物ひいては屋根の荷重を受ける重要

図３　旧元興寺極楽坊本堂所用巻斗
（狭川編　2004、真言律宗元興寺提供）

な部材です。この大斗の最外年輪は六七二年で、それも木材の中心部分のため、奈良時代まで降る可能性のある部材です。仮に奈良時代まで降る部材であっても、移築された建物の補足材であれば、移築前のものと同様の形状をなしていた可能性があります。ですので、この部材から法興寺の建物について検討してみましょう。

この大斗が法興寺でも用いられていたとすれば、その建物は、現在の元興寺、つまり奈良時代の元興寺の僧房《そうぼう》に移築されたことになりますので、法興寺でも僧房に用いられた可能性が高いと考えられています。大斗と先述した巻斗を用いる組物とすれば、平三斗《ひらみつど》という組物の形式となります。僧房は、金堂や塔などとは建物の性格が異なり比較的簡易な建物です。現存する最古の僧房の建物は、法隆寺西院の東室《ひがしむろ》（奈良時代）ですが、ここでは大斗や巻斗を用いない組物（舟肘木《ふなひじき》）です。また六三九年に舒明《じょめい》天皇が発願した百済大寺《くだらのおおでら》の遺跡は、奈良県桜井市で発見された吉《き》備《び》池廃寺《いけはいじ》ですが、そこでは僧房は掘立柱の建物でした。ということは、組物をもつような立派な建物ではなかった可能性が大きいと思います。したがって法興寺の僧房は、かなり立派な仕様で造られているといえます。

ところで、法隆寺西院の金堂・五重塔・中門・回廊は、七世紀後期から八世紀初頭にかけて造られたもので、世界最古の木造建築といわれている建物群です。それらの建物の大斗は、底部に板状の造り出しを同一

図4　旧元興寺極楽坊本堂所用大斗
（狭川編　2004、真言律宗元興寺提供）

部材から削り出した皿斗《さらと》という形状をしています（図5）。このほか金堂・五重塔・中門では、エンタシス柱、雲斗雲肘木《くもと》、隅柱《すみばしら》上の組物を隅行方向のみに出す卍崩し《まんじくずし》高欄、といった特徴的な形状・技法を用いています。こうした形状・技法は飛鳥時代の様式と紹介されることもあります。法興寺の大斗は、皿斗にしていません。僧房の様式が中金堂や塔と同じ様式かどうかは確証がありませんが、同じだとすれば、法興寺の大斗は法隆寺西院の大斗とは、様式が異なることになります。つまり飛鳥時代の建築様式は決して一様ではない証拠になり得るのです。現存する建築がないために法隆寺の建築様式は、すなわち飛鳥時代の様式であると考えられてきた感がありますが、発掘調査による知見から、しだいに見直されてきていま す。これもその一つの例とあげてよいかもしれません。

図5　大斗を皿斗とする法隆寺西院回廊の組物
（筆者撮影）

おわりに

ここまで、法興寺の伽藍と建築について、過去の発掘調査成果と元興寺の解体修理工事で下ろされた部材からわかることについて述べてきました。法興寺に関する新しい研究資料の発見はありませんが、周囲の研究の進展から過去の調査成果を見直すと、判明することや疑問の点があることがわかります。研究の進展によって新たな視点が生まれ、過去の調査がそれに対しては十分でない面もありますが、これは過去の調査を責めるわけにはいきません。現在の最新の学術成果も、五〇年後には使用に耐えないものになっているかもしれないのです。法興寺の発掘調査報告書が刊行されたのは一九五八年（昭和三十三）ですから、すでに還暦を超える時間が流れているのです。むしろ学問の発展ととらえるべきでしょう。法興寺の例でいえば、東西金堂の建立年代とその変遷、建立年代が遅れる場合は当初の東西面回廊のあり方、この二点が最大の課題と思います。

理想を申し上げれば、こうした学術的な課題をまとめて、もう一度発掘調査をおこない、課題を追究したい、と思います。発掘調査の常として、当初考えていた課題は解決できても、また新たな課題が見つかるのではないかと思います。こうしたことにも真摯に向き合って学術上の意味あるいは価値を高めていくことができれば、研究者冥利につきるというものだと思います。その舞台が法興寺であれば、建築史や考古学の先輩方への恩返しになるのではないでしょうか。

［参考文献］
奈良国立文化財研究所　一九五八『飛鳥寺発掘調査報告』
韓国国立扶余文化財研究所編　二〇〇九『韓・中・日 古代寺址比較研究Ⅰ―木塔址編―』国立扶余文化財研究所学術研究叢書第四十九輯。原書は韓国文化財庁発行。日本語版は日本奈良文化財研究所・韓国国立扶余文化財研究所発行、二〇一七年。
韓国国立扶余文化財研究所編　二〇一〇『東アジア古代寺址比較研究Ⅱ―金堂址編―』国立扶余文化財研究所学術研究叢書第五十四輯。原書は韓国文化財庁発行。日本語版は日本奈良文化財研究所・韓国国立扶余文化財研究所発行、二〇一五年。
狭川真一編　二〇〇四『解体修理で下ろされた建築部材の基礎的研究』平成十三〜十五年度科学研究費補助金研究成果報告書

4 飛鳥寺（法興寺）の創建

Yoshiyuki Aihara
相原嘉之

はじめに

わが国で初めて建立された本格的な伽藍《がらん》をもつ仏教寺院は「飛鳥寺」です（「法興寺」「本元興寺」とも呼ばれるが、ここでは最も通例となっている「飛鳥寺」と呼称する）。それは飛鳥の中央部にちかい真神原《まかみのはら》の地に建てられました。それまで原野にちかく、いくつかの建物が建っていただけの場所に、基壇《きだん》上に礎石《そせき》を据え、朱塗りの柱を立て、緑の連子《れんじ》窓《まど》、屋根には瓦を葺く、それまで見たことのない異国風の建物が建立されたのです。特に、中央に建てられた五重塔は、天空にまで届くように聳えていました。これらの伽藍を目にした当時の人びとは、蕃神《あたしくにのかみ》とも呼ばれる仏教の外来文化と、その圧倒される建築群に感嘆の声をあげたことでしょう。

『日本書紀』推古《すいこ》二年（五九四）二月一日条「皇太子及び大臣に詔《みことのり》して、三宝《さんぼう》を興し隆《さか》えしむ。是の時に、諸臣連等、各君親の恩の為に、競ひて仏舎を造る」（特に断りのない限り『日本書紀』による）とあります。推古天皇は皇子や氏族に対して、寺院の建立を推奨し、多くの氏族たちは寺院を建立しました。それから三〇年を経た頃には、畿内を中心に「寺四十六所、僧八百十六人、尼五百六十九人、幷て一千三百八十五人有り」（推古三十二年〈六二四〉九月三日条）と多くの寺院が建立され、一〇〇〇人を超える僧・尼僧がいたことが判明します。さらに藤原京遷都直前の持《じ》統《とう》六年（六九二）九月条には「天下の諸寺をかぞえおよそ五百四十五寺」（『扶《ふ》桑略記《そうりやつき》』）と記されています。

このように仏教寺院は、一〇〇年余の間に、爆発的に増加しました。これはわが国の仏教政策の結果であり、当時、東アジアのスタンダード宗教であった仏教を国策として導入したことを物語っています。しかし、仏教の本格導入までには、さまざまな契機と画期があり、本格的な伽藍をもつ飛鳥寺の造営には、東アジアとの技術交流がありました。ここでは飛鳥寺以前の「寺」とはどのようなものであったのか？飛鳥寺の創建にあたって、東アジア諸国との文化交流はどのようなものであったのか？　など、飛鳥寺の創建に至るまでの仏教政策と、飛鳥寺造営の実態と意義について紹介します。

図1　飛鳥寺復原図（公益財団法人古都飛鳥保存財団提供、「キトラ古墳シアター映像」より）

1 飛鳥寺以前の「寺」

わが国における仏教の導入過程

倭国《わこく》への仏教公伝は、百済《くだら》の聖明王《せいめいおう》が仏像と経典を献上したことにはじまります。正史である『日本書紀』ではその年代を欽明《きんめい》十三年（五五二）と記していますが、『元興寺伽藍縁起幷流記資財帳』（以下、『元興寺縁起』）や『上宮聖徳法王帝説《じょうぐうしょうとくほうおうていせつ》』では戊午年（五三八）としています。この異なる年代の真偽については明確ではありませんが、『日本書紀』の記事の方には、唐の『金光明最勝王経《こんこうみょうさいしょうおうぎょう》』による文飾があることや、その年紀が末法元年に設定されたと考えられることから、現在では戊午年（五三八）説が有力視されています。

しかし、仏教は公伝以前に、すでに倭国にもたらされていたと考えられています。五世紀の画文帯四仏《がもんたいしぶつ》獣鏡《じゅうきょう》には仏像の図像が描かれており、継体十六年（五二二）に司馬達《しばたっと》等が坂田原に草堂を建て、本尊を安置して礼拝した記事（『扶桑略記』欽明十三年十月十三日条）は、公伝以前に仏教が渡来系の人びとの間で信仰されていたことを窺わせます。

以下、仏教導入の経緯を記すと、五三八年（あるいは五五二年）に百済から仏像と経典が献じられ、欽明天皇は仏教受容の可否について、臣下に問います。蘇我稲目《そがのいなめ》は西蕃の諸国が皆祀っているのに、わが国だけが祀らないのは如何なものか、として容認します。一方、物部尾輿《もののべのおこし》らは、わが国は天地社稷《あまつやしろくにつやしろ》の百八十神の国であって、他国の神を祀ると、国神の怒りをかうとして反対しました。天皇は試みに、蘇我稲目に礼拝することを許し、小墾田《おはりだ》の家や向原《むくはら》の家で祀らせます。ところが疫病が流行り、蕃神を祀ったせいだとして、物部氏は仏像を難波堀江《なにわのほりえ》に投棄、仏堂を焼き払いました。ここから崇仏派（蘇我氏）と廃仏派（物部氏）の対立が激化することになります（欽明十三年十月条）。その後も、敏達《びだつ》十三年（五八四）には、百済より弥勒石像と仏像がもたらされました。蘇我馬子がこれをもらい受け、播磨国にいた高句麗僧の恵便《えべん》を師として、司馬達等の娘・嶋《しま》（善信尼《ぜんしんに》）ら三人を出家させました。そして、邸宅の東に仏殿を造り、弥勒石像を祀ります（敏達十三年是歳条）。最初の出家者が、いずれも渡来系の女性であることは興味深いことです。翌十四年には、大野丘《おおののおか》（甘樫丘《あまかしのおか》）の北方に塔を建て、前年に得た舎利を納めたことが記されている（敏達十四年二月十五日条）が、この時にふたたび疫病が蔓延したことから塔を倒し、仏殿・仏像が焼き払われます（敏達十四年三月三十日条）。しかし、今度は天皇と物部守屋《もりや》が病にかかり、仏像を焼いたためだとなり、蘇我馬子だけは、仏教を敬うことが許されました。これに反発した物部氏と蘇我氏の対立は、武力衝突へと発展していくことになります。蘇我・物部戦争（丁未の役）です。この戦いにおいて、四天王に戦勝祈願をした蘇我氏と厩戸皇子《うまやど》は、勝利のあかつきには仏のために寺を建てると約束しました（崇峻即位前紀七月条）。丁未の役で勝利した蘇我氏は飛鳥寺を、厩戸皇子は四天王寺を建立することになります。一方、善信尼らは百済へと渡り、受戒《じゅかい》をして、崇峻三年（五九〇）に帰国し、桜井寺に住み、その後の仏教興隆に大きな役割を果たすことになります（崇峻三年三月条）。

このように倭国の仏教は、公伝以前に渡来系氏族を中心として、すでにわが国に入っていました。そして、百済から仏像ならびに経典等が正式に献上されるが、ここまでみたように、天皇は中立の立場であり、崇仏と廃仏を繰り返しています。つまり公伝当初から仏教を国策として導入したわけではなかったのです。蘇我氏は「西蕃の諸国、一に皆礼ふ。豊秋日本、豈《あにひと》独り背《そむ》かむや」（欽明十三年十月条）というように、東アジアではすでにスタンダードな宗教である仏教の重要性の認識はあったものと考えられ、仏教の導入は、東アジア世界参入へのきっかけになると考えていました。しかし、六〇〇年の遣隋使《けんずいし》をみても、その内容に仏教色はみられません。推古二年（五九四）の「皇太子及び大臣に詔して、三宝を興し隆えしむ」（推古二年二月一日条）にあるように、その直前に天皇は仏教を公認するものの、東アジア周辺国のように、仏教を政治・国際交渉には利用していません。むしろ、この遣隋使以降に、「篤く三宝を敬え」とする十七条憲法（推古十二年〈六〇四〉四月三日条）や勝鬘経《しょうまんぎょう》の進講（推古十四年七月条）など仏教政策を推進し、合わせて国家体制の確立も図りました。推古十五年（六〇七）の遣隋使が「日出ずる処の天子より、日没する処の天子に書を致します」とあるのを、河上麻由子氏は、隋煬帝《ようだい》のことを「菩薩天子」という意味をこめて記したとします。本格的伽藍をもつ飛鳥寺の造営は、「各君親の恩の為に、競ひて仏舎を造る」（推古二年二月一日条）とあるように、王権（天皇）への忠誠・誓約する証として寺院が造営されました。この頃に、天皇が仏教を正式に認めたのです。

史料にみる「寺」

『日本書紀』には、飛鳥寺建立以前に「寺」の名称がみられ、さらに仏像を祀る仏殿などが散見されます。百済聖明王からもたらされた仏像および経典等は、王宮ではなく、蘇我稲目に託されました。それは「小墾田の家」に祀られ、その後、「向原の家を浄め捨ひて寺とす」（欽明十三年〈五五二〉十月条）とあり、向原の家を清めたあるいは、改修して仏像専用の建物にしたと考えられます。この時期には、居宅の部屋の一部、あるいは居宅の建物を改修して「仏堂」としていたと考えられます。さらに「向原家」を桜井に遷して、「桜井道場」としたとあります（元興寺縁起）。「道場」とは仏教修行の場のことです。「桜井道場」は仏教施設として建てられた可能性が高く、後には「桜井寺」とも呼ばれました（敏達十四年〈五八五〉二月十五日条）。これらの施設は、坂田原に仏像を安置した「草堂」を建てた記事があり、瓦を葺いていない仏堂があったことがわかります（『扶桑略記』欽明十三年〈五五二〉十月十三日条）。

これら仏堂に対して、塔を建てた記事もありました。「大野丘北塔」です。この塔の柱頭には舎利を納めていることから塔本来の意図に即した建築物（規模・構造は不明）があったと推定できます（敏達十四年二月十五日条）。この大野丘北塔は物部守屋によって、仏堂とともに焼かれていることから、ここには仏堂と塔があったことがわかります（敏達十四年三月三十日条）。

このように飛鳥寺以前の仏教施設としての「寺」は「道場」「草堂」などと呼ばれ、居宅の一部あるいは仏堂（仏像礼拝用建物）として改修したもので、捨宅《しゃたく》寺院とも呼ばれるものであることがわかります。また、「坂田原の草堂」とあることから、瓦を葺かない仏堂があったことはまちがいなく、むしろ、このような建築が多かったのでしょう。その中でも、桜井寺（道場）は居宅の一部ではなく、居宅の隣接地に仏教施設としての建物を建てたことは、寺が独立した仏教施設としての芽生えとも理解できます。

さらに「大野丘北塔」は塔と仏殿があることがわかるが、史料上、仏堂と塔がセットで確認されることから、本格伽藍の寺院へ展開する過渡期との位置づけがなされます。ただし、これらの「寺」は、個人が崇拝した仏教施設で、個人の「私寺」といえます。

考古資料にみる「寺」

古代寺院のイメージは、基壇上の礎石建築で、瓦を葺く建物です。特に、瓦が出土すると、寺院の可能性が高いとされています。後の時代には、宮殿や官衙《かんが》にも瓦が使用されますが、七世紀前半においては、寺院と認識されるでしょう。しかし、史料でみたように、飛鳥寺以前の「寺」は、必ずしも礎石建築とは限らず、瓦を葺かないものでした。ここでは断片的な考古資料から、この時期の「寺」についてみてみましょう。

古代寺院の中には、礎石建築ではない瓦葺掘立柱《かわらぶきほったてばしら》建物の寺院もあります。大阪府枚方市の九頭神廃寺《くずがみはいじ》では、七世紀後半の瓦積基壇建物が確認されていますが、その下層で七世紀前半の掘立柱回廊《かいろう》と接続する掘立柱建物があります。また、この時期の瓦も出土していることから、瓦葺掘立柱建築の前身寺院が推定されています。

一方、集落内で礎石建物が確認される場合があります。滋賀県大津市の穴太《あのう》遺跡では、六世紀末〜七世紀前半の低い基壇をもつ礎石建物が確認されており、丸太材の土居桁《どいげた》を載せ、土壁造りの方形建物です。穴太遺跡では大壁建物が多く検出されており、渡来人の集落と位置づけられており、後には穴太廃寺も建立されています。報告書では集落内にある祖廟や寺院に先行する仏堂の可能性を指摘しています。

居宅内で仏像を祀り、仏教行事を行う時に、厨子《ずし》を用いることもあります。法隆寺にある玉虫厨子は、仏堂を部材から鴟尾《しび》の細部まで本物の建築を模しています。この厨子は、室内で仏教行事が行われていたことを示す有力な伝世品です。これを裏付ける考古資料として、難波宮《なにわのみや》跡で出土したミニチュア瓦があり、難波長柄豊碕宮《ながらとよさきのみや》で仏教的儀礼が行われたことを示しています。また、檜隈寺《ひのくまでら》跡では北魏様式の舟形光背《ふながたこうはい》の周縁に取り付けられた奏楽飛天《そうがくひてん》が出土しています。檜隈寺建立よりも古い時期の遺物で、伝世品の可能性もあり、寺院創建以前の仏教遺物として注目されます。

このような事例は、必ずしも飛鳥寺以前のものではないものもあるが、史料でみえる捨宅寺院や草堂などをイメージする上で重要です。

2 史料からみる飛鳥寺の造営

飛鳥寺の造営過程については、『日本書紀』『元興寺伽藍縁起』に詳しく記されています。崇峻即位前紀（五八七）七月、蘇我・物部戦争（丁未《ていび》の役）のさなか、蘇我馬子が戦勝祈願を行い、寺院を建立し、仏法僧の興隆に努めるとしました。飛鳥寺の発願記事です。しかし、『元興寺縁起』では、尼僧が受戒を受けるためには、一〇人の尼が尼寺で受戒し、一〇人の僧が僧寺で受戒する必要があるとします。しかしながら倭国には、尼寺（桜井寺）はあるが法師寺がないということで、法師寺創建を発願します（用明二年条）。つまり、『元興寺縁起』では、飛鳥寺の造営を、戦勝祈願による寺院の造営ではなく、仏教の興隆のために尼寺と法師寺を造営するとされているのです。いずれにしても、飛鳥寺の造営は、仏教興隆の大きな試金石となったことはまちがいありません。

翌年には、百済から仏の舎利が献上され、また、僧、聆照律師《りょうしょうりつし》・令威《りょうい》・恵衆《えしゅ》・恵宿《えしゅく》・道厳《どうごん》・令開《りょうけ》等、寺《てら》工《たくみ》の太良未太《だらみだ》・文賈古子《もんけこし》、鑪盤博士《ろばんはかせ》の将徳白昧淳《しょうとくはくまいじゅん》、瓦博士の麻奈文奴《まなもんぬ》・陽貴文《ようきもん》・㥄貴文《りょうきもん》・昔麻帝弥《しゃくまたいね》、画工の白加《びゃくか》を遣わしてきました。そして、飛鳥衣縫造《あすかきぬぬいのみやつこ》が祖樹葉《おやこのは》の家を壊して、飛鳥寺の造営を開始します（崇峻元年〈五八八〉是歳条）。これらのことから、飛鳥寺の造営には、僧侶だけでなく、百済からの造寺に関わる直接的な技術援助があったことがわかります。崇峻三年（五九〇）には、寺の建築用材を山林から調達しています（崇峻三年十月条）。崇峻五年（五九二）十月には金堂と回廊の建築がはじまり（崇峻五年十月条）、その二カ月後には仏舎利を塔の心礎に埋納し（推古元年〈五九三〉正月十五日条）、翌日に柱を立てる儀式が行われています（推古元年正月十六日条）。『扶桑略記』には、この時、大臣以下一〇〇人余りの人びとが、百済服を着て参列したとも記しています。推古四年（五九六）十一月には「法興寺、造り竟《おわ》りぬ」とあり、堂塔が完成したと記されています。そして馬子の子である善徳臣を寺司とし、高句麗の慧慈《えじ》、百済の慧聡《えそう》が住みはじめました（推古四年十一月条）。しかし、塔の立柱から四年で、他のすべての建物が完成したとは思えず、塔の露盤銘に「丙辰年（五九六）の十一月に既《おわ》る」（元興寺縁起）という塔竣工記事があることから、推古四年十一月条は塔の完成を記すものと考えられています。その後、しばらくは記録に表れませんが、推古十三年（六〇五）四月一日に鞍作鳥《くらつくりのとり》に丈六仏をの造仏を命じています。この時に、高句麗から黄金三〇〇両を献じられました。そして、翌推古十四年（六〇六）四月八日に完成し、堂内に安置、設斎《せっさい》したと記されます。一方、『元興寺縁起』「丈六光背銘」によると大興王《だいこうおう》が献上した黄金は三二〇両で、六〇八年の裴世清《はいせいせい》によって送り届けられ、推古十七年（六〇九）に大仏を納めています。丈六光背銘の方が『書紀』よりも数値が詳細で、より原文にちかいとされることから、こちらが正しいと考えられています。いずれにしても、推古四年十一月の塔竣工以降、金堂の丈六仏の造仏まで一〇年ちかい空白期間があり、この間、中金堂に本尊のない期間は考えられず、塔竣工後も堂の造営は継続しており、推古十七年に本尊を安置することにより、完成したとみるべきでしょう。よって、飛鳥寺はわずか二二年で堂塔が完成したことになります。

3　飛鳥寺の発掘調査

飛鳥寺の発掘は、一九五六年（昭和三十一）に、吉野川分水路建設の事前調査として始まりました。それまでは小規模なトレンチ調査であったが、飛鳥地域ではじめて広範囲な調査を実施することにより、予想していなかった伽藍配置などが解明されたのです。

飛鳥寺の旧境内地は南北二九三㍍、東西二一五〜二六〇㍍にもおよぶ広さでした。現在、飛鳥寺の法灯《ほうとう》をつなぐ安居院《あんごいん》の約二〇倍の面積です。釈迦如来坐像（飛鳥大仏）が坐す現在の本堂は、飛鳥寺中金堂の地にあたります。

飛鳥寺の伽藍配置は、中央に塔をおき、その北および東西に金堂を配置する一塔三金堂の特殊な配置で、中門からのびた回廊がこれらを取り囲んでいます。講堂は回廊の北方に位置している「飛鳥寺式伽藍配置」と呼ばれるものです。初期寺院の伽藍は四天王寺式が多く造られていますが、わが国初の寺院に、他に例をみない伽藍配置を採用することは注目されます。このうち東西金堂は、二重基壇で築成されています。

伽藍の中心にある塔は地下二・七㍍程の深さに巨大な心礎を据え、上面に方形の舎利孔があります。この心礎埋納品には、多様な遺物が含まれていました。勾玉《まがたま》・管玉《くだたま》・切子玉《きりこだま》・銀製空玉《うつろだま》・銀製山梔玉・丸玉・トンボ玉・ガラス小玉・金環《きんかん》・金延板《のべいた》・金小粒・銀延板・銀小粒・金銅製打金具・杏葉形《ぎようようがた》金具・鐸付《つばつき》半球形金銅金具・金銅鈴・金銅製瓔珞《ようらく》・馬鈴《ばれい》・挂甲《けいこう》・蛇行状鉄器《だこうじようてっき》・刀子《とうす》・雲母片《うんもへん》となります。横穴式石室の副葬品に共通する遺物と同時に、仏舎利埋納品と共通する遺物が混在するという特色があります。

飛鳥寺は、はじめての瓦葺建築でもありました。当然、基壇をもち、礎石の上に柱を立てる建築としても初めてということになります。瓦についても初めてで、花組（素弁《そべん》十一弁蓮華文）と星組（弁端点珠《べんたんてんじゅ》素弁蓮華文）の二系統の瓦が、飛鳥寺の創建瓦でした。これらは百済地域の瓦と共通すると同時に、その後の瓦づくりに受け継がれていきました。瓦は大量に必要となり、瓦成形時の当て具の痕跡に、須恵器甕《すえきがめ》にみられる痕跡と同じものがみられることから、瓦づくりには、当時の須恵器工人が大量に動員されたことがわかります。また、奈良元興寺は、養老二年（七一八）に、飛鳥から平城京へと法灯を遷した寺院です。その後も飛鳥には主要伽藍が残されており、平城京へは一部建物（僧坊などか）の移築、そして伽藍は新築の寺院です。現在の元興寺極楽房の屋根には、飛鳥時代の瓦が今も使われており、飛鳥寺から移築した時に運ばれたものです。他にも古材が多く保管されており、その中には、巻斗も含まれていました。この材の年輪を計測すると、最外周の年輪が五八八年と判明し、残念ながら樹皮部分がなかったので、正確な年代は不明ですが、樹皮に近い部分まで残ることから、五九〇年頃の伐採と推定されました。この年

図２　飛鳥寺発掘風景（奈良文化財研究所提供）

代は、「山に入りて、寺の材を取る」（崇峻三年〈五九〇〉十月条）の記事に対応するもので、史料の真実性を裏付けるものとなりました。

現在、安居院本堂に安置されている釈迦如来坐像（飛鳥大仏）は、飛鳥寺中金堂にあった本尊です。建久七年（一一九六）に雷で伽藍は焼失し、この時に飛鳥大仏も焼失しました。その時、仏頭と手だけが残されたと『上宮太子拾遺記』には記されています。昭和四八年の仏像の調査により、残存しているのは頭部の額・両眉・両眼鼻梁《びりよう》のほか、左手の掌の一部、右膝上にはめこまれる左足裏と足指などであるとされています。これに対して、近年の蛍光X線分析の結果によると、造立当初と修復後とされる部分に金属組成にきわだった差がみられないことから、当初部分が多く残されているのではないかという見解もだされました。しかし、同様の調査において、金属組成が類似するのは、破損した材料によって補修されたためとも考えられ、創建当初の残存状況については、さらなる詳細な調査の上、慎重な議論が望まれるという意見もあります。

図３　飛鳥大仏（釈迦如来坐像）
（飛鳥寺所蔵、明日香村教育委員会提供）

4 飛鳥寺の造営と国際交流

飛鳥寺の調査成果については、すでにみた通りですが、その諸属性の系譜はどこに求められるでしょうか。ここでは東アジア的な視点から、これらについて検討することにします。

飛鳥寺の創建軒丸瓦は、花組と星組です。これらは瓦当《がとう》文様だけでなく、瓦当と筒部の接合法においても違いがみられ、両者の違いは工人集団の差と考えられています。これらの瓦文様や造瓦技術は、百済にルーツがあり、さらには南朝にまでたどれることがすでに指摘されています。近年でも、花組は、扶余の王宮である官北里《かんぼくり》遺跡・扶蘇《ぷそ》山城《さんじょう》・益山《いくさん》王宮里《おうきゅうり》遺跡出土例に類似のものが確認されており、星組の瓦当文様は、中国南朝梁《りょう》の造瓦技術を導入して成立した百済大通寺《だいつうじ》式と共通します。

飛鳥寺の伽藍配置は一塔三金堂の飛鳥寺式伽藍配置をしています。韓半島の百済寺院の伽藍配置は、回廊が単純に講堂に接続しませんが、いずれも堂塔が一直線上に並ぶ一塔一金堂式です。同様に古新羅の寺院も一塔一金堂が多いが、統一新羅になると双塔式が主流となります。これに対して、高句麗寺院は清岩里廃寺にあるよう

図4　飛鳥寺の創建軒丸瓦（奈良文化財研究所提供）

に一塔三金堂式です。そして、南北朝・隋代の中国では塔院を中心とした伽藍が中心でした。

このような伽藍配置の類似から、四天王寺式は百済式の配置を祖型とみることができるが、飛鳥寺式伽藍配置は百済・新羅・隋にはなく、高句麗の清岩里廃寺に類例が求められることから、高句麗に祖型を求めることができます。近年、扶余定林寺や王興寺で中門・塔・金堂・講堂と並ぶ配置の東西回廊に建物が接続する事例が確認されています。この東西建物が、飛鳥寺の東西金堂の祖型という理解もありますが、この建物は附属建物であり、金堂ではありません。よって、この事例から、飛鳥寺式伽藍配置が百済由来ということはできないと考えます。

飛鳥寺塔心礎埋納品は、すでに見たように舎利荘厳具の他、挂甲・馬具・耳環・刀子・歩揺などの飾金具・各種玉類などの古墳副葬品に共通する品があることは知られていました。これは古墳時代から律令時代への過渡期にあたるためと理解されています。しかし、近年、扶余王興寺の舎利容器と八〇〇〇点にも及ぶ舎利荘厳具が確認され、装身具が多く含まれていました。ここに飛鳥寺の埋納品が、百済からの影響が窺えることになります。また、『扶桑略記』には、舎利埋納儀礼において、蘇我馬子ほかの人々が百済服を着用していたことも記されており、百済式の儀礼が行われた可能性が高いといえます。しかし、飛鳥寺埋納品には、装身具だけでなく、馬具も含まれていました。これは百済の儀式様式にみられないもので、やはり古墳副葬品との共通点を示唆しているとみるべきで、倭国のこの時期独自のことと理解できます。

飛鳥寺塔基壇は、版築《はんちく》によって築成されています。掘込地業《ほりこみじぎょう》は、橙黄色砂と茶褐色粘質土を互層に積み重ね、さらに基壇を構築しています。このような版築は山田寺の金堂・塔跡や奥山廃寺《おくやまはいじ》塔跡・川原寺《かわらでら》塔跡などでもみられます。青木敬氏は、このような異なる山土を使い分けて突き固める版築技術を百済王興寺や弥勒寺・帝釈寺、さらに南朝の寺院でも採用されていることから、「南朝・百済系統の技術」と名付け、飛鳥寺版築の系譜をここに推測しました。

飛鳥大仏の止利様式は、中国河南省龍門石窟の北魏様式の諸仏像との共通性から、中国北魏様式の影響を受けたものと推定されていましたが、北朝の仏像群も中国南朝の様式の影響を強く受けたものであり、中国南朝の仏像様式が百済を経由してもたらされたと考える研究者も近年多くみられます。また、山東半島にある山東省青州市の龍興寺跡で発見された四〇〇体にのぼる北魏から北斉にかけての仏像が、アーモンド形の目・古式微笑・鰭状衣文・裾のしわの表現などが、飛鳥様式と類似する点に注目が集まっていました。この地は北朝領域には入りますが、長く南朝支配を受けるとともに、南朝の影響を強く反映されると理解されています。

これらの検討により、飛鳥寺の造営には史料的にも、考古学的にも、南朝及び百済の影響が色濃く残されていることがわかります。しかし、百済だけでなく、高句麗僧の来日や本尊の黄金供与、一塔三金堂の伽藍配置からみて、高句麗の影響を受けていることもまちがいありません。そして、これらの外来文化は、瓦製作に須恵器工人が動員されていることをはじめ、塔埋納品の馬具など、古墳副葬品と共通するものが含まれることから、わが国の古来からの文化・風習・技術とが融合していることも判明するのです。

おわりに

飛鳥寺創建の意義

飛鳥寺は、わが国ではじめての本格的伽藍をもつ寺院でした。これを契機として、仏教を天皇が公認し、氏族に対しても仏教興隆の詔をだしています。これは仏教寺院を君臣統合の象徴とし、氏族に対して建立を促したものです。しかし、この段階では、東アジア文化圏における倭国の寺院としての位置づけまではできていません。それは飛鳥寺の創建を第一期として、百済大寺《くだらのおおでら》の創建、川原寺の造営、そして本薬師寺などの都城の官寺造営を経て、氏寺から国家寺院への変化を読み取ることができます。飛鳥寺はその仏教興隆の定点と位置付けられるのです。

この仏教という最新の宗教と同時に、最新の建築技術も導入されました。基壇上の礎石建築、瓦葺建物など、わが国にはまだなかった技術です。これらの技術を先導する師匠が来日し、師従する職人が育成され、その後の寺院造営の礎となりました。これらの技術や知識は、直接的には百済と高句麗からもたらされ、飛鳥寺も両国からの僧侶が居住しています。これらの影響は、発掘成果からも追認できます。伽藍配置は高句麗式であり、瓦文様・建築様式・塔埋納品などは、百済に近い。さらに仏教も中国から朝鮮半島を経てもたらされました。それに加えて、古墳時代からの流れをくむものも含まれているのです。

そして、飛鳥寺の創建は、その後の飛鳥の都市形成においても重要な定点となりました。飛鳥寺の場所は、龍門山地・多武峰と甘樫丘に囲まれた小さな盆地状の、北の狭まった入口にあたります。なぜ盆地の中

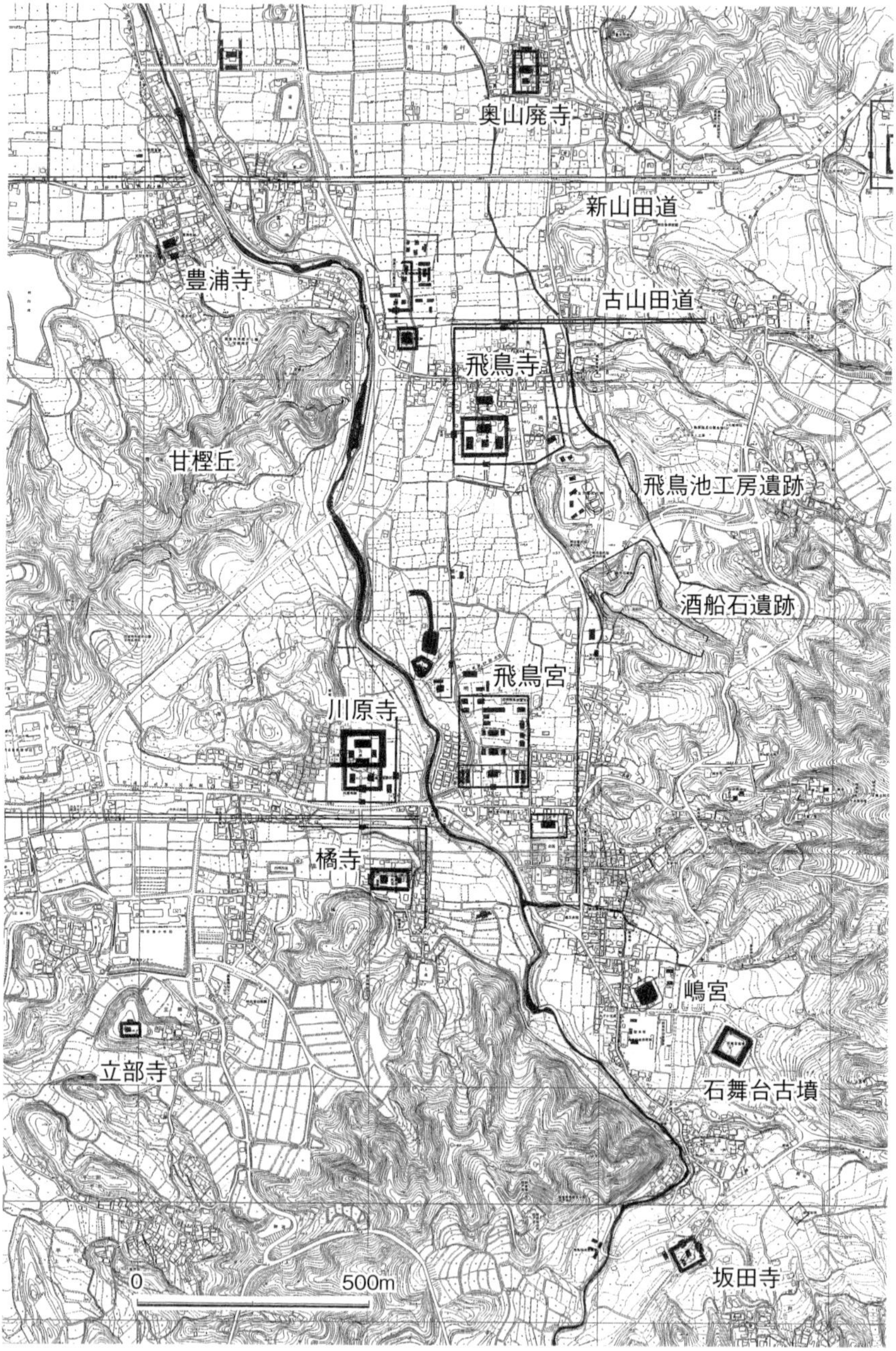
奥山廃寺
新山田道
豊浦寺
古山田道
飛鳥寺
甘樫丘
飛鳥池工房遺跡
酒船石遺跡
飛鳥宮
川原寺
橘寺
嶋宮
立部寺
石舞台古墳
0
500m
坂田寺

図５　飛鳥地域の遺跡

央ではなかったのか、それには二つの理由がありました。ひとつは古道「古山田道」に南接した場所であることです。古道に面して豪族の居宅を配し、寺院を造営していきますが、飛鳥寺に北接して小墾田宮も造営されました。古山田道沿いに、飛鳥寺が造られたことにより、王宮も隣接して造営されたのです。もうひとつは、当時、飛鳥寺南方はまだ未開の地でしたが、舒明朝以降、そこには王宮（飛鳥宮）が継続して建てられるようになります。つまり、飛鳥寺を盆地の入口に配置することにより、飛鳥盆地が強固な要塞と化し、飛鳥宮の地が一等地の空間になるのです。

このように飛鳥寺の創建には、さまざまな意義があります。飛鳥寺西地域（石神《いしがみ》・水落《みずおち》・飛鳥寺西方遺跡）は斉明〜天武朝になると、化外民に対する服属儀礼や饗宴《きようえん》など、饗給の空間となりました。それは時を告げる漏刻《ろうこく》も、時間を支配することにより、夷狄《いてき》を服属させる意味をもち、須弥山《しゆみせん》も世界の中心を示す象徴だったのです。ここは天下を治める飛鳥の中心と位置づけられたのです。この意味でも、君臣統合の象徴でもある飛鳥寺が、この地に創建された意義は大きいといえましょう。

〔参考文献〕

相原嘉之　二〇一七『古代飛鳥の都市構造』吉川弘文館

青木　敬　二〇一七『土木技術の古代史』吉川弘文館

飛鳥資料館　一九八六『飛鳥寺』（飛鳥資料館図録第一五冊）

飛鳥資料館　二〇一三『飛鳥寺二〇十三』（飛鳥資料館図録第五八冊）

大脇　潔　一九八九『飛鳥の寺』（日本の古寺美術十四）保育社

小笠原好彦　二〇〇五『日本古代寺院造営氏族の研究』東京堂出版

河上麻由子　二〇一九『古代日中関係』中央公論新社

狭川真一編　二〇〇四『解体修理で下ろされた建築部材の基礎的研究』平成十三～十五年度科学研究費補助金研究成果報告書
清水昭博　二〇一二『古代日韓造瓦技術の交流史』清文堂
鈴木靖民編　二〇一〇『古代東アジアの仏教と王権―王興寺から飛鳥寺へ―』勉誠出版
奈良国立文化財研究所　一九五八『飛鳥寺発掘調査報告』(学報第五冊)
奈良文化財研究所　二〇一七『飛鳥・藤原京を読み解く―古代国家誕生の軌跡―』クバプロ
李　炳鎬　二〇一五『百済寺院の展開と古代日本』塙書房

5 法興寺塔心礎埋納品が語る古代史

Toshio Tsukamoto 塚本敏夫

はじめに

元興寺は奈良市の「ならまち」の中にあります。歴史を辿ると、元興寺は『続日本紀《しょくにほんぎ》』に養老《ようろう》二年（七一八）に飛鳥の地にあった法興寺《ほうこうじ》（飛鳥寺）を平城京に移したとの記録が見られます。この法興寺は、別名飛鳥寺、またの名を本元興寺といい、用明《ようめい》天皇二年（五八七）に蘇我馬子《そがのうまこ》が発願の日本最初の本格的寺院です。

本論では元興寺の前身である法興寺の創建時の歴史的背景や当時の蘇我氏の政治的勢力の実態について、発掘調査で発見された塔心礎《とうしんそ》埋納品をめぐる最新の研究成果から読み解いてみたいと思います。

1 法興寺の発掘と塔心礎埋納品の発見

法興寺の歴史と発掘調査

法興寺は六世紀末に創建された日本最初の本格的な伽藍《がらん》を有する仏教寺院です。『日本書紀』他の文献資料から用明天皇二年に蘇我馬子が物部守屋《もののべのもりや》を討滅した際に発願して、少なくとも七世紀初頭には伽藍の中心部は完成したことがうかがわれます。

しかし、『続日本紀』には、養老二年（七一八）に飛鳥の地にあった法興寺を平城京に移したとの記録が見られます。このことは近年の元興寺に使われている古材の年輪年代から創建時の部材であることが判明してより明らかになりました。

その後、飛鳥にある法興寺は鎌倉時代に落雷で焼失し、再興されることなく荒廃し、残ったのは有名な飛鳥大仏のみで創建時のすがたは誰もわからなくなっていました。

法興寺が創建時のすがたを現したのは大和平野農業導水路工事の事前調査として奈良国立文化財研究所が一九五六年（昭和三十一）から一九五七年（昭和三十二）に三次に分けて行われた発掘調査です（奈文研一九五八）。そこで、塔を中心に三金堂を配置する、一塔三金堂式の特異な伽藍配置が確認されました。

塔心礎の発掘と塔心礎埋納品

塔の発掘は一九五六年の第一次調査で一辺一二メートルの方形基壇の確認調査が、一九五七年の第三次調査で基壇内部の調査が行われています。この第三次調査で塔心礎埋納品が出土しています。まず深さ六〇センチのところで上下二つからなる花崗岩《かこうがん》製の石櫃《せきひつ》が出土し、その下石に檜製の木箱に入った舎利《しゃり》容器とその周囲におびただしい数の埋納品が出土しました。

表　塔心礎埋納品一覧（諫早　2017、表2を改変）

時期	品目		材質	数量	出土場所	原位置
推古天皇元年	挂甲(小札甲+肩甲)		鉄製	1領	①	○
	蛇行状鉄器		鉄製	1	①	○
	馬　鈴		青銅製	1	①	○
	砥　石		石製	1	①	○
	鍔付半球形金具		金銅製	2	①	○
	耳　環		金銅製	29	①②③	○×
	刀　子		鉄製	11	①②③	○×
	円形打出金具		金銅製	14	①④	○×
	杏葉形打出金具		金銅製	28以上	①④	○×
	玉類	小　玉	ガラス製	2363	①③④	○×
		勾　玉	ヒスイ製	2	③④	×
			瑪瑙製	1	③④	×
			ガラス製	1	③④	×
		管　玉	碧玉製	5	③④	×
		切子玉	水晶製	2	③④	×
		丸　玉	赤瑪瑙製	1	③④	×
		空　玉	銀製	3	③④	×
		梔子玉	銀製	1	③④	×
		トンボ玉	ガラス製	3	④	×
		琥珀片(琥珀玉)	琥珀製	200	④	×
	雲母辺		雲母製	数個	②	×
	延　板		金製	7	②③	×
			銀製	1	②③	×
	小　粒		金製	5	②③	×
			銀製	7	②③	×
	歩　揺		金銅製	146以上	③④	×
	鈴		金銅製	7	④	×
	蓋石片		凝灰岩	4	②	×
鎌倉	舎利容器		金銅製	1	⑤	○
	舎利容器外箱		ヒノキ製	1	⑤	○
	灯明皿		土製	1	⑥	○

出土位置　①心礎辺部　②心礎上面攪乱土　③鎌倉時代発掘埋土中
④石櫃内　⑤舎利再埋納坑　⑥舎利孔

この舎利容器は、その形態から鎌倉時代のものであり、建久《けんきゅう》八年（一一九七）の弁暁《べんぎょう》上人の記録によると、塔は建久七年（一一九六）に焼失し、舎利は翌年いったん掘り出され、上人が新しく作った舎利容器を木箱にいれて、舎利荘厳具の一部とともに心礎の上方二㍍のところに納め直した時のものです。木箱の側面には、建久七年に塔が焼けたことが記されています。なお、文中に「本元興寺《もとがんごうじ》」とあり、法興寺が平城京内に移されて元興寺となり、飛鳥に残った寺のほうは、本元興寺とよばれたようです。

鎌倉時代の発掘坑を掘り下げると一辺二・四〜二・六㍍の塔心礎が検出されます。その際、辺部から埋納時の位置を保った遺物が出土し、埋土の中からも鎌倉時代に取りこぼしたおびただしい数の遺物が出土しました。この発掘で出土した遺物が塔心礎埋納品です。

この塔心礎埋納品は近年の奈良文化財研究所の再整理により、少なくとも二五〇〇点以上と推定されています（表）。その出土状況から確実に創建当初にさかのぼる遺物と原位置が鎌倉時代に動いて、時代が特定できない遺物に層別できます。しかし、近年のガラス小玉の分析により、原位置が動いている遺物もすべて創建当初の埋納物とみられ、確実に鎌倉時代と同定できる舎利容器と外箱、舎利孔にあった燈明皿《とうみょうざら》以外のすべてが創建時の埋納物との見解です（諫早　二〇一七）。

2 塔心礎埋納品の性格と百済の塔心礎埋納品との比較

塔心礎埋納品の性格

再埋納された金銅製の舎利容器とともに、塔心礎上面からは数多くの埋納品が出土しました。その中には、古墳の副葬品と大差がない鉄製の挂甲《けいこう》（以下小札甲《こざねよろい》）や刀子《とうす》などの武器・武具、青銅製の馬鈴《ばれい》や蛇行状《だこうじょう》鉄器《てつき》などの馬具のほか、耳環《じかん》や勾玉《まがたま》や管玉《くだたま》などのさまざまな玉類や瓔珞《ようらく》などの装身具が含まれていました。しかし、一方では金銀の小粒や延板《のべいた》など、後の寺院で基壇《きだん》築造時の祭儀に用いる荘厳具《しょうごんぐ》や鎮壇具と同様のものもあり、古墳時代を想起させる品と新時代の萌芽を示す品とが混在している点が仏教導入期の特徴です。

百済の扶餘王興寺と益山弥勒寺の調査

近年、韓国の発掘調査で百済《くだら》時代の扶餘《ぷよ》王興寺《おうこうじ》と益山《いくさん》弥勒寺で舎利容器と舎利荘厳具があいついで発見されました。

扶餘王興寺は発掘調査で塔・金堂・講堂が一直線に並ぶ四天王寺式に似た伽藍配置（塔・金堂の東西に建物が配置）で、一辺一一メートルの塔基壇の中央地下に据えられた心礎（報告書では舎利装置石）の中心から南側に偏った場所に舎利孔を穿ち、その中から舎利容器のみが出土しています。舎利容器は三重になっており、銅製函の中に銀製壺またその中に金製瓶が入っていました。八〇〇〇点におよぶ舎利荘厳具は舎利孔内にはなく、すべてその付近から出土しました。特に、扶餘王興寺は出土した外容器にあたる銅製函の表面に銘文が刻まれ、丁酉年（五七七）二月に塔を建てたとの記載があり、法興寺創建の少し前の事例として注目を集めました（鈴木　二〇一〇ほか）。

益山弥勒寺は発掘調査で中門・塔・金堂を一直線に並べる百済の典型的な一塔一金堂の伽藍を三棟並置した三院式という独特な構造です。西石塔の解体修理のとき一層の心柱石の上面中央から舎利孔がみつかり、その中に舎利容器と金製舎利《しゃり》奉迎記《ほうげいき》のほかに銀製冠飾、青銅盒《せいどうごう》などおびただしい数の舎利荘厳具が出土しました。舎利容器は三重になっており、金銅製外壺の中に金製内壺、またその中にばらばらになったガラス製瓶が入っていました。なお、舎利奉迎記から、石塔は己亥年（六三九）に舎利の安置のために建立されました。

百済の塔心礎埋納品との比較

百済の扶餘王興寺と益山弥勒寺の塔心礎埋納品の性格や埋納方法を比較することにより、法興寺塔心礎埋納品の再評価ができる可能性が指摘されています（鈴木　二〇一〇）。

諫早直人は舎利と舎利荘厳具の埋納場所に着目し、「分置」から「一括」の変化を指摘しています。埋納品の共通性と相違点については、共通性は百済での塔心礎埋納品にも金、銀の小粒や板の素材や大量の玉類を埋納する点や同時期の古墳副葬品と共通する遺物（服飾品）が含まれていることです。一方、相違点は百済にある冠帽《かんぼう》や銙帯《かたい》はないが、法興寺では美豆良《みづら》の飾り金具が確認できることです。この共通性と相違点は舎利埋納儀式に参列した人びとの装いの違いとの指摘がなされています（諫早　二〇一七）。この見解には賛同でき、参列した人びとが身に着けていた最先端の盛装（礼装）を表象していたことが読み取れます。

しかし、百済と倭の塔心礎埋納品の相違点は小札甲と蛇行状鉄器や青銅製馬鈴に大型砥石《といし》が塔心礎の縁辺から出土した点です。そして、その埋納品は古墳副葬品との共通性のみが強調されてきましたが、その副葬品がどのような儀礼に使用され、どのような意味を持って埋納されたかについて考察された見解はありませんでした。

3 舎利供養にともなう舎利荘厳具と立柱儀礼にともなう地鎮具

塔心礎埋納品の埋納の時期については、『日本書紀』推古《すいこ》天皇元年（五九三）に「元年春正月壬寅朔丙辰、以仏舎利置于法興寺刹柱礎中」とあり、正月十五日に舎利の安置がなされ、翌日の十六日に心柱が立てられています。舎利埋納と立柱に一日の時間差があることに重要な意味があります。埋納状況からは前述のように鎌倉時代の再埋納により確定はできませんが、塔心礎の方形舎利孔に納められていたと推定できる埋納品と心礎周辺部から原位置で出土した埋納品に分けられます。原位置を保った心礎周辺部の埋納品の位置は柱を据えるための柱座に接して置かれたと推定され、心柱の側面ないし、縁部下に埋納されています。特に、小札甲は心柱にもたれかけるように置かれています（図1）。つまり、心柱が立てられた後に置かれたことが明白で、これら埋納品は立柱儀礼にともなうものであり、立柱儀礼に使用された地鎮具と推定されています（佐川　二〇一〇、岡本　二〇一〇）。

塔心礎埋納品は『日本書紀』の記述に、埋納品の種類と出土位置の分析から、正月十五日を舎利の安置とその儀式が行われ、十六日に心柱の立柱とその儀式が行われたと推定しています。そして、心礎上面に散乱していたものや、舎利孔に埋納されていた金板、銀板、銀粒や種々の玉類などを舎利供養のための舎利荘厳具とし、心礎周辺部から原位置を保って出土した小札甲、蛇行状鉄器、大理石製砥石、耳環三点、馬鈴、金銅製打出し金具数十点、ガラス小玉などを、立柱の儀式にともなう地鎮具と認識しています。

次に、従来古墳副葬品との共通性のみが強調されてきた心礎周辺部から原位置を保って出土した埋納品（地鎮具）がどのような意味を持って埋納されたかについて考えてみます。

4 小札甲埋納の意義と祭祀儀礼の融合

最新・最上級の小札甲

塔心礎埋納品に鉄製の小さな札を組紐で威《おど》した小札甲があります。この小札甲には、付属具である肩甲がともなって出土しています。新しい特徴は、胴と腰回りをつなぐ腰札がそれまでの「Ω」形ではなく、奈良時代に続く「く」の字状に大きく外反する点と、脇部の小札上部が外反し、小札甲と肩甲が一体の構造とな

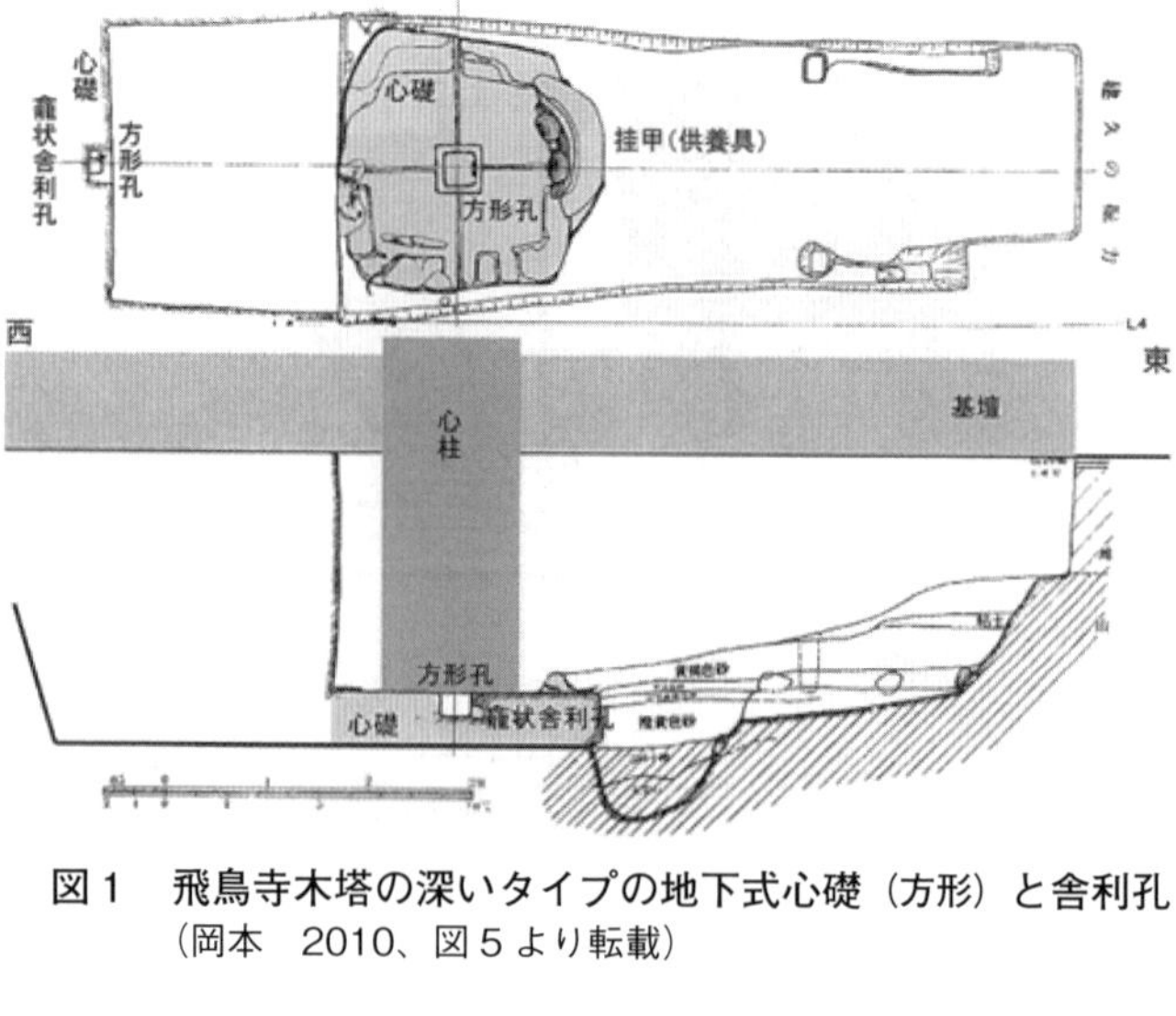

図1　飛鳥寺木塔の深いタイプの地下式心礎（方形）と舎利孔
（岡本　2010、図5より転載）

っている点です。威《おどし》には組紐《くみひも》が用いられ、当時の最新式で、最上級の小札甲です（図2）。この小札甲を、発掘担当者であった坪井清足は蘇我馬子のものと考えていました（坪井　一九八五）。

小札甲埋納の意義

この小札甲は古墳副葬品との共通性として捉えられてきました。しかし、古墳以外から出土した特別な事例として、沖ノ島岩陰祭祀七号遺跡（六世紀後半）や東大寺須弥壇《しゅみだん》跡（八世紀後半）出土の小札甲が知られています。沖ノ島では岩陰に武具（冑と小札甲）が金銅製馬具、金属製雛形祭祀品、銅鏡、装身具、武器他、多種多様な遺物とともに奉献されています。ここは律令的祭祀成立前後の対外的な境界での特別な祭祀遺跡です。

東大寺須弥壇跡からは最も精巧で、高級な小札甲が、金鈿荘《きんでんそう》大刀二振ほかと出土しています。この小札甲は除物《じょもつ》である可能性もあり、その埋納には、国家的な祭祀目的があった可能性が指摘されています（塚本　二〇一三）。

近年、小札甲は古墳副葬品以外での出土事例が増加しています。特に、榛名山《はるなさん》の噴火で埋没した祭祀遺跡である群馬県渋川

図2　挂甲（小札甲）
（奈良文化財研究所提供）

市の宮田諏訪原《みやだすわばら》遺跡（五世紀末～六世紀前半）出土の小札（右前胴竪上第一段の左端か後胴右端か）や、武器を持ち最上級の小札甲と冑を着装したまま出土した人骨と畳んで置かれた小札甲（骨札の付属具をともなう）が出土した群馬県渋川市の金井東裏《かないひがしうら》遺跡（六世紀前半）が注目されています。これらは榛名山の噴火を鎮めるための祭祀具（鎮物《しずめもの》）の可能性が考えられます。小札単体から、小札甲のみ、最上級の小札甲を着装した人と、段階的に鎮物の質が上がっている実態が見てとれます。このほか古墳時代中期から後期・終末期にかけて、関東地方各地の焼失住居や廃棄住居から小札が出土する事例が散見され、小札や小札甲が祭祀具（鎮物）として利用されている実態がわかってきました（塚本　二〇一七）。

また、その祭祀利用の系譜については、韓半島でも竹幕洞《ちくばくどう》祭祀遺跡など、早い時期から百済地域で小札を用いた祭祀が行なわれており、金井東裏遺跡出土の骨札（鹿角製）からも、その関係性が注目され、その系譜が百済である可能性が考えられます（塚本　二〇一七）。

祭祀儀礼の融合

法興寺では、心柱の立柱儀礼に百済や関東で鎮物として利用されている小札甲を、鎮壇具として埋納しています。しかも、その小札甲が埋納された位置を正確にみると、後の陰陽道《おんみょうどう》での鬼門の方向に近い東北東側に埋納された点が注目されます。また、裏鬼門の南西側には、砥石と蛇行状鉄器が埋納されています。

この道教的作法の導入時期と波及の実態に関しては従来、七世紀後半に中国伝来の人形を律令祭祀の中に取りこんだとされてきた人形祭祀が、六世紀後半には古墳祭祀とともに確認されており（奈良県葛城市の小山二号墳など）、地方での木製人形の利用とともに、再検討の余地があります（塚本　二〇一七）。『日本書紀』

の推古十年（六〇二）十月に、百済の僧観勒《かんろく》が天文・遁甲《とんこう》・暦書を伝えたとされますが、それ以前に呪禁や陰陽五行《いんようごぎょう》ほかの道教的作法が断片的な知識として流布していたと考えられます。仏教導入にあたって、さまざまな祭祀儀礼が融合されていたことが、いっそう明らかになりつつあります。

5 新式小札甲の類例発見と仏教導入にともなう新技術の展開

新式小札甲の類例

法興寺出土の新式小札甲は長らく類例が知られていませんでしたが、近年の発掘調査と再調査で二例が確認されています。発掘例は福岡県古賀市谷山北地区遺跡群で、古墳時代後期（六世紀末～七世紀初）の前方後円墳「船原《ふなばる》三号墳」に隣接した埋納坑から、同時期の鉄鏃、朱塗弓、金銅製馬具、蛇行状鉄器ほか多種多用の遺物とともに出土しました（ただし、正確な構造については正式報告を待ちたい）。

再調査での発見例は長野県諏訪市小丸山《こまるやま》古墳（六世紀末）の出土品で、一五×二〇㍍の不整形円墳の横穴式石室から、大正時代から昭和にかけての三度の調査で、銀象嵌《ぎんぞうがん》大刀、鉄鏃、金銅装の馬具、金銅製の馬鈴、銀製梔子形空玉《くちなしがたうつろだま》や多数のガラス玉とともに出土しました。

諏訪市小丸山古墳の再評価

諏訪市小丸山古墳の副葬品は近年の再調査で、小札甲が法興寺出土品と使用小札の共通点が多く、小札甲と肩甲が一体構造の新式小札甲の可能性がわかってきました。また特筆すべきは二型式の青銅製馬鈴が二個ずつ、計四点出土しており、その一型式がT字形に区画して下半部に珠文を密に充填するタイプで、その一つが法興寺出土の馬鈴と同型式である点です（類例は島根県松江市の岡田《おかだ》山《やま》一号墳）。また、もう一つは分析から金が検出されたのに水銀が検出されない点や、顕微鏡観察からアマルガム鍍《と》金《きん》ではなく金箔を貼っている（箔鍍金か）可能性があることです（図3）。当時の金工品の最先端技術である金箔技術は、仏教伝来とと

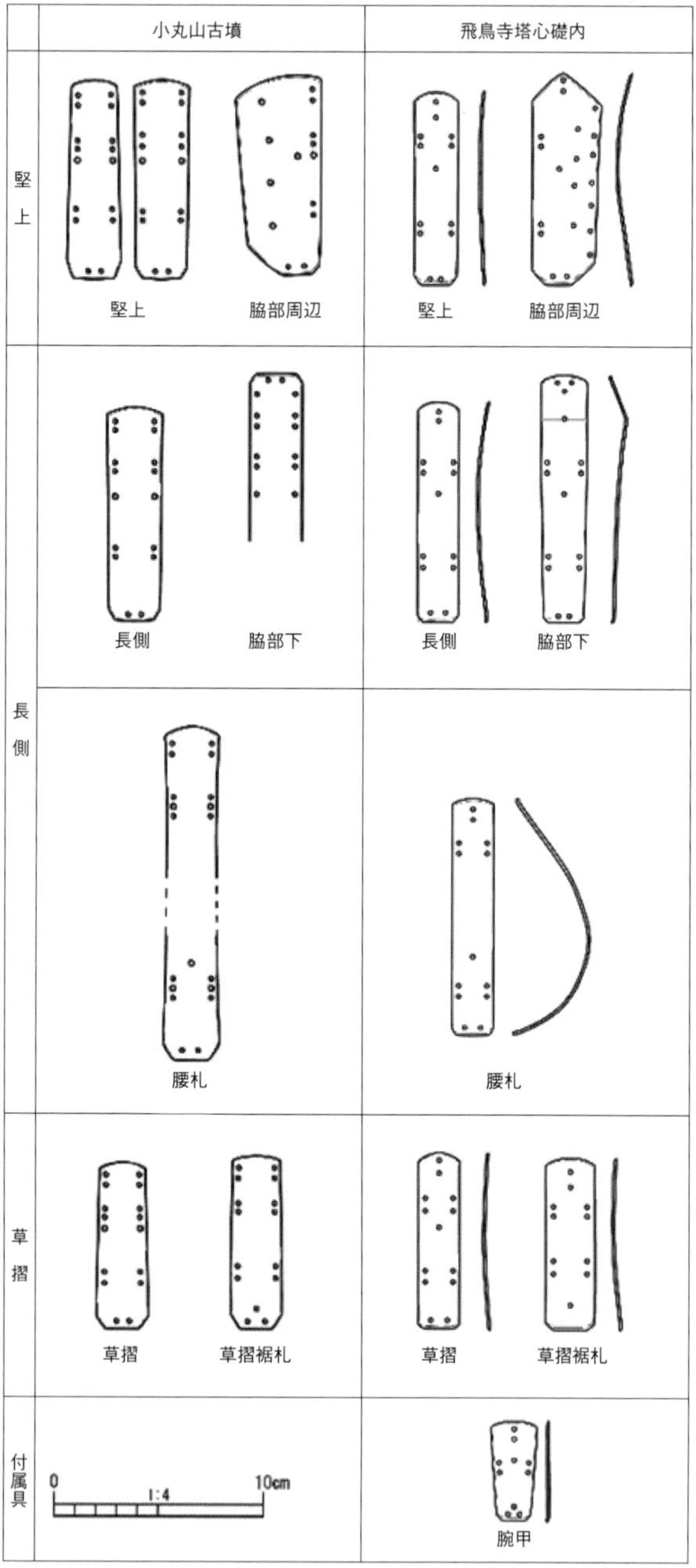

図３　使用小札の各部位の比較

もに金銅仏の製作技術として、もたらされたと考えられています（塚本　二〇一二）。

さらに、二振りの大刀について鉄分析を行ったところ、一振りが刃先に焼入れされた高炭素鋼を配した実用刀（戦闘用武器）でした。古墳時代の刀剣は、鉄分析からほとんどが軟鉄製の儀杖刀であり、六世紀末から七世紀に、焼入れされた最先端の実用刀が出てくることが知られています。諏訪市小丸山古墳には当時の最先端の兵仗《へいじょう》（戦闘用武器武具）が副葬されていました。

小丸山古墳被葬者の成立背景

諏訪市小丸山古墳出土の副葬品は法興寺塔心礎の出土品との共通性があり、仏教伝来とともに百済よりもたらされた最先端の技術により製作された品が含まれている点で注目されます。このことは、諏訪市小丸山古墳の被葬者が当時の権力の頂点にあった蘇我氏と何らかの形で政治的つながりがあったことが推測されます。

それでは、どのような関係があったのでしょうか、それを紐解く一つのカギは共通する小札甲と青銅製馬鈴が出土した場所です。ともに心礎周辺部から原位置を保って出土したもので、立柱の儀式にともなう地鎮具である点です。このことは想像をたくましくすると、心柱を立てる事（技術や祭事）に何らかの関わりを持っていたとも考えられます。

諏訪市小丸山古墳は諏訪湖を望む地にあり、近くに（約三キロ北西）諏訪大社があります。関係性はわかりませんが、諏訪大社には立柱儀礼である御柱祭《おんばしら》が現在も続いています（寅、申の年に行われるのを方位に置き換えると、鬼門と裏鬼門の方角で示唆的です）。また、諏訪大明神は軍神であることも興味深い点です（守屋山をご神体としているのも示唆的です)。小丸山古墳の被葬者は、実用性のある最新の武器・武具・馬具を入手しており、蘇我氏との関係の中で、信濃地域での軍事的な力も持っていた可能性も考えられます。しかも、小丸山古墳はあたかも蘇我本家の盛衰に呼応するように、この時期に突然出現して後に継続しないのも興味深い点です。

6 塔心礎周辺部から出土した埋納品の新解釈

塔心礎周辺部から出土した遺物に関しては、長らく同時代の古墳副葬品と等質であるとの理解がなされてきました。鬼門にあたる北東側から出土した最新の小札甲は、前述のように立柱儀礼にて、その武威を持って地鎮具(鎮物)として捧げられたと解釈できます。

では、裏鬼門にあたる南西側から出土した遺物はどうでしょうか。前述のように刀子や耳環、玉類や美豆良《みずら》の飾り金具が、立柱儀礼に参列した人々が身に着けていた装いとの解釈が出されています。では、この蛇行状鉄器と青銅製馬鈴の馬具や、大理石製砥石にはどのような意味がこめられていたのでしょうか。

馬具の評価

青銅製馬鈴と蛇行状鉄器については、近年の再整理で、蛇行状鉄器を「幡竿《はんかん》」ではなく「寄生《きせい》」と評価し、蛇行状の寄生《きせい》を装着した埼玉県行田市の酒巻一四号墳出土の馬形埴輪の胸繋《むながい》に、二個の馬鈴が表現されていることからセットの馬具として考えられています(図4・5)。後の文献資料の『元興寺伽藍縁起并流記《がらんえんぎならびにるき》資《しざ》財帳《いちょう》』で、舎利を埋納して心柱を立てる一連の儀式に際して、蘇我馬子ほかの参列者が百済服を着て望んだ記述や、儀式に際して「馬幡五百竿」が立てられたとの記述を積極的に評価し、その一つが納められたと推定しています(諫早　二〇一五)。著者もこの評価に賛同しており、「馬幡五百竿」は誇張したものでしょうが、仏教祭

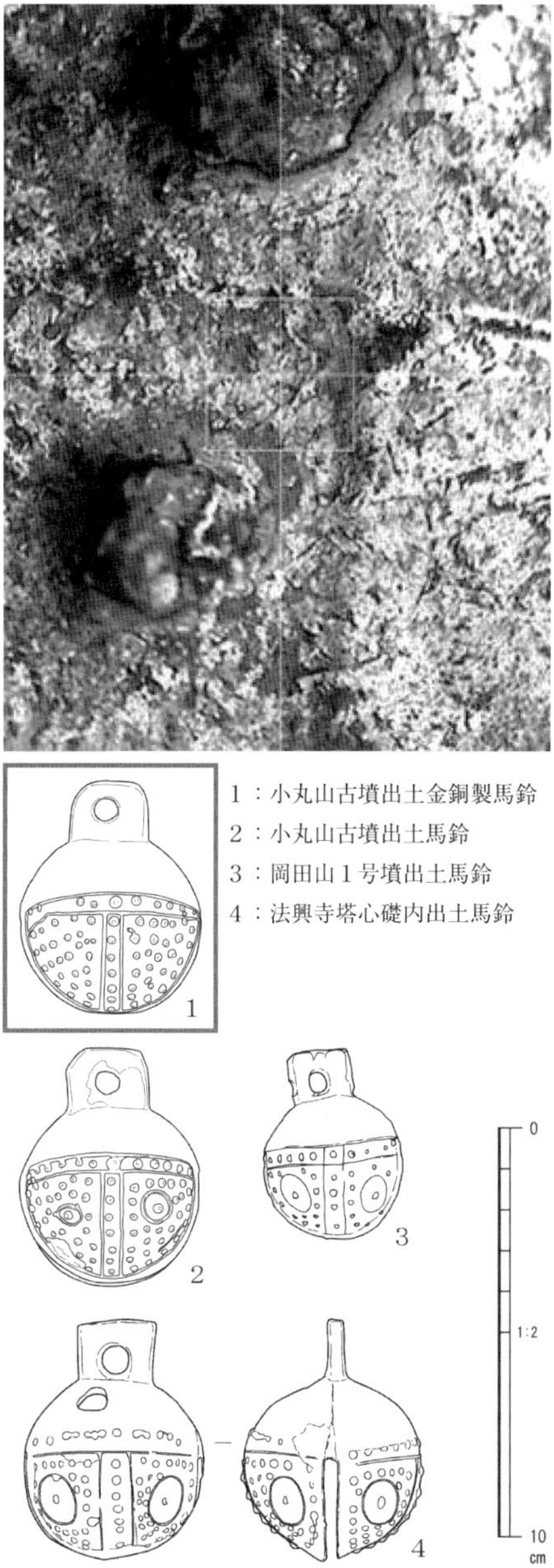

図4　小丸山古墳出土馬鈴と法興寺出土馬鈴
(上：小丸山古墳出土金銅製馬鈴表面拡大、下：法興寺出土馬鈴と類例)

図5　酒巻14号墳出土馬形埴輪
(行田市郷土博物館提供)

祀に用いられる幡を当時の最先端の馬装を内製化して実装し、しかもそれを数百単位で揃える軍事力を備えていたことがうかがい知れます。おそらく、最新の兵法も百済を通じて導入していた可能性があり、その軍事力が物部守屋に戦勝した一つの要因ではないかと考えています。

今回、青銅製の馬鈴に関しては小丸山古墳との関係から、仏像とともにもたらされた最新の鋳造技術や金箔技術を表象している可能性も考えられます。つまり、この馬具は仏教伝来とともに、百済を通じてもたらされた最先端の仏教祭祀の作法と最新式の軍事力や、先端技術を表象しており、立柱儀礼に際して、その武威を持って地鎮具(鎮物)として埋納されたとの解釈もできるでしょう。

砥石の評価

大理石製の砥石については、やはり、古墳の副葬品としての関係性はいわれてきましたが、その埋納の意味については、今まで論じられてきませんでした。ただ、大理石製の石材が砥石ではないのではとの意見もありますが、ここでは砥石であると仮定して、少し想像をたくましくして、その意味を考えてみたいと思

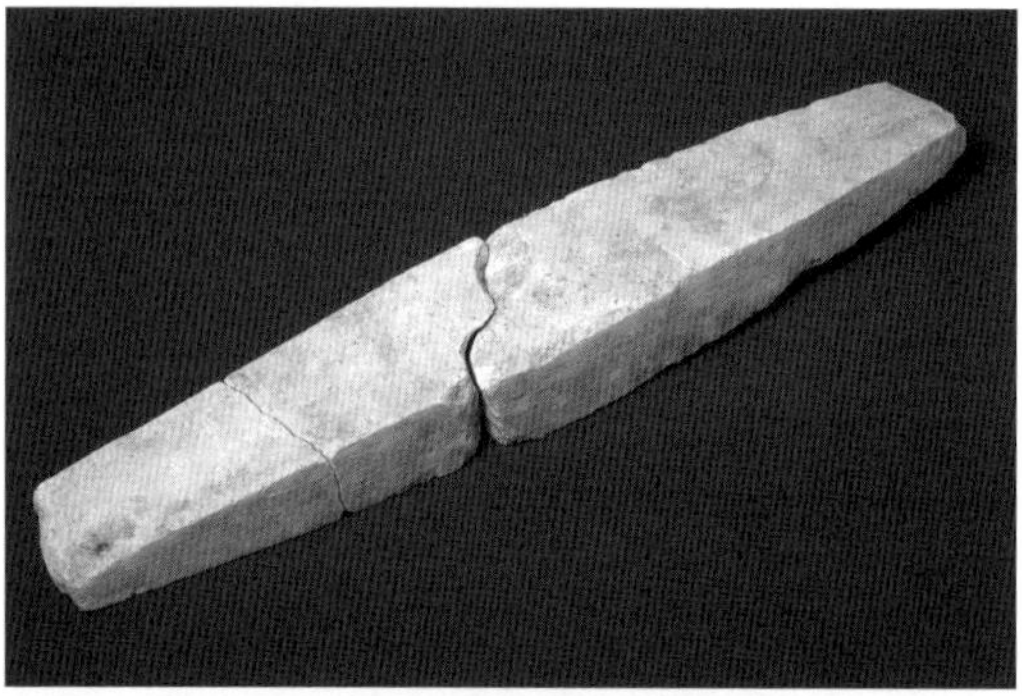

図6　法興寺出土砥石（奈良文化財研究所提供）

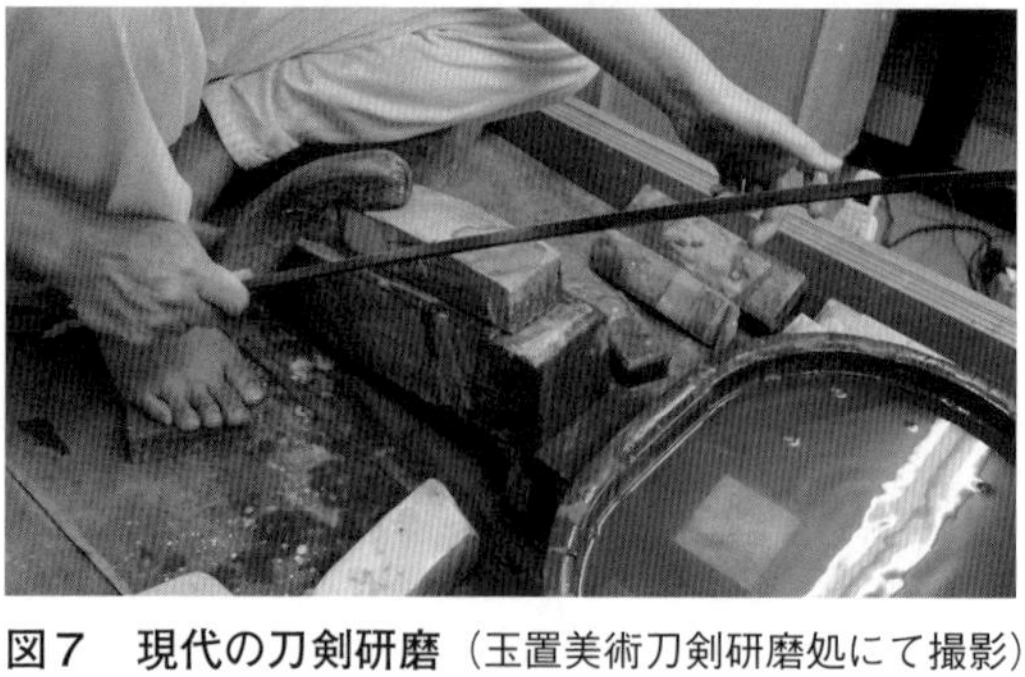

図7　現代の刀剣研磨（玉置美術刀剣研磨処にて撮影）

います。

塔心礎出土の砥石は大型の置き砥石で、その縦断面形は凸レンズ状をなしています（図6）。古墳副葬品の砥石の多くは小型の持ち運べる提げ砥で、比較的大型の砥石はほとんど縦断面形が凹レンズ状です。この凸レンズ状の砥石の類例について、時代を超えてみてみると、現在の日本刀の研磨《けんま》に用いる砥石に似ています（図7）。諏訪市小丸山古墳出土の刀でふれたように、六世紀後半には刀剣の新技術として鋼《はがね》の熱処理技術が登場し、実用性のある武器が導入されたことがわかっており、この砥石は実用性のある最先端の武器加工用の砥石の可能性が考えられます。この最先端の武器とその加工技術を掌握していたのが蘇我氏であり、その技術力が物部氏に打ち勝った要因の一つと考えられ、その武威を表象する砥石を地鎮具（鎮物）として埋納したとの解釈ができるのではないでしょうか。

おわりに

今回、法興寺の塔心礎埋納品を百済の王興寺ほかとの比較や、類例品を出した諏訪市小丸山古墳の埋納品の考察により、その意味や当時の蘇我氏が百済より仏教とともに受容したさまざまな最先端技術や軍事力が当時の政治的勢力拡大の背景にあることがわかってきました。また、仏教という新興宗教の導入にあたり、当時のさまざまな祭祀儀礼が融合されていることも明らかになってきました。

特に、立柱儀礼に鎮物として埋納された小札甲は最新式の武具であり、馬鈴と蛇行状鉄器の馬具も幡をともなう、新式儀礼と新式の兵法を表象した最新の馬装です。確定はできませんが、大理石製砥石はその当時、最新の武器である熱処理を施した鋼の大刀を加工する砥石の可能性もあります。最新の武器・武具・馬装は、兵法を揃えた蘇我氏の強大な軍事力に加えて、最新の儀礼や金工品の先端技術を表象していた可能性があります。最新の軍事力はまさに、丁未《ていび》の乱で物部守屋を討滅した基盤であり、戦勝のお礼に法興寺建立を請願し、その儀式にそれを表象する品々を地鎮具（鎮物）として埋納したのではないかと思われます。

その根底には、仏教を基幹とする東アジア世界の中で、中国の冊封《さくほう》体制に入らず、先進諸国と肩を並べ独自の外交路線を進むためにも、仏教とその最先端の英知を受容して消化していることを、国内外に形として知らしめねばならない意図があったのかもしれません。そのために舎利供養の仏教儀式の後に、日を改めて執り行った心柱を立てる立柱儀礼には、既存の神道や東国の武具埋納祭祀に道教の作法や思想を融合させた祭礼を執り行う意味があり、それを表象している和風にアレンジされた品々が地鎮具（鎮物）として埋納されたのではないでしょうか。それは創建年代の近い百済の王興寺の発掘調査成果からも、法興寺が百済からの直接的な影響だけでなく、一塔三金堂方式の伽藍配置が高句麗モデルである説がいっそう高まった点や、基壇外装の材料や二重基壇の選択の相違点は百済の寺工の指導のもと、倭国側での恣意的な意図があったと思われます。このことは、国外の使節にもさまざまな国の仏教建築様式や先端技術、作法を取り入れ、倭独自にアレンジした仏教寺院を創建したことを視覚的にわかりやすく表現したかったためとも考えられます。

この法興寺の創建を契機に、倭は「仏法興隆」を推進し、当時の東アジアの国際標準を目指して、国としてのカタチを整備していきます。「法興」の年号を使用しているのも、蘇我氏が思い描いた「倭」から中央集権的な「国家」への想いがこめられていたといえるのではないでしょうか。

［参考文献］

飛鳥資料館　二〇一三『飛鳥寺二〇十三』（飛鳥資料館図録第五八冊）
諫早直人　二〇一五「飛鳥寺塔心礎出土馬具」『奈良文化財研究所紀要二〇一五』独立行政法人国立文化財機構奈良文化財研究所
諫早直人　二〇一七「飛鳥寺の発掘と塔心礎埋納品―飛鳥寺発掘六十年―」『飛鳥・藤原京を読み解く―古代国家誕生の軌跡―』クバプロ
岡本敏行　二〇一〇「日本古代における仏舎利の奉安―舎利容器と舎利荘厳具―」『古代東アジアの仏教と王権―王興寺から飛鳥寺へ―』勉誠出版
佐川正敏　二〇一〇「王興寺と飛鳥寺の伽藍配置・木塔心礎設置・舎利奉安形式の系譜」『古代東アジアの仏教と王権―王興寺から飛鳥寺へ―』勉誠出版
鈴木靖民　二〇一〇「王興寺から飛鳥寺へ―飛鳥文化の形成―」『古代東アジアの仏教と王権―王興寺から飛鳥寺へ―』勉誠出版
塚本敏夫　二〇一二「金銅・ガラス装飾」『古墳時代の考古学　第五巻　時代を支えた生産と技術』同成社
塚本敏夫　二〇一三「東大寺金堂鎮壇具の保存修理―陰険・陽剣の発見と鎮壇具の再評価―」『［修理完成記念特別展］国宝東大寺金堂鎮壇具のすべて』東大寺ミュージアム
塚本敏夫　二〇一七「武具埋納祭祀の具体相」『鎮物としての武器武具』元興寺文化財研究所
坪井清足　一九八五『飛鳥の寺と国分寺』岩波書店
奈良国立文化財研究所編　一九五八『飛鳥寺発掘調査報告』（奈良国立文化財研究所学報第五冊）真陽社
吉村武彦　二〇一五『蘇我氏の古代』岩波新書

謝辞　本稿をなすにあたっては、諏訪市教育委員会の児玉利一氏には諏訪市小丸山古墳出土品の成果を利用させていただき、関連遺跡に関する有益な情報をご教示いただきました。また、玉置美術刀剣研磨処の玉置城二氏には刀剣の研磨に用いる自然研石に関して、大理石製も研石として利用可能であることなど有益な情報をご教示下さり、刀剣研磨の実演までして下さったことを記して、感謝いたします。

コラム

元興寺研究の最前線から—考古学・自然科学編—

1 元興寺五重大塔の鎮壇具

佐藤亜聖
Asei Sato

奈良を代表した五重大塔

七堂伽藍《しちどうがらん》を彩る華形といえば、やはり塔でしょう。仏舎利《ぶっしゃり》を納めるという意味で塔は本来寺院の中心となる建物です。元興寺の前身法興寺《ほうこうじ》は一基の塔を三棟の金堂が取り囲む伽藍配置を持っており、塔はまさしく伽藍の中心に位置づけられています。元興寺では塔は東西配置に変化しましたが、西側には小塔院《しょうとういん》という施設があるだけで、大塔《だいとう》は東に一基のみ配置し、法興寺以来の塔重視姿勢が引き継がれているようです。

さて、この元興寺大塔ですが、江戸時代の観光ガイドともよべる『大和名所図会』をはじめとした多くの書物にその名がみえ、奈良を代表する塔であったようです。記録の上では創建以来幕末まで、火災

図１　五重大塔跡の礎石

や倒壊などの大きな災厄記事は見られませんが、鎌倉時代には大きな改造が行われています。残念ながら幕末の火災によって焼失してしまいましたが、もし現在も残っていれば、ならまちの中心的な名所となっていたことでしょう。

基壇からみつかった宝物

この塔の基壇《きだん》は現在も華厳宗《けごんしゅう》元興寺境内に残されています。昭和二年九月十五日、奈良県によって礎石《そせき》の実測調査が行われました。この際、表面的な調査だけでは礎石の正確な形や据え方が判らないということで、基壇に十字のトレンチ（試掘孔）をあけたところ、地表下約三〇センチ前後の位置からつぎつぎと遺物が出土したのです。その内訳は勾玉《まがたま》一〇個、ガラス丸玉六五個、ガラス小玉九四個、蜻蛉玉《とんぼだま》四個、捩《ねじ》玉《だま》一一個、水晶玉九個、琥珀玉《こはくだま》残欠含め複数、金小粒一個、金延板《のべいた》一枚、真珠一個、銭貨多数、そのほか金箔、紙片におよび、あまりにたくさん宝物が出たので東大寺の僧侶も呼んで大騒ぎとなったようです。これらの宝物は、かつて大塔の末永い安寧を願って奉納された「鎮壇具《ちんだんぐ》」とよばれるものでした。

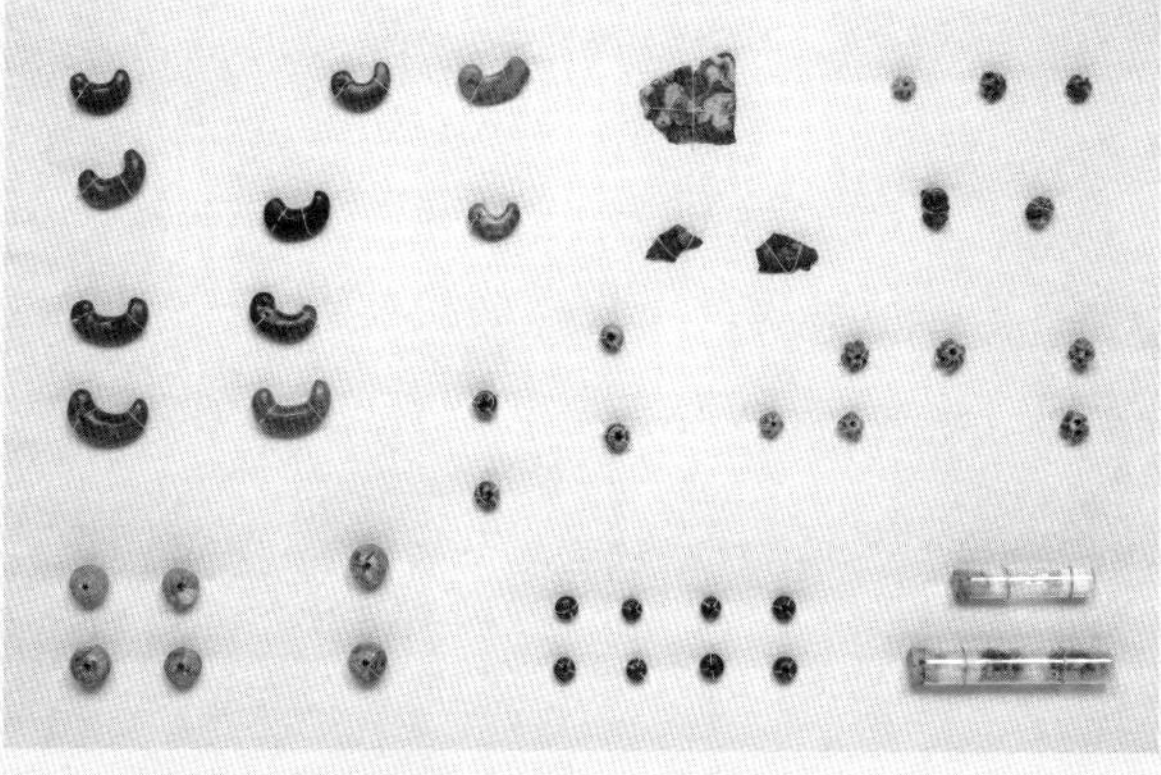

図2　出土した鎮壇具

鎮壇具からわかった五重大塔の創建年代

さて、この鎮壇具からは少し不思議なことがわかりました。鎮壇具の中には和同開珎《わどうかいちん》、萬年通宝《まんねんつうほう》、神功開宝《じんぐうかいほう》の三種類の銭が含まれていました。そのうち、最も新しい銭が七六五年に初めて造られた神功開宝で、これが塔を建てる前に造成された基壇の中に撒《ま》かれていたということは、塔が建てられたのは七六五年以降ということになります。伽藍の中で最も大切な塔が七一八年の元興寺移建から四七年以上も遅れて建てられたことになってしまいます。この問題については、他の寺院の事例を見ても伽藍の整備はかなり長い時間がかかっていることから、元興寺でも長期間かけて伽藍を整備したうえで、最後に塔を建設したのであろうと解釈されています。

読めない銭を科学の力で読む

ところで、この鎮壇具出土の銭については、実は九枚ほどの銭が錆《さび》によってくっついており、銭の模様が読めないため、まだそのすべての種類が確定したわけではないのです。この銭の中からもっと新しい銭が見つかったら、塔の創建年代はさらに新しくなってしまいます。そうなるとさすがに伽藍整備がそんなに長期間続いたとは考えにくくなってしまい、元興寺の歴史に大きな修正が必要となってしまいます。

そこで、二〇一八年九月五日、鎮壇具を管理する奈良国立博物館との共同研究で、元興寺文化財研究所が導入したばかりのX線CT撮影装置を使用してくっついた銭を分析してみました。これは医療用CTスキャンの文化財版とも呼べるもので、仏像の胎内や密封された壺の中身などを透視して、単に輪切りにするだけでなく立体的な画像を起こすことができる装置です。この装置で塊になった銭を一枚一枚撮影し、画面上で切り離して銭の文字を読む試みを行いました。

新発見なし、という発見

分析は対象物を絶対に傷つけないよう、慎重に機械に据えつけるところから始まります。試行錯誤の末、ようやく分析が始まると、研究室で詰めていた研究員の前のモニターに、驚くほどくっきりと銭の文様が現れはじめました。一同から思わず歓声が上がりましたが、同時にその結果は実に微妙なものでした。画面に現れた画像は和同開珎八枚、神功開宝一枚だったのです。つまり結果的に「何も新しい発見はなかった」ことになってしまったのです。とはいえ、実はこれこそが大きな成果です。すべての銭種が判明したこ

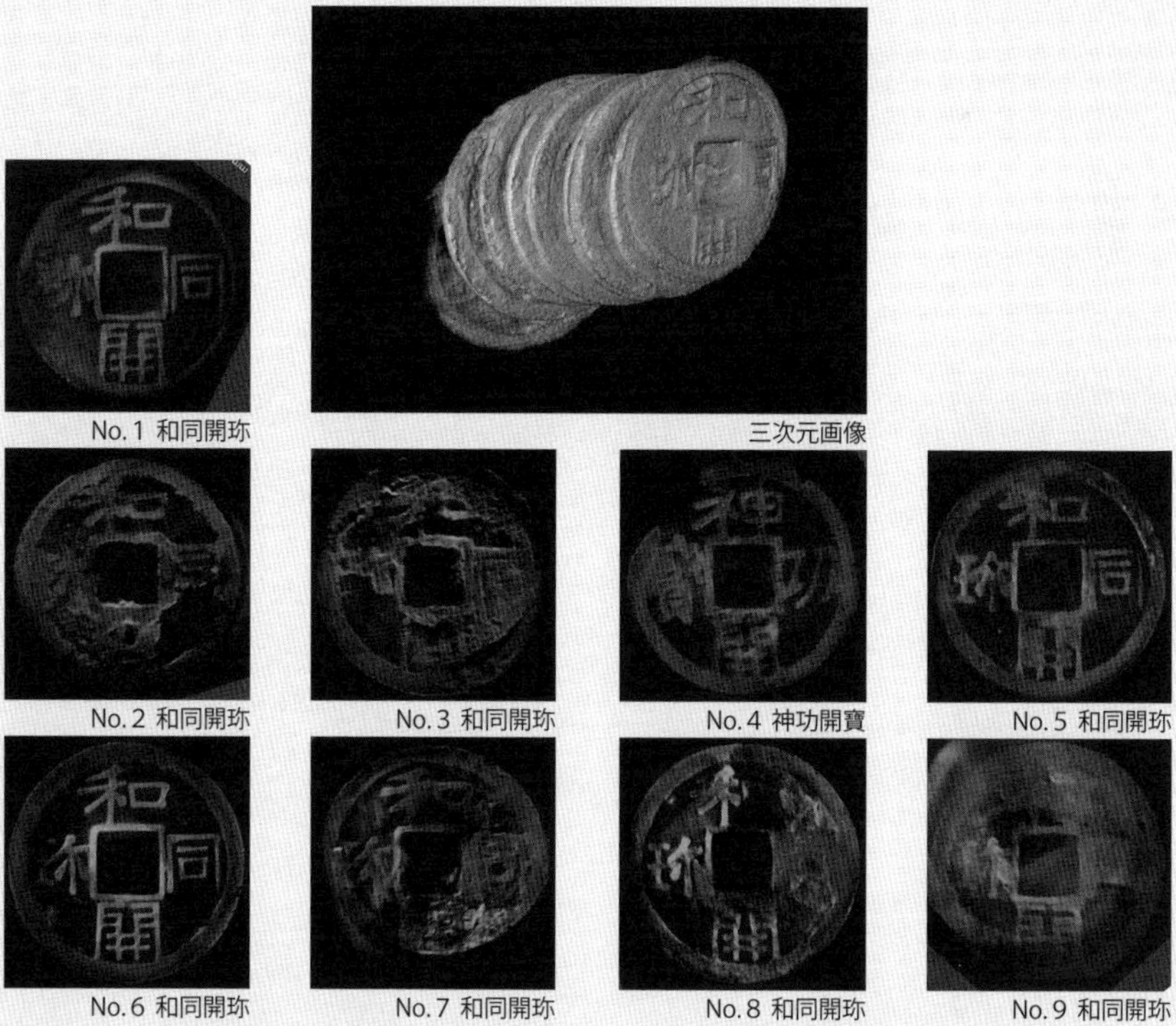

図３　出土した銭貨のＸ線 CT 画像

とで、最も新しい銭が神功開宝であることが明らかとなり、塔の創建が七六五年以降であるというこれまでの説が、発見から九一年たってようやく確定したのです。この分析成果は実に地味なものでした。しかし、最新機器を使ってこうした地味な成果を積み重ねてゆくこともまた、大きな発見に至るための大切な研究の歩みなのです。

五重大塔は残念ながら安政六年（一八五九）に焼失してしまいましたが、残された基壇や礎石、そして鎮壇具はいまなお元興寺の歴史を語り続けています。

【参考文献】

稲森賢次　一九三〇「元興寺塔址出土品出土状況報告書」（『奈良県史蹟名勝天然記念物調査会報告』第一一冊）

コラム

元興寺研究の最前線から——考古学・自然科学編——

2 金石文と三次元計測

村田裕介
Yusuke Murata

科学の眼で探る文字資料

元興寺の歴史を語る文字資料には、境内にある石造物に刻まれた金石文なども含まれます。金石文とは、金属製品や石造物などに刻まれた文字のことを指しますが、ここでは木製品など他の材質のものにも刻まれた文字資料のことも含めて対象として考えます。これまで金石文の研究にあたっては、肉眼観察や写真撮影による記録、資料の活字化や拓本《たくほん》、図面作成などの方法がとられてきましたが、近年では三次元計測機による分析などの新たな方法も加わっています。

三次元計測は、レーザー光や写真などを利用して計測を行い、そこから三次元モデルを生成するものです。資料に直接はふれないため、表面が脆弱《ぜいじゃく》で接触できないものであっても計測が可能で、これは資料の保存という観点からも優れているといえます。また、三次元計測によって得られた画像は、表面の凹凸を精細に計測し視覚化した立体であるので、資料自身の形態などについても検討を加えることができる点が、凹凸を白と黒とで表現する平面的な拓本とは異なる部分です。加えて、画像を単色にするなどの加工が容易にできることは、肉眼観察や写真による調査と異なる点といえるでしょう。

三次元計測を調査という点以外からみてみましょう。計測により得られたデータは、計測時における形態の記録であるという側面があります。資料は計測後も緩やかに劣化していくことは避けられません。また毀《き》損《そん》や逸失などの可能性もあります。資料の保存という点でも三次元計測が有効であると言えます。また計測データからは精緻な複製品を作製することができます。複製品を利用すれば、実物資料に負担を与えずに研究を行うことが可能となります。

三次元計測による調査の事例

ここで元興寺の歴史に関わって行われた三次元計測による金石文の調査の事例を二つ紹介します。

最初は、京都府宇治市の放生院《ほうじょういん》の境内に置かれている宇治橋断碑《うじばしだんぴ》です（図1）。これは宇治川に架けられた宇治橋の来歴を記した石碑です。現存する宇治橋断碑は、本来の部分は上から三分の一程度で、それより下は、江戸時代に上部が発見されたのちに、『帝王編年紀《ていおうへんねんき》』に記載されていた原文を加えて復元したものです。実物からは失われてはいるものの日本最古の年号である「大化《たいか》」の記載を持つ資料です。元興寺の前身である法興寺にかかわりの深い僧、道昭《どうしょう》に関わる資料として三次元計測を行いました。石碑には法興寺の三《さん》論宗《ろんしゅう》の僧である道登《どうとう》の名が刻まれており、法興寺僧の社会的活動を示す史料として重要なものです。計測の結果は、罫線の一部に彫り直しの痕跡が認められるものの、文字には改変の痕はなく、当初より変更が加えられていないことが明らかとなりました。

次は、元興寺極楽堂《ごくらくどう》の柱に刻まれた寄進状《きしんじょう》です。元興寺極楽堂の内陣の柱には、極楽堂建築時ごろの年代を持つ寄進状が刻まれているものがあります。かつては明瞭に文字が残っていましたが、刻文にふれられることが多く、近年ではやや不明瞭となってきていました。これ以上の劣化が進行する前に、現状の状況を記録するという目的で計測を行いました。このうち、東面南側の角柱については、五通の寄進状が刻まれてい

宇治橋断碑上部写真

宇治橋断碑上部三次元画像

宇治橋断碑写真

宇治橋断碑三次元画像

図1　宇治橋断碑

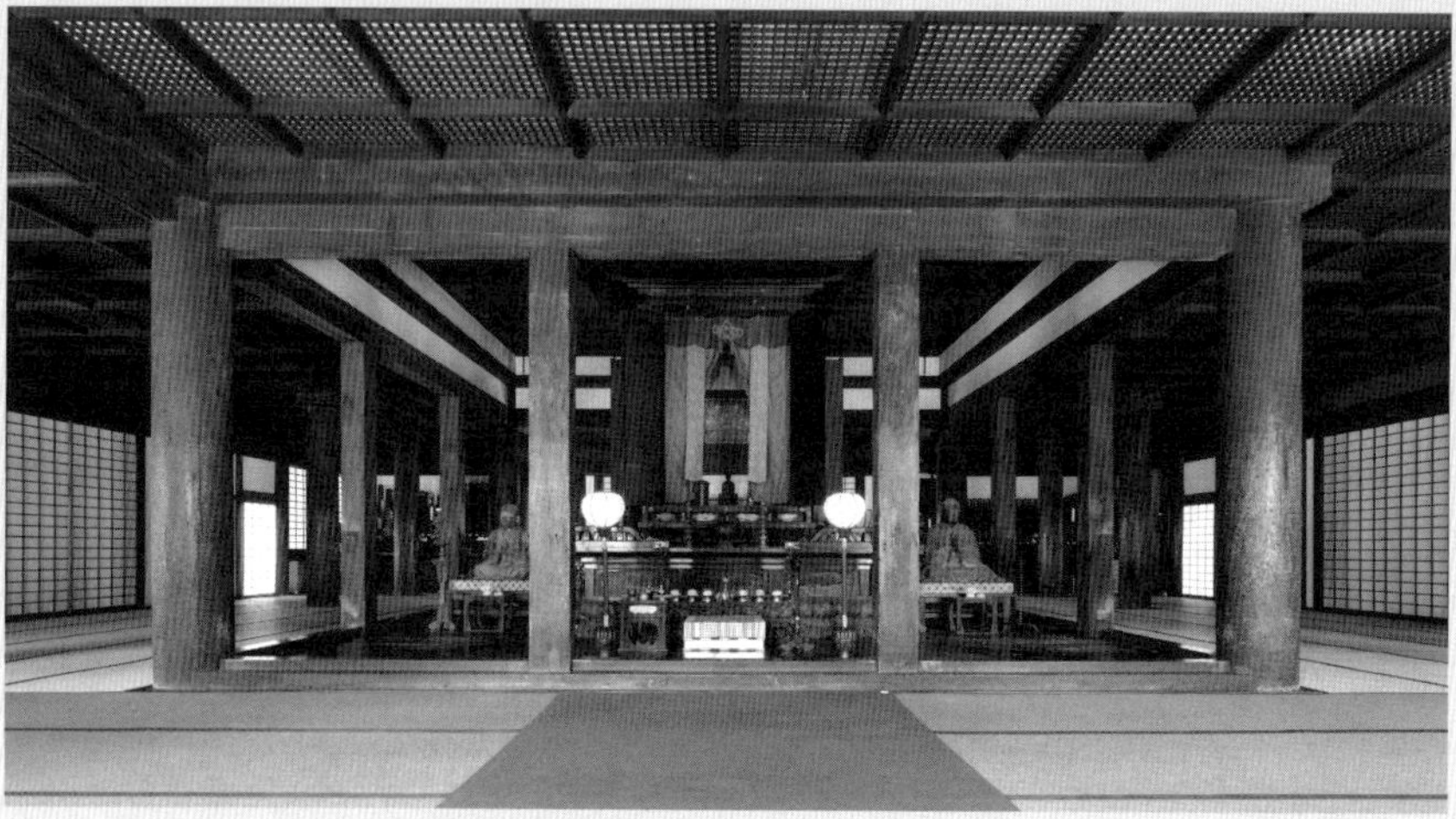

図２　極楽堂内陣の柱（撮影 桑原英文）

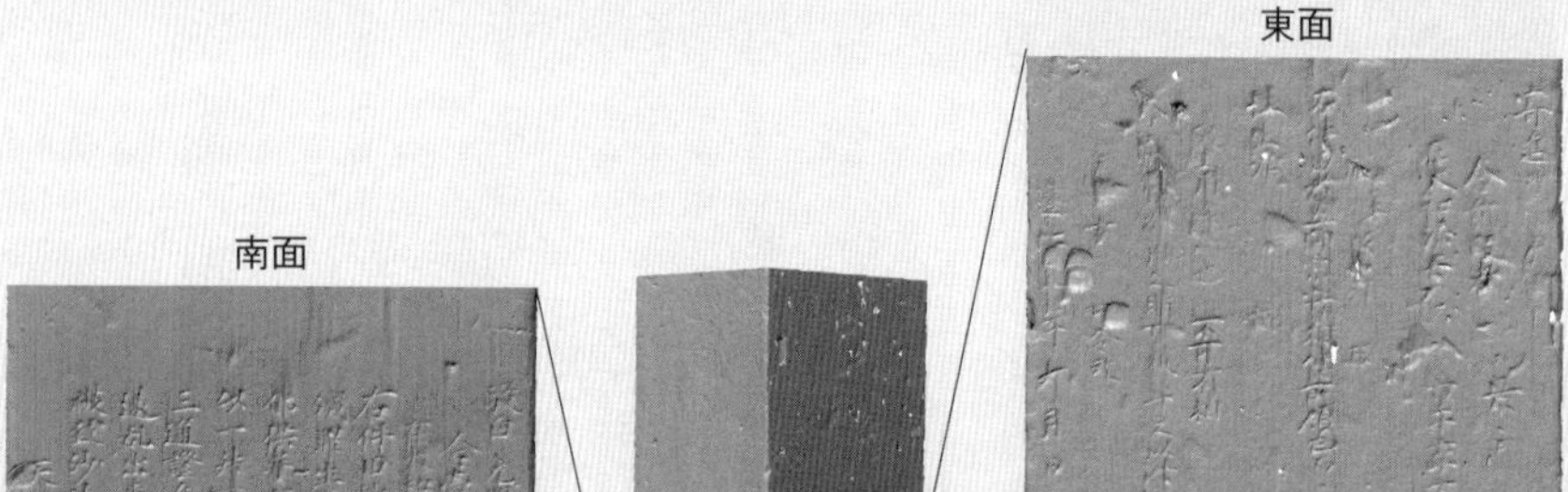

図３　元興寺本堂東面南側角柱の柱刻状

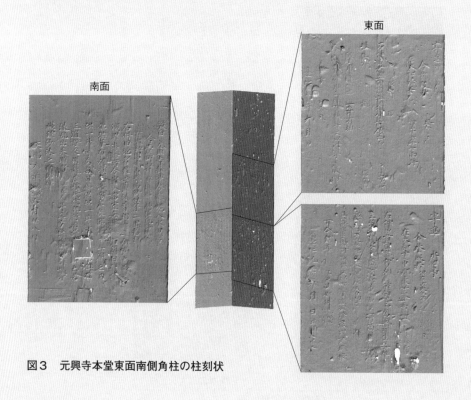

ため、それぞれの位置関係が分かるように柱全体を計測しました（図2・3）。この事例は、調査よりも保存に主眼が置かれたものと言えるでしょう。

これまでは、文字部分に焦点が当てられがちであった金石文ですが、三次元計測による調査はここに新たな視点を提供することが出来ます。複数の調査方法を合わせた多角的な調査により、金石文研究をさらに発展させていきたいと考えています。

【参考文献】
国立歴史民俗博物館　一九九七『古代の碑―石に刻まれたメッセージ―』（企画展示図録）

コラム

元興寺研究の最前線から―考古学・自然科学編―

3

元興寺についての考古学的研究の現段階

坂本 俊
Shun Sakamoto

元興寺の歴史を発掘調査で掴む

元興寺における初めての考古学的発掘調査は一九六一年（昭和三十六）に実施されました（辻村・水野一九六二）。この調査で出土した大量の中世庶民信仰資料は、小子坊や禅室《ぜんしつ》と本堂（極楽堂）の解体修理で発見されたものと合わせて、約七万点に及びます。解体修理で明らかになった建物の情報に膨大な中世庶民信仰資料が加わったことで、元興寺の古代から中世への変貌過程や中世庶民の信仰生活などを見出すことができたのです。

それ以後、境内整備や奈良町一帯の開発にともなう発掘調査が進められ、さまざまな遺構や遺物が出土しました。近年の科学的分析方法の精度向上をふまえつつ、発掘調査の成果や考古資料の分析・研究成果を紐解くことで、元興寺の歴史の具体像を描くことができるのです。

納骨寺院・墓所としての元興寺

現在の元興寺本堂（極楽堂）は、寛元《かんげん》二年（一二四四）の大規模な改造によって成立しました。造営には往生講衆《おうじょうこうしゅう》一〇〇余人、結縁衆《けちえんしゅう》二〇〇余人が関与したことが棟札《むなふだ》から分かっています。改造からしばらくして庶民の念仏講《ねんぶつこう》への参加が見られ、中世庶民信仰資料として今日に伝わるさまざまな物が奉納されるようになります。

冒頭に述べた一九六一年の発掘調査で検出された遺構は、本堂前で見つかった池状遺構のことを指します。この遺構は、十七世紀前半の本堂整理にともなって形成されたと結論づけられており、本堂や周辺の景観が江戸時代を境に大きく変化したことを示しています。それ以前の元興寺本堂は、資料や本堂に残る無数の釘穴から、あらゆるところに蔵骨器《ぞうこつき》が置かれ、壁面や柱には納骨容器や絵塔婆《えとうば》などが打ちつけられていたと考えられます。資料に墨書された銘文をみると、鎌倉時代から徐々に資料数が増加し、十五世紀から十六世紀にかけてピークに達します（図1）。これは、元興寺の葬送・信仰の場としての確立

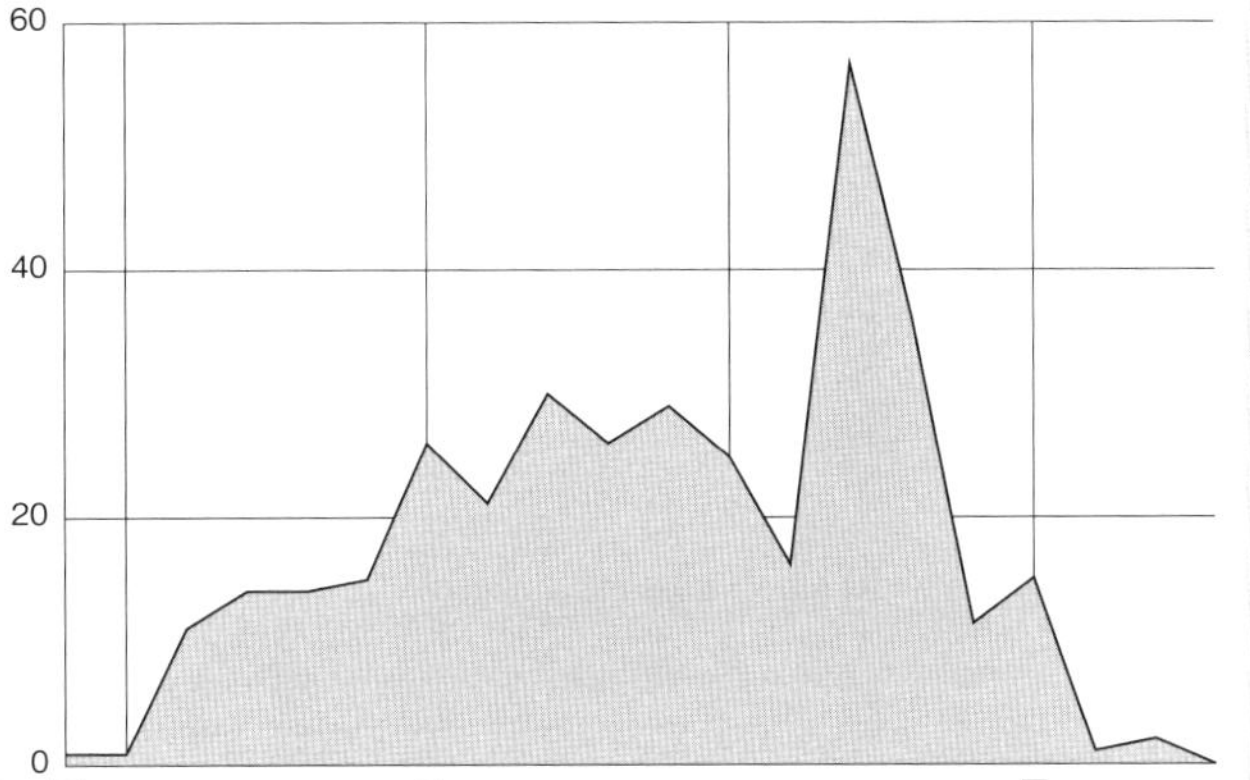

図1　紀年銘を持つ竹筒納骨容器の年代分布（藤澤　2016より転載）

と広く庶民に浸透していく過程を反映しているのかもしれません。
また、本堂の南側一帯は墓地が広がっていたことが発掘調査によって明らかになりました。墓地は蔵骨器と石塔の銘文から十六世紀半ばから後半に形成されたと考えられ、納骨容器の数が増加する時期とほぼ同じです。しかし、江戸時代になると墓地の無縁化が起き、区画の一部に大きな穴を掘って石塔を埋めて墓地整理が行われたことも分かりました。中世から続く極楽往生を願う浄土信仰の場、納骨供養を行う葬送儀礼の場としての景観はここで終わり、現在につながる景観に転換したのです。

元興寺境内を生活の場に

平安京に遷都されてからの元興寺は、権門《けんもん》や朝廷を背景にもつ興福寺や東大寺に比して影響力が衰え、十三世紀には伽藍の北側が町屋《まちや》化しています。僧房より南側に関しては、宝徳《ほうとく》三年（一四五一）の土一揆《つちいっき》によって金堂・小塔院・禅定院《ぜんじょういん》が炎上していますが、十五世紀まで伽藍域を保っていたことが分かってきています。それは、発掘調査で中世段階の井戸などの生活に関わる遺構が見つかっていないことからも明らかで、空閑地であったと考えられます。

しかし、元興寺の南北四町、東西二町あった寺域は、十六世紀末〜十七世紀前半頃に大きく変貌します。鐘楼《しょうろう》や講堂、金堂の推定地付近で行われた発掘調査では、建物の柱を支える礎石が脇に掘られた土坑《どこう》に落としこまれた状態で検出されました（図2、奈良県教委　一九七五）。また、食堂《じきどう》推定地などでは鍛冶《かじ》関連遺物が出土し、十七世紀前後には金属製品を生産していたことが分かっています。つまり、古代から保ちつづけていた伽藍域が土地整理によって町家に再編されたのです。この変化は、本堂内を整理した時期とほぼ同じであり、都市構造や支配体制など社会構造の変化に即応した現象と考えられます。

古代元興寺解明の糸口

ここまで、現在までに行われてきた発掘調査の成果から、中世以降の元興寺の変遷と極楽坊周辺の様相を明らかにしてきました。しかし、江戸時代の土地整理により多くの遺構が破壊されていることや、都市域での発掘調査には面積の狭さなどの制約があり、断片的な情報しか得られません。特に、時代が古くなるにつれて情報は少なくなるため、古代元興寺の様相はいまだによく分かっていないのです。

数少ない手がかりが、元興寺本堂と禅室の屋根裏から発見された古材と古瓦にあります。古材は、年輪年代法とよばれる科学的な調査が行われました（狭川　二〇〇四）。この調査により、古材の一部に飛鳥寺創建年代に符合する五八八年前後に伐り出されたものが含まれていることが分かりました（図

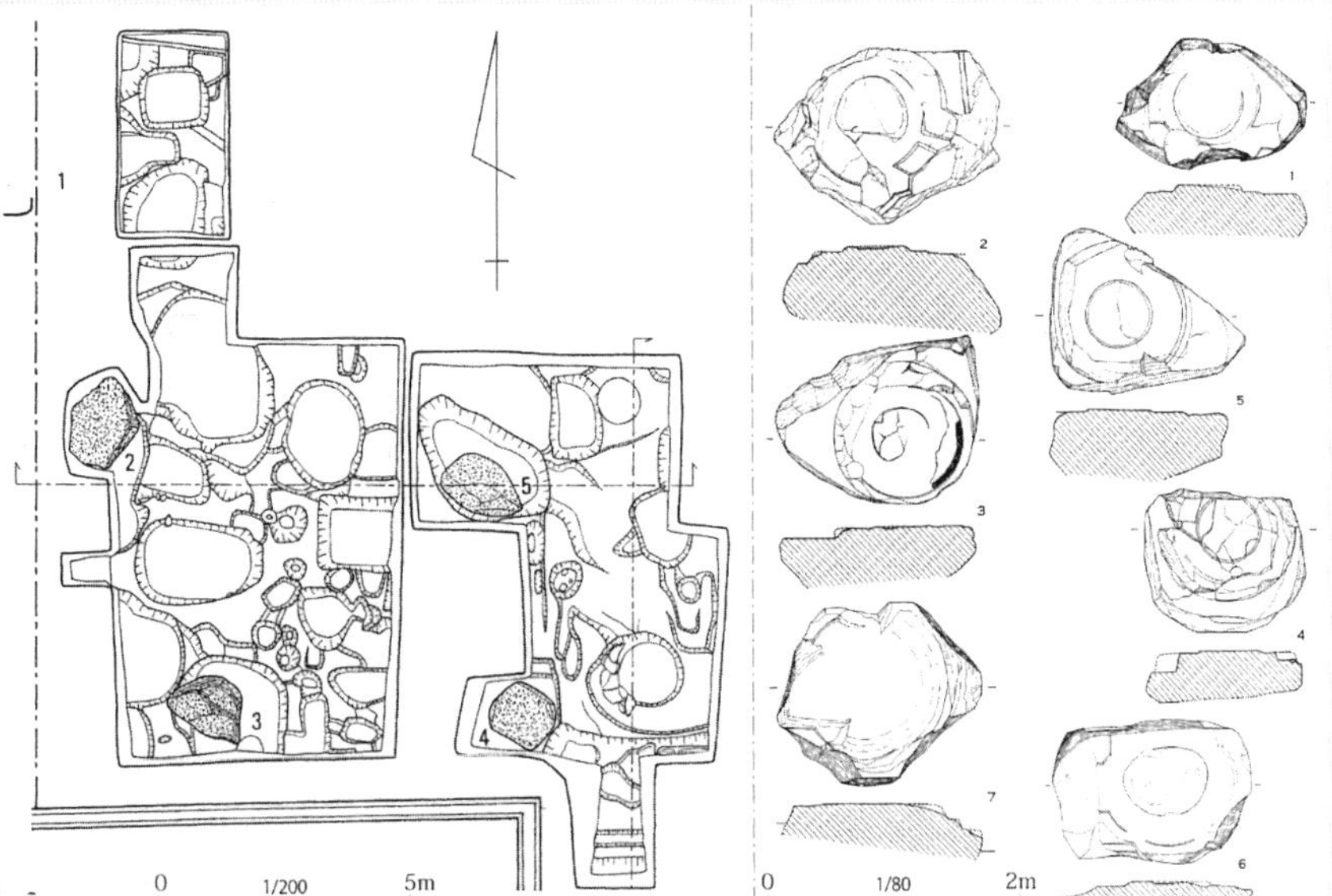

図2　金堂跡発掘調査平面図・礎石実測図（奈良県 1975 所収図面を改変）

３）。また、古瓦の技術的な特徴を見ると、飛鳥時代の瓦はごく少数で、多くは奈良時代の瓦の特徴を持っていたことから、法興寺の飛鳥から平城京への移転は中心的な機能と一部の建物部材のみ行われたと考えられるのです。近年では、年輪年代法に酸素同位体比の分析を加えることで数年単位の誤差で年代を比定できる技術が開発されています。新たな発掘調査の成果に期待しつつ、既知の資料を新しい方法と視点で分析する取り組みを今後さらに進めていく必要があります。

図３　古材（真言律宗元興寺所蔵）

［参考文献］

狭川真一　二〇〇四『解体修理で下ろされた建築部材の基礎的研究』平成十三〜十五年度科学研究費補助金研究成果報告書

佐藤亜聖　二〇〇五「中世都市奈良の成立と変容」（吉井敏幸・百瀬正恒編『中世の都市と寺院』、高志書院）

辻村泰圓・水野正好　一九六二「南都元興寺極楽坊中世信仰資料包蔵坑発掘調査概要」（『大和文化研究』第七巻一号、大和文化研究会）

奈良県教育委員会　一九七五『元興寺金堂跡発掘調査概報』

藤澤典彦　二〇一六「極楽坊と大和の納骨寺院―竹筒納骨容器から―」（『季刊考古学』第一三四号、雄山閣）

第II部

1 法興寺から元興寺へ

東野治之
Haruyuki Tono

はじめに

以前にも法興寺の造営ということで、講演する機会を与えていただいたのですが（本書第Ⅰ部第1章）、今回は奈良へ移ってからの元興寺のことをお話しする、それも、後に、詳しいお話が用意されておりますので、概略を申し上げるというようなことで進めてまいります。今回は、極楽坊《ごくらくぼう》の前身である元興寺の僧房《そうぼう》についてで少し詳しく取り上げるので、全体としてはアンバランスな感じになるかもしれませんが、お許しを願いたいと思います。

1 法興寺と元興寺

まず、前置きとして、法興寺、元興寺、飛鳥寺、三つの関係について、やはり申し上げておいたほうがいいかと思います。

元興寺の歴史や、あるいは史料については、前回述べたように、一応、岩城隆利氏の作られた史料集や通史が、アウトラインをたどる上に、参考になるわけですが、それをふまえつつ、いろいろと展開していかなければならないところが、まだあると思います。

たとえば、法興寺と元興寺というその名前も、これは、最初から同時に二つの名前があったというわけではなくて、法興寺が最初で、元興寺があとから出てくる。創建のときは法興寺という仏教的な名前、それから地域の名前をとって飛鳥寺といういい方をしたのですが、平城遷都《せんと》にともなって移転すると、新しい寺には、元興寺という名前が使われるようになる。このことを早くおっしゃったのは太田博太郎氏で（太田一九七九）、現在、それは通説として認められるようになってきました。いっぽう、飛鳥寺、つまり元の法興寺のほうは、本元興寺《もとがんごうじ》という名前で運営されていくようになります。

飛鳥寺すなわち法興寺の本尊も、平城京への移転で変わっていきました。最初、法興寺の三つある金堂のうち、主な金堂である中金堂の本尊は、おそらく、百済《くだら》から請来《しょうらい》された弥勒《みろく》の石仏だったと思われるのですが、これが推古《すいこ》朝には、銅製の丈六釈迦如来像《じょうろくしゃかにょらいぞう》、現在の飛鳥大仏ですね、あの像に入れ替わり、多分その結果、弥勒の石仏は、東の金堂に移り、西の金堂には、銅製の釈迦如来像と同時に作られた、刺繍の丈六釈迦像が安置されたのだろうと思われる。これも前回申し上げたとおりです。

少し複雑なのは、飛鳥寺といういい方は、法興寺から起こっていますけれども、元興寺になっても使われつづけた点で、飛鳥という地名も、奈良にできました。したがって、単に「飛鳥寺」と出てきた場合、法興寺でなくて、元興寺を指す場合がありますが、結局、どちらでも使われました。

新しい元興寺という名前ですが、その由来は、もちろん、仏法が初めてこの寺で興隆したからです。だから、法興寺と、さほど意味合いの上では変わらないのですが、「元」の字を使うことで、日本の仏教の発展をふまえ、ここが起源ですということを、より強調した名称になっていると思います。それを示すのが、前回引用した、東大寺大仏の開眼供養《かいげんくよう》のときに、元興寺の僧侶が奉った「みなもとの　のりのおこり」云々という和歌だったわけです。

飛鳥寺が、仏法の起こった最初のところだということを、わざわざ歌で表して献上したというのも、日本での仏教の定着を振り返ったときに、これが起源だと、鮮やかに意識されたからだと考えられます。奈良時代をあつかった正史『続日本紀《しょくにほんぎ》』は、東大寺大仏の開眼について、仏法が東方に伝わってから、いまだかつてない盛大な法会《ほうえ》だと表現していますが、この時代になると、過去を振り返って、まさに起点として、この寺があるいう認識がでてきたので、それが、「元」という文字にこめられていると言っていいでしょう。

同じような例で、平安時代、貞観四年（八六二）に太政官《だいじょうかん》が発令した公文書、太政官符《かんぷ》に、「此《こ》の寺は仏法元興の場」という表現が出てきています。これも、仏法が初めて興隆した場所という意味です。これは平安時代の前期の文章ですが、同じ考え方に立ったものです。

この史料に関しては、後のほうに、

去る和銅三年、帝都、平城に遷るの日、諸寺、随いて移る。件の寺、独り留まる。朝廷、更に新寺を造り、其の移らざるの闕に備う。

というようなことが書いてあって、飛鳥寺が平城京への移転に反対したのではないか、とも言われたりしますが、これより前に、そういうことを書いた史料は見つかりません。これ自体、だいぶ時代が下った史料ですし、奈良時代初めの事情を本当に語っているかどうか、どこまで信じられるか、疑問としておきたいと思います。

2 平城京での新営

平城遷都にともなって建てられた、元興寺の伽藍の様子は、図2のような形に復元できるとされています。移転については、正史の『続日本紀』に、つぎの二つの記事があるので、すこし複雑にみえます。

1 霊亀二年（七一六年）五月辛卯（十六日）、始めて元興寺を左京六条四坊に徙《うつ》し建つ。

2 養老二年（七一八年）九月甲寅（二十三日）、法興寺を新京に遷す。

元興寺が移し建てられたといい、法興寺が移されたといっても、同じことのはずなのに、こういう記事が二つあるわけですが、霊亀二年のほうは、その場所を見ますと、左京六条四坊は、大安寺《だいあんじ》のある場所ですので、大安寺の移転記事を、誤って元興寺にしたことがわかります。かつては、移転時期をめぐり、論争もありましたが、この問題はもう決着しているといっていいと思います。先ほど辻村泰善理事長のおっしゃったとおり、養老二年九月が、正しい移転の年です。飛鳥にあった大官大寺《だいかんだいじ》（大安寺）、薬師寺《やくしじ》をはじめとして、いろいろな寺が平城京へ移りましたけれども、これは、その中では一番遅れるのではないかと思います。飛鳥寺が旧京に独りとどまったと強調する、先のような史料が残ったのも、そのせいでしょう。

現在の元興寺のある場所は、外京《げきょう》と呼ばれていて、平城京の外へ張り出した部分ですが、ここに興福寺《こうふくじ》が、いち早く造営されます。そこに元興寺が加わったわけですが、この外京というのは、この二つの寺を収めるための町割りと言ってもいいような地域だと思います。

興福寺は、藤原鎌足《ふじわらのかまたり》が建てた山階寺《やましなでら》の伝統を受け継ぐ寺ですが、実質は、飛鳥にあった川原寺《かわらでら》（弘福寺《ぐふくじ》）の後継寺院として構想された、新しい寺と考えられています。これは新しい寺ですから、当然、本尊は新しい。元興寺の場合は、旧京にあった飛鳥寺の本尊が、釈迦如来なのに対して、丈六の弥勒如来となったわけで、これは、先ほど申しました、法興寺に当初、百済から来た弥勒の石仏が祀られていた、その元のすがたに戻ったと言えるのではないかと思います。

金堂が完成したのは、『日本霊異記《にほんりょういき》』（中一）に、神亀六年（天平元〈七二九〉）、元興寺で大法会が開かれたとあるので、奈良時代前半、神亀六年頃と言われています。この法会は、金堂が完成したのがきっかけで、開かれたのではないかということですね。金堂は、正面の柱間《はしらま》が七つあり、二階建ての壮大な建築でした。

五重塔のほうは、塔跡から出てきた遺物の中に、奈良時代末の銅銭、神功開宝《じんぐうかいほう》が含まれているので、奈良時代末に完成したのでしょう。この塔は、創建のまま、その後長く伝わってきましたが、本当に惜しいことに、幕末の安政六年（一八五九）に、町の火災が類焼して、失われてしまった。それまでは、猿沢の池を挟んで、興福寺と元興寺、二つの塔が見られたわけですが、その片方が焼けてしまった。そのころ流行った小型の銅版画に、岡田春燈斎《おかだしゅんとうさい》という銅版師が奈良の名所を彫ったものがありますが（図1）、画面の中央下から右下に、猿沢池を挟んで興福寺の五重塔と元興寺の五重塔の並び立つようすが描かれています。当時売られた、いまの絵葉書のような商品ですが、昔を偲ぶよすがといっていいでしょう。

図1　幕末の奈良（岡田春燈斎「奈良名所東山一覧之図」）

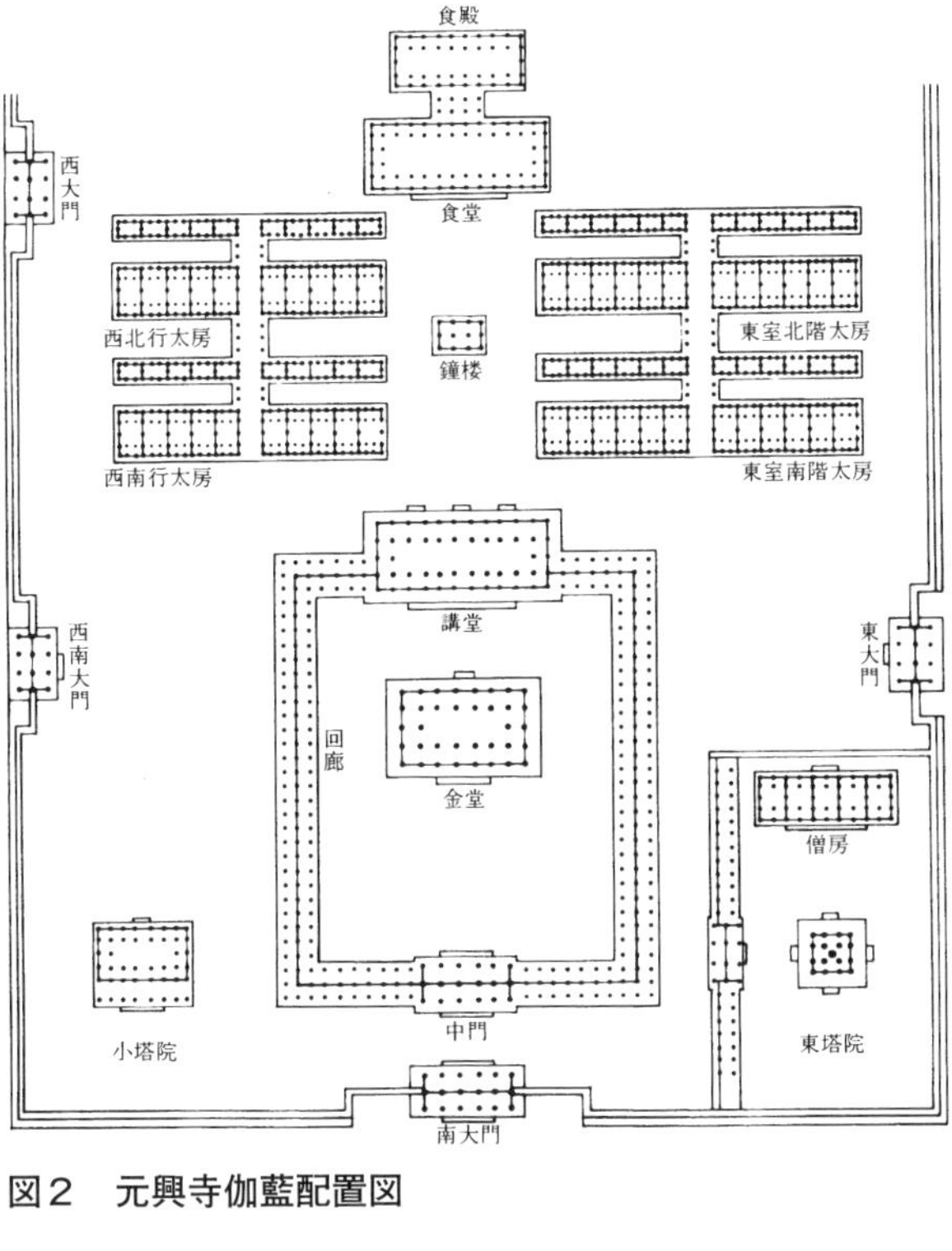

図2　元興寺伽藍配置図

そのほかの諸堂も、長い間にほとんど焼失してしまったのですが、今の奈良町と称してる地域は、ほぼ元興寺の寺域に当たります。図2は当初の伽藍の状態、図3は、それを街割りの上に重ねたものです。

奈良町の中心部に、奈良町物語館という施設がありますが、そこに道が、かぎの手に曲がっているところがあって、それが金堂跡の痕跡です。町割りに金堂跡が残っているのです。それから、南大門も、町割りの上に、跡を留めています。しかし、それ以外は、はっ

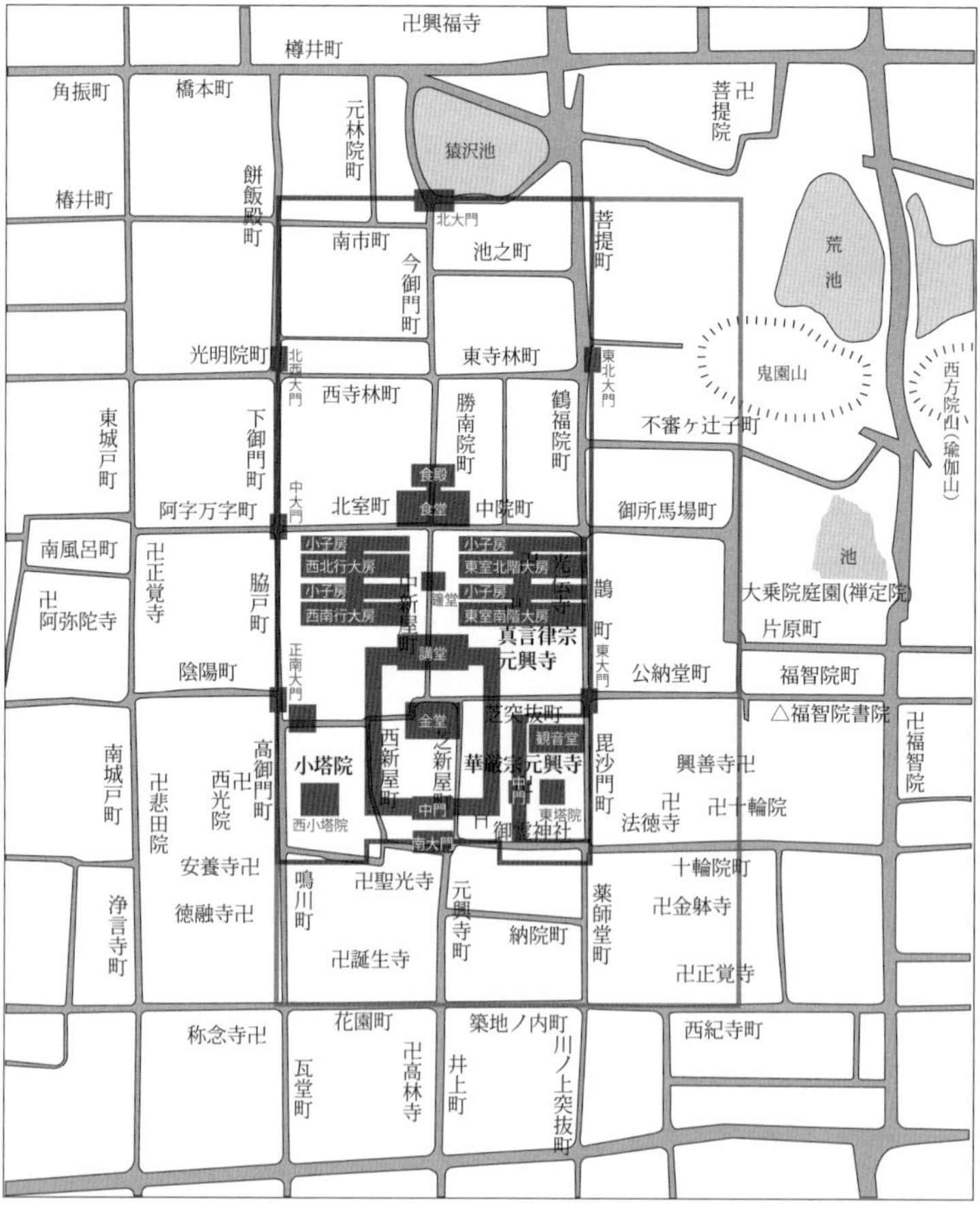

図3　元興寺と平城京の町割（元興寺文化財研究所『大元興寺展』2頁）

きりとは分からなくなっています。

3 元興寺の僧房と極楽坊

いまの元興寺極楽坊は、図3の右上のほうに、真言律宗元興寺と、表示されているあたりになります。主要な堂塔のある敷地の北東部、元興寺の僧侶たちが住む僧房があったところです。そのような位置関係になるのですが、飛鳥寺が奈良に移って元興寺になると、その場所一帯が、「飛鳥」とも呼ばれるようになり、現在も極楽坊の南にかけて、この地名が残っています。飛鳥小学校などという学校も、すぐ南にありますね。奈良時代、このあたりが飛鳥といわれたことは、『万葉集』にある次の歌（九九二番）で有名です。

大伴坂上郎女の、元興寺の里を詠める歌一首

古郷《ふるさと》の　飛鳥はあれど　あをによし　平城の飛鳥を　見らくし好しも

この歌を刻んだ石碑が、極楽坊の境内にあるので、お気づきの方もあるでしょう。この歌は、ともすると、元興寺そのものをほめた歌のように訳されますが、「元興寺の里」を詠んだ歌ですから、元興寺を含めた、あたりのたたずまいを称賛していると見るほうがいいと思います。正倉院に残る奈良時代の写経関係の古文書には、「飛鳥寺」という寺院名が出てきますが、これは奈良の元興寺を指しています。先ほどもふれたとおり、「飛鳥寺」という名称も、元興寺について言われるようになったのです。

この後、中世、近世の歴史は、いろいろ話題もあるわけですが、ここでは、元興寺極楽坊の歴史に関わっ

て、古代から中世にかけて問題になる、元興寺の僧房について話しておきたいと思います。

すでに述べましたが、元興寺の極楽坊というのは、僧房の後身なわけです。僧房を改造して、ああいうふうな極楽坊と禅室とになった。その僧房の、東のほうにありました一室が、奈良時代の僧侶の智光《ちこう》の住まいでした。智光が、阿弥陀《あみだ》浄土《じょうど》の情景を感得して、それを絵に描かせてお祀りするということになって、それが極楽、つまり阿弥陀浄土を表した図を祀っているところというので、独立して極楽院、あるいは、極楽坊と言われるようになる。それが、現在まで残ったのです。

極楽坊の後ろにあります長い建物、禅室《ぜんしつ》は、僧房の後身であるというだけでなく、以前から、飛鳥寺の建物の部材や屋根瓦が運ばれてきて、建てられていることが分かっていました。ただ、いったい、どれだけの部材や瓦が運ばれたのか、まだ、詳しく突きとめられてはいません。そもそも、本元興寺として残った飛鳥の寺は、立派な官寺として、少なくとも平安前期までは機能していますので、僧房を全部取り壊して持ってくるわけにはいかない。当然、向こうでも必要とされた建物だと思いますから、一部が移転したと見るべきでしょう。

極楽坊や禅室になる前の古代の姿が、鈴木嘉吉氏によって復元されて、図4のような形の建物だったたろうと考えられています（鈴木　二〇一六）。図4は、僧房の正面（南面）と背面を上下にならべてありますが、正面は、非常に大きな扉があって開放的、背面は、窓が比較的高く、扉も少なくて、閉鎖的という感じです。背面の右端のほうの建て方は、少し異なっています。ここは経典を収めていた場所なので、違った形式になっていて、居住空間としては、背面の左側のほうが、普通のすがたです。それを平面に直したのが、図5になりますが、僧房は二列になっていまして、図2を見ていただくと分かりよいと思いますが、まず、大きな僧房が連なっている、その北側に、少し小さな細長い僧房があって、この二つでセットになっているのです。図5は、大房《だいぼう》と呼ばれる大きなほうの僧房の復元図です。北側にある細長いほうのは、小子房《しょうしぼう》といいます。

この復元をされた鈴木氏が、ここに、どんなふうにして僧侶が住んだのだろうと考えられて、この縦長のひと区画に、かなりな人数の人たちが、ぎっしりと住まっていたのだといわれています。それは、どういう根拠によるのかというと、まず僧房全体の面積を考え、そして、当時、その寺に、いったい何人の僧侶がいたか、その概数を求めた上で、面積を人数で割ってみた、その結果です。

面積と僧侶の人数が、よく分かるのは、法隆寺の場合です。法隆寺については、「法隆寺伽藍《がらん》縁起《えんぎ》并《ならびに》流記《るき》資財帳《しざいちょう》」（通称、法隆寺資財帳）という財産目録が残っています。僧侶が財産なのかということになりますが、財産を仏・法・僧の三つに分類して、それぞれの人数、数量を挙げてありまして、その僧に当たるのが実際の僧侶なわけです。その記載は、次のとおりです。

合わせて見前の僧、弐佰陸拾参口〈僧一百七十六口、沙弥八十七口〉

これは、今現在いる僧侶が二六三人という意味です。資財帳ができたのは、天平十九年（七四七）で、そのときの人数です。その内訳は、本当に出家した僧侶が一七六人、沙弥《しゃみ》と呼ばれる、僧侶になる前の段階の、いわば見

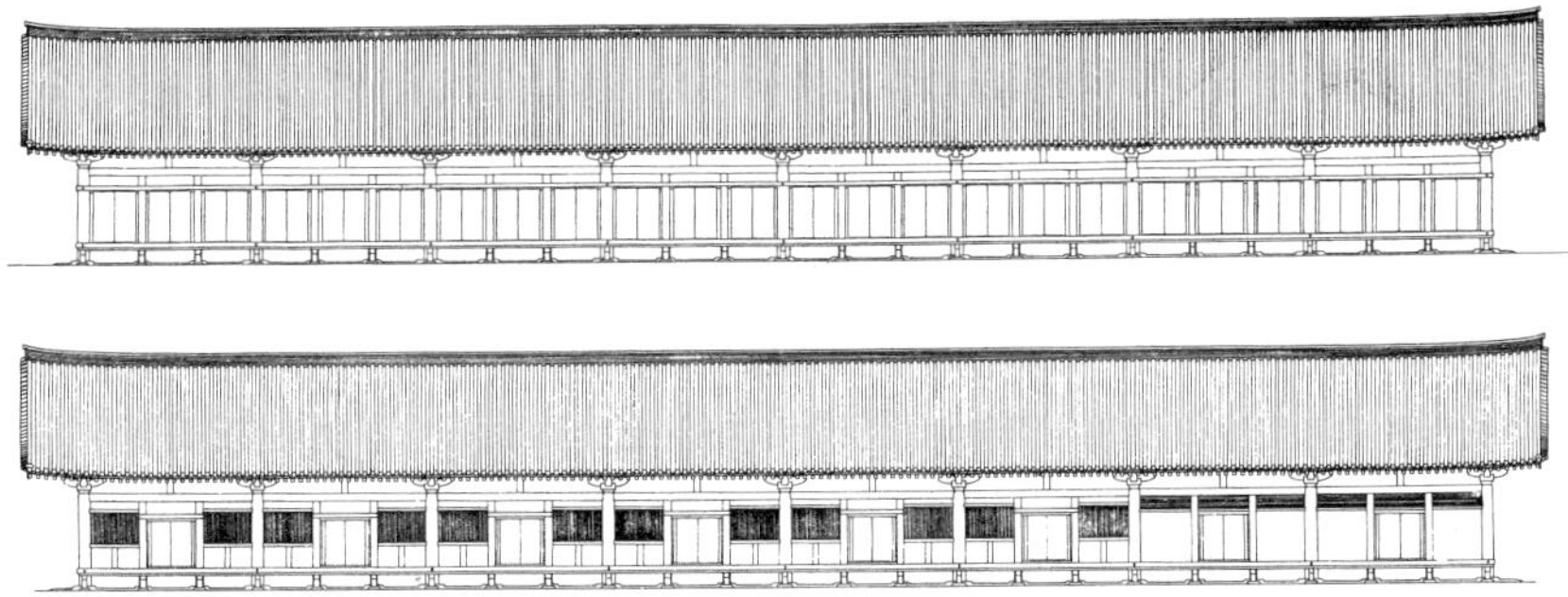

図4　元興寺僧房復原立面図（鈴木　2016）

習いの僧侶が八七人、合わせて二六三人になります。

それに対して、僧坊の面積も残っています。こちらは、不動産のほうに配列されています。

僧房肆口〈一口、長さ十七丈五尺、広さ三丈八尺。一口、長さ十八丈一尺、広さ三丈八尺。一口、長さ十五丈五尺、広さ二丈二尺。一口、長さ十丈六尺、広さ三丈八尺〉。

これによると、長い建物が四つあり、それぞれ、長さと幅が書かれている。これで面積が計算できるわけです。法隆寺の僧房は、これも鈴木氏が復元されていますが、大房と小房、その間にある中庭を含んで一区画という構成です(図6)。そこで、先ほどの全面積を、僧侶全体の人数で割ってみますと、この一区画に、一二〜一三人住んでいたと推定される。これは、かなりな詰めこみでして、こんな狭いところに、一二〜一三人も住むのは大変でしょう。

現在、法隆寺に行きますと、この大房と小房の後身の建物が残っています。誰でもご覧になれるわけですけれど、やはり、かなり狭い。ただ、たとえば東大寺の二月堂で、お水取りのときに僧侶が籠る参籠所《さんろうしょ》が

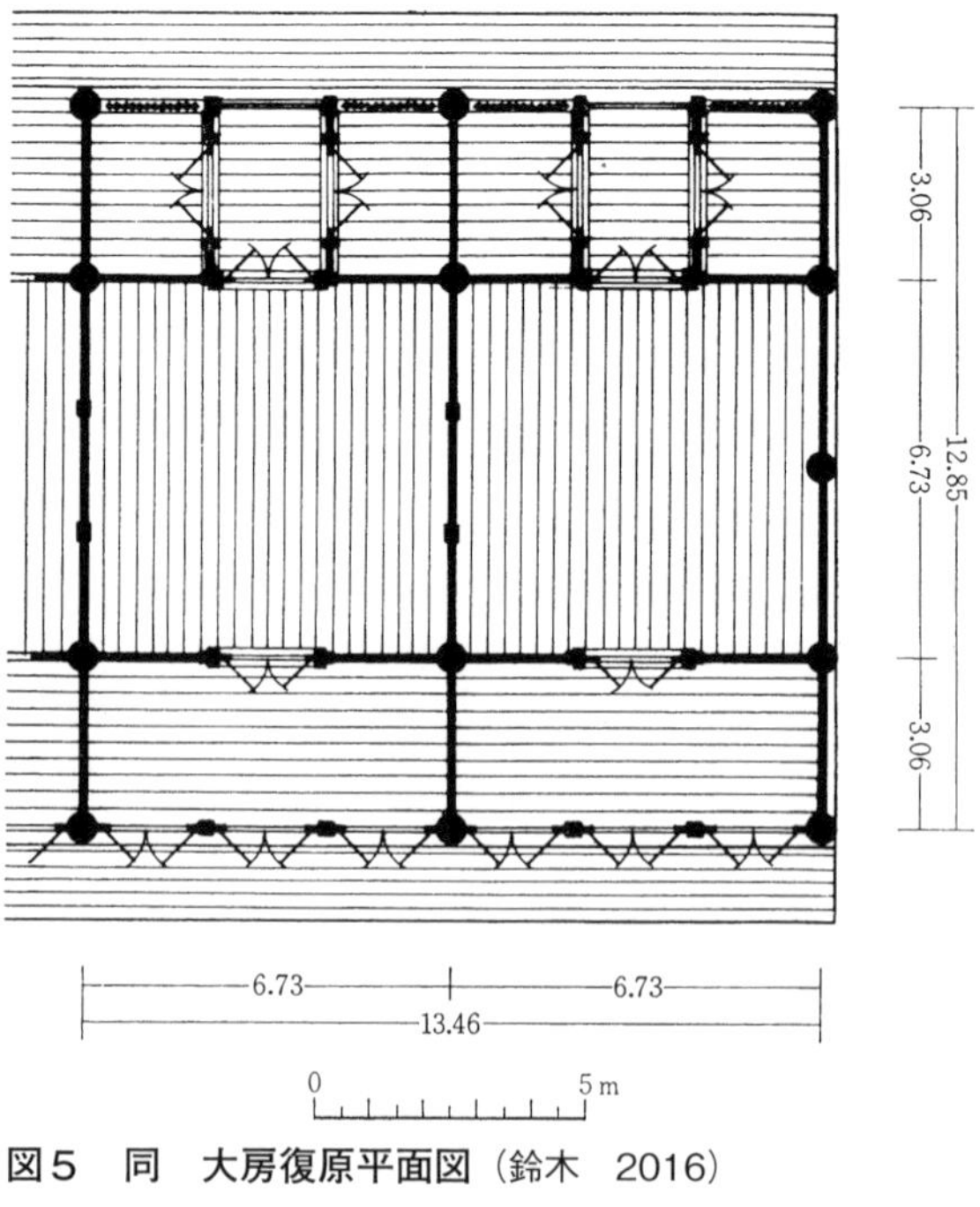

図5　同　大房復原平面図（鈴木　2016）

ありますが、そういうところでは、お水取りの行《ぎょう》の間、やはりそのくらいの人数で生活している。ですから、そんなものかなというふうに、われわれも思っていました。

4 『日本感霊録』からみた元興寺の僧房

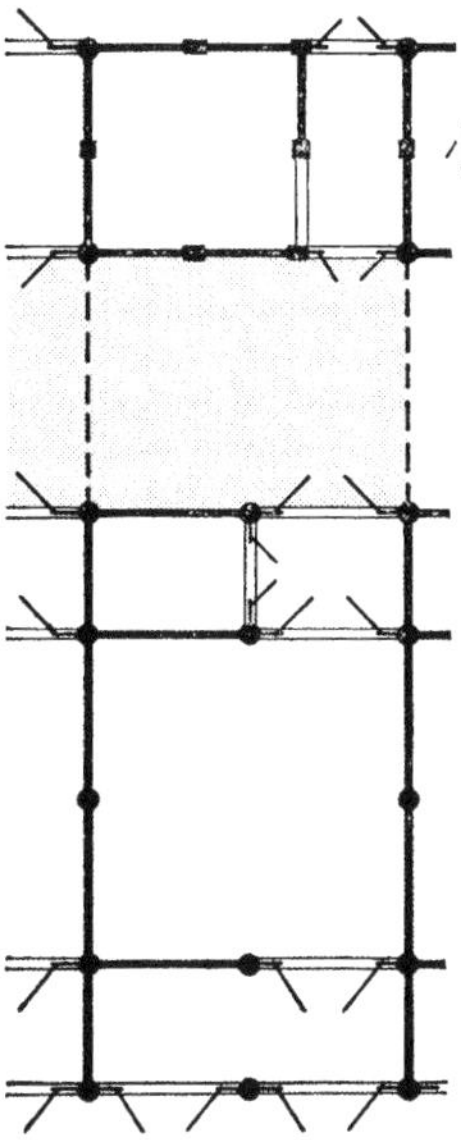

図6　法隆寺僧房復原図
（鈴木　2016）

しかし、気になりますのは、こういう推定とは矛盾する史料があることです。『日本感霊録《にほんかんれいろく》』という本がありまして、そこに、元興寺の僧房のことがいくつも出てきます。この『日本感霊録』という本は、平安時代の初めにできた説話集ですが、あまり研究に利用されない。よく似た本で、『日本霊異記』というのがあって、仏教信仰にまつわるいろいろな霊験談、たとえば信仰した結果、良い報いがあった、逆に不信心で罰を受けたというような話が載せられているわけですが、この『日本霊異記』が有名で、いろいろな研究に使われているのとは対照的です。『日本感霊録』は、平安時代の前期、承和十五年（八四八）ごろ、本元興寺（飛鳥寺）の僧侶であった義昭《ぎしょう》という人の著作です。前にも言ったように、当時、飛鳥寺は本元興寺として、そのまま健在でした。この本があまり使われないのは、全部が完全には残ってないことが影響していると思います。もともと上下二巻で、かなり話の数もあったと思われますけれども、今は一七話しか残ってない。ただ、見るのが難しいわけではなく、活字化されて『続群書類従』（釈家部）に入っています。写本も、平安時代後期の古写本が、奈良県の龍門文庫《りゅうもんぶんこ》に所蔵されています。龍門文庫というのは、吉野の山林地主の阪本氏が集められた本を管理している文庫ですが、ここにあるのが一番古い写本です。また辻英子氏による全文の注釈も出ていますので、この本を研究に利用するのは、決して不便とはいえないのです。一番ネックになるのは、やはり話の数が少なく、しかも写本の欠損で、文章の途中が欠けている話が多く、そのため、おろそかにされてきたと思います。ですから僧房研究の中で、この本が使われることは、今までありませんでした。

その『日本感霊録』の中から、僧房の生活が分かる話を、三つ取り出してみました。まず第一話は、僧房の中で盗難が起こるという話です。そして、無実の罪を着せられた僧侶が出てきます。居住の形としては、大房と小房に、おのおの一人ずつ住んでいたという設定です。この話を、逐一説明することは、時間の制約でできませんが、誤りや欠けた個所などを補正し、仮名交りにした文で、概略を見ていきましょう。

己が咎を隠さんと欲して、同法に於て構架を至し、横死を得る縁

法師聖護は、元興寺の僧なり。其の本居・俗姓、明了に非ざる也。其の寺の西方の北行、馬道《めどう》より西の第三の房の高戸屋に居住する也。同じき小子房に住止せる勝寧師、去る延暦年を以て、□聖護師と山階寺の若僧、倶共に親厚に交通し□年を歴たり。時に勝寧師、小子房に於て黙然として住す。□山階寺の若僧、其の僧の高戸屋より□房、中の間に於て此の綾□

此の寧師指し示さむと欲せし頃、護師［
自らの房［］此に寧師、心中に思わく、［
取り納めば誤り失うべからず、と。嘿して［
童子に白して其の座具を乞う。護師［
童子、手空しくて去る。既にして至り［
言わく、「一昨、僧の座具、此間に忘れ［
看出だせる人、否や」と。

第一話では、主人公として、聖護という法師が出てきます。「元興寺の僧なり」とあります。その人が住んでいた部屋が、「其の寺の西の方、北行」、つまり西北にある、東西方向の横長の建物で、「馬道より西第三の房の高戸屋に居住」していた。「馬道」とは、今も禅室と本堂の間に通り道がありますが、ああいうような、馬を引いてもそこを横切れるような通路、廊下です。聖護は、そこから数えて西のほうの、第三の坊に住んでいた。「高戸屋」というのは、大房のことだろうと思われます。後に、「同じき小子房に住止せる勝寧師」と、小子房が出てまいります、この勝寧との間に、問題が起きるわけです。大房と小子房に、それぞれに一人が住んでいたと解釈しましたけれども、もっと他の僧もいたのではないかとも考えられないことはない。しかし、そこで盗難が起こる、そして、その現場を、ちゃんと見ていた人がいない。それで、勝寧が疑いをかけられて、裁判となり、いろいろな人を呼び集めて、決着をつけようということになるのですが、その証人はまったくいない。聖護が言いがかりをつけたわけですが、そこには「山階寺の若僧」が、よく来ていたとあります。山階寺というのは興福寺の別名です。聖護の房には、興福寺の若い僧侶が出入りしていた。この人は、いつも住んでいるわけではなさそうです。こういう状況設定ですので、おそらく大房は、聖護と、よく出入りしている山階寺の若い僧とが占拠していて、小子房には勝寧しかいなかったのではないか。もし、たくさんの人がいたら、こんな事態には、ならないだろうと思います。

ただ、この話の細部がよく分からない。たとえば、この話の、仮名交りにした文をご覧になれば分かるように、文章が欠けているわけです。前にもふれたように、この『日本感霊録』という本は、残っている話の数が少ないだけでなく、こうした欠損が少なくないので、なかなか使われないのだと思います。何が書いてあったか、正確には分からない箇所があって、細かい意味を取るとなると、非常にもどかしい話になってしまいます。ただ、おおよその意味は取れるわけで、盗難の疑いをかけられた勝寧が、深く元興寺の四天王を信仰していたために、無実の罪を晴らすという形で決着します。

次に第六話です。これは、人の住んでない房があったことが分かる話です。

恒に道人、般若を誦して霊の怖怪を摽せし縁

苾蒭慈寿は、元興寺の沙門也。去る大同年中、
其の寺の西北の馬道以東、第二の房に居住する也。而して其の房は、
伽藍を建立して以来、人に而《し》て住する無し。然る所以は、房中に於て霊
鬼等有り、種々の災怪、数々顕現し、人をして患い悩ましむ。爰に
慈寿師、虚実を試みんが為め、彼の室に住し、昼夜、理趣□
若を読誦し、未だ曽て休み廃さず。

慈寿という僧が出てきますが、これも元興寺の沙門《しゃもん》です。第一話と似た言い方で、「其の寺の西北の、馬

道より東の第二の房に居住する」とあります。この房は、伽藍を建立してから、人が住んだことがなく、空き部屋だったというのです。なぜかというと、そこに鬼が出る。慈寿は、そこへ移り住んで、大般若経の一章である『理趣品《りしゅほん》』を読んで、鬼を退散させてしまった。そういう話なのです。この話からすると、僧房の中には、空き部屋になる所もあったことが分かります。元興寺の鬼といえば、元興神（がごぜ）が有名ですけれども、あれとは、この話は関係ありません。ともかく、僧房は、そういう人気のないような雰囲気も、あったのでしょう。

それから、次に第十話です。これは、やはり左京の元興寺の僧、徳慶という人の話です。

> 四王像に祷り願い、疫病を消除せし縁
> 大法師徳慶は、那良の都左京□
> 川氏也。其の寺の新房の南より□
> 性質直にして、慈悲仁譲、志意和雅□
> 病患、苦む心有る無し。天長年中、□
> 中の諸童子等、皆共に病み悩めり。但だ和上のみ独り□
> 病む童を救わんと、手を澡《あら》い口を漱ぎ、中門の四天に参詣し、種々誓願して還りて房に臥す。然る間、日晩れて漸く二更に逮《およ》ぶ。而るに卒病の童、皆共に驚き脅え、惆憧惶怖し、和上の息《やす》める大房の裏に奔り競いて入り来たる。（中略）寔に斯れ四大天王の霊助のしからしめしこと、之を疑う可からず〈同房・比室、共に伝うる所也〉。

徳慶は「其の寺の新房の、南」から数えて何部屋目かの房に居住していたということで、この話の場合は、この僧に付き従っている童子たちに、流行り病が行き渡ってしまって、大変なことになった。そこで元興寺の中門に安置されていた四天王にお願いしたら、うまく、その流行り病をなくすことができた。中門にあったのは、実際は、四天王の内の二体、つまり二天だったようですが、この二天のご利益の話は、この本に多く載っていて、これもその一つです。話の最後に、「同房・比室共に伝うる所なり」とあって、徳慶と同じ部屋で一緒に住んでいた僧とか、「比室」、つまり隣の房に住んでいた人たちが、みな、その様子を見聞きしていたと書いてあります。第一話のように、一人、二人というのではなくて、ある程度の人数が、同居することがあったのかもしれない。ただ、二人でも同房とは言えると思いますので、どこまで数字を大きく想定するか、むつかしいですが、まったく人気がないとか、ぱらぱらとしかいない、という状況ではなかったらしいことが、第十話でわかります。

ともあれ、かなり、ひと少なの状態が、むしろ普通なのではないかなという感じです。しかも、平安時代の前期、まだ元興寺が衰える前、律令制が機能していた時代に、奈良時代のとは、打って変わった状況が生まれていたとは考えにくい。やはり奈良時代以来のあり方が、ここに反映していると見ていいのだろうと思います。

5 元興寺以外の古代寺院の僧房

そういう目で見直しますと、他の寺の文献にも、それらしき様子は出てくる。たとえば『西琳寺文永注《さいりんじぶんえいちゅう》記《き》』という本があります。これは、鎌倉時代の写本で伝わっていますが、奈良から平安時代の資財帳を引用していまして、そこに、次のような僧房の記事があります。

A東僧坊〈天平十五年帳に云う、長さ十丈、広さ三丈三尺。／延喜十六年帳に云う、大破、焼失す。故に新造す。〉

西僧坊〈同上。正応三年夏、修理し始む。私に云う、此の事、不審と云々。〉

〈同上〉

東小子坊〈延喜十九年帳に云う、無し。〉今、跡無し。

西小子坊〈延喜十六年帳に云う、瓦葺き、／十間の小子房一宇。大破。〉今、跡無し帳。

B

天平十五年帳に云う、

僧・沙弥并わせて廿二口、僧十六〈見廿口の中、二僧は借住、／四は去るところを知らず、三は死す。〉

Aによると、僧房が東と西にあって、やはり小子坊が付いていて、天平十五年（七四三）時点で、そこに住んでいる僧侶が合わせて二二人です。Bの内訳を見ますと、二二人とはいうけれど、仮に住んでいる僧とか、どこへ行ったか分からない僧とか、それから死んだ僧、それを全部合わせて二二人であって、実際の数は一六です。「借住」の実態はどうだったのか、宿泊的な形で住んでいたのかもしれませんが、よくわかりません。どちらにしても、この僧房の大きさは、法隆寺と比べても、さほど遜色はない、人数だけ比較すれば、かなりゆったりしているということです。これは天平十五年の資財帳を引用していますので、法隆寺資財帳と、ほぼ同時期の状態です。

それから、唐招提寺《とうしょうだいじ》にも、次のように、平安時代の初めのようすを伝える記録が残っています。

西北二韓壱宇〈大和上室〉　西一僧房壱宇　西二僧房壱宇

右、清河大使卿家、施入すること件の如し。

西北後房壱宇　西北後小子房壱宇

右、少僧都如宝大師室

これによると、特定の個人の部屋とされているものがある。たとえば大和上の部屋とか、小僧都如宝大師の部屋といった具合です。大和上は鑑真のことで、鑑真が、あるブロックを占有していたのは当然かもしれない。それから如宝も、唐招提寺の三代目の長老になった人ですから、そういう人については、こういう住み方もあったのではないかと思われます。唐招提寺の僧房は、図7に示したように、少し変わっていまして、長い建物がつながる形の元興寺・法隆寺や薬師寺の僧房（図8）と異なり、ブロック状に分かれています。そういう事情があるのかもしれませんが、さほど詰めこみではなかったのではないか。こう見てまいりますと、古代の僧房というのは、鈴木氏の考えられたほど詰めこみではなくて、割とゆったりと住んでいたのではないかと考えられてきます。

では、そこに住まなかった僧は、どうしていたのかが問題になります。これが大問題だと思います。確かに先ほど、山階寺の若い僧侶が、元興寺に行っているとか、「借住」などというものが出てきました。また、当時は、寺に属しているとはいっても、今のように、どこそこの住職というような固定したものではなく、他寺に移っていくことも、よくありました。したがってその寺の僧が、よそに出ていたことも、ありうるのかもしれないですが、それが恒常的にあったとか、たび重なったというのも、おかしなことだと思いま

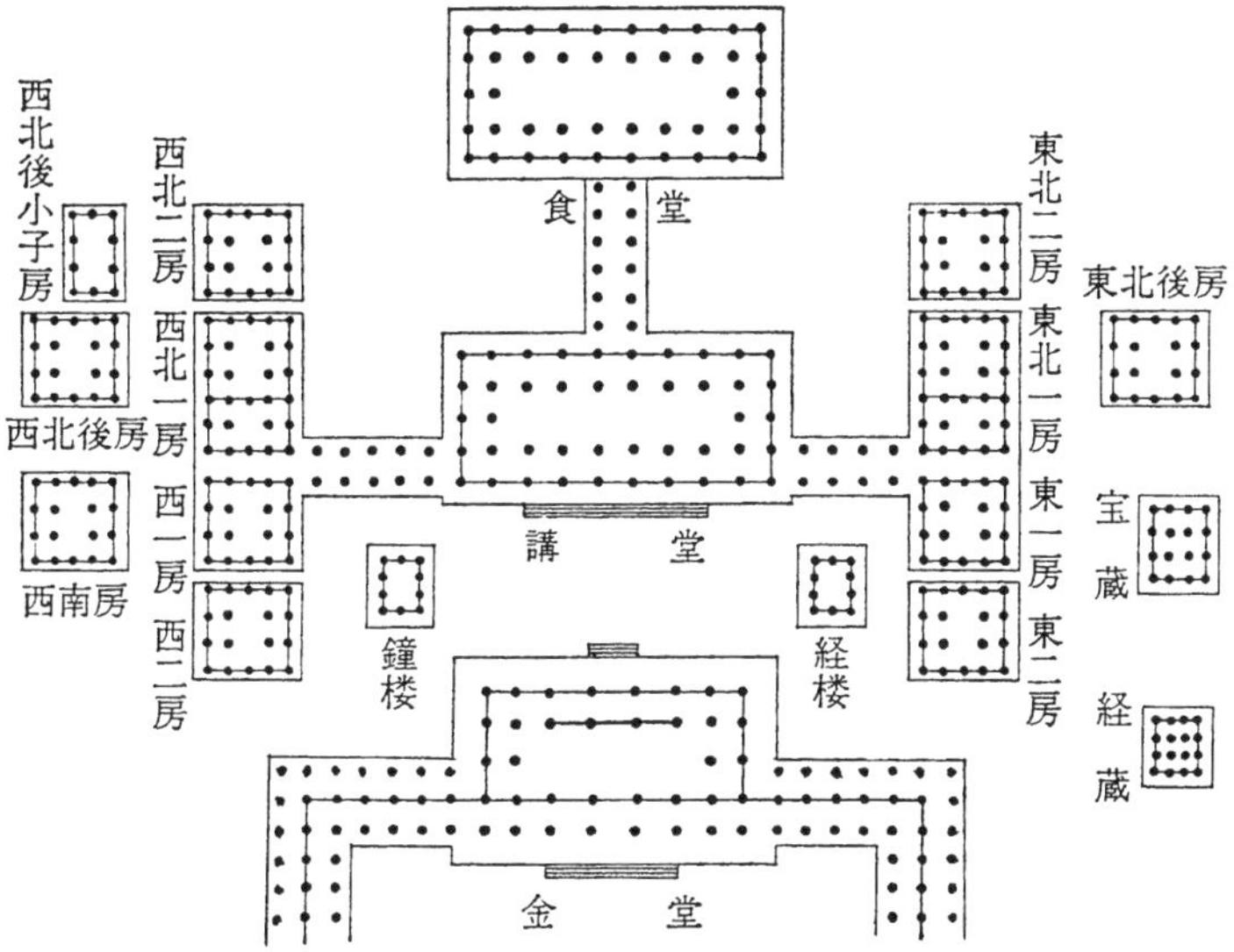

図７ 唐招提寺僧房復原図（鈴木 2016）

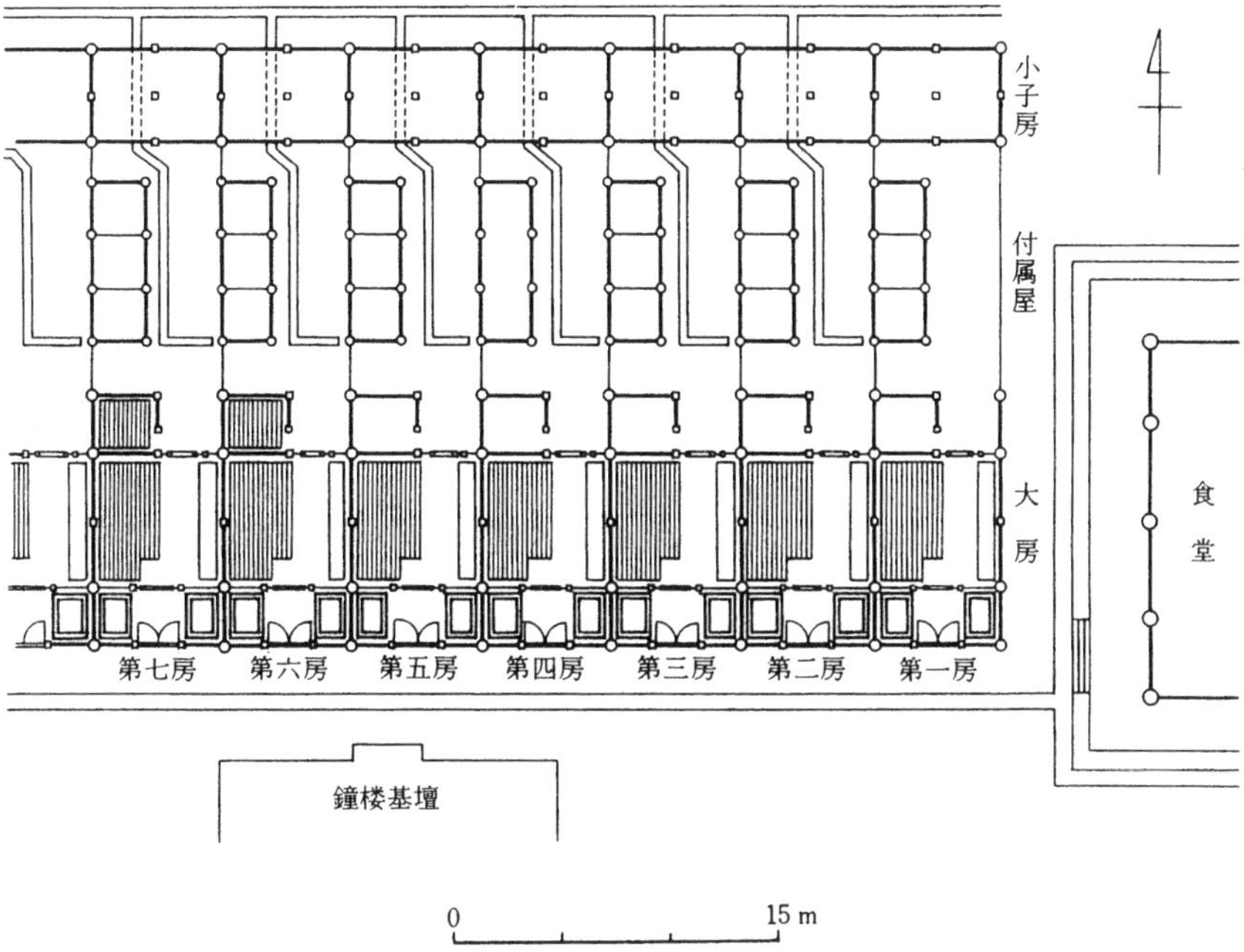

図８ 薬師寺僧房復原図（鈴木 2016）

す。

もう一つ、資財帳に載っている僧侶の数は、本当に実数なのかということも、疑えば、疑えないことはないでしょう。ただ、律令国家が盛んな古い時代のことですから、これはおそらく、実数ではないかと思います。

残る可能性は、僧房に住まないで、寺の外に住んでいた僧がいるのではないかということです。家は寺外にあって、そこへ通ってくる僧、いわば寺院に通勤する僧侶という想定が、成り立つのではないでしょうか。仏教本来のあり方としては、僧侶が僧房に住んで集団生活をし、生活の規律や戒を守るのが本当なのですが、もし通勤する僧侶が多いということなら、そういう生活が、かなり早くから守られていなかった可能性を考えないといけなくなります。役人のように寺に出勤するということであれば、日常の生活は、かなり自由度が増すだろうと思いますし、また、一つの部屋を専有するということになれば、別の自由度が増すと思います。『日本感霊録』の聖護のように、若い僧を連れこむことなども、気ままにできたことでしょう。

おわりに

最後は、話が僧房のことに偏ってしまいましたが、これは元興寺だけでなく、古代仏教で戒律《かいりつ》がどう受け入れられていたのか、広く僧侶のあり方を考える場合に、非常に重要な問題のはずです。今まで参照されてこなかった『日本感霊録』などの史料を、もう一度、見直す意味があるのではないかと思います。官の大寺の僧侶が、大勢通勤していたという考えは、あくまで仮説であって、これから私自身もさらに考えていきたいと思いますが、極楽坊や、その前身となる元興寺の僧房を巡っては、こういう問題もあるのだということを申し上げて、今回の話は終わらせていただきます。

〔参考文献〕

太田博太郎　一九七九『南都七大寺の歴史と年表』岩波書店

鈴木嘉吉　二〇一六『古代寺院僧房の研究』中央公論美術出版

辻　英子　一九八一『日本感霊録の研究』笠間書院

東野治之　二〇一九「古代寺院の僧房と僧侶の持戒生活」『覚盛上人御忌記念　唐招提寺の伝統と戒律』法蔵館

2 遷都にともなう寺院移転と元興寺

上原眞人 Mahito Uehara

はじめに

『続日本紀《しょくにほんぎ》』霊亀二年（七一六）五月辛卯条に「始徙建元興寺于左京六条四坊」、養老二年（七一八）九月甲寅条に「遷法興寺於新京」とあるのが、平城京元興寺のはじまりを語る史料です（岩城　一九九九）。「徙」も「遷」も「うつる・うつす」の意味で、『続日本紀』の編者は、元興寺は旧京（藤原京）から新京（平城京）へ移転した寺と考えていたことがわかります。ただし、平城京左京六条四坊は大安寺《だいあんじ》の所在地なので、前者は「始徙建大寺于左京六条四坊」とあった原史料を、『続日本紀』の編者が元興寺と誤断した可能性が高く（福山　一九六八）、七一六年は大安寺の移転年代と考えられています。

平城遷都時に藤原京や飛鳥地域にあった寺院が移転・移建したという認識は、八世紀以降の古代みやこ人だけでなく、美術史・建築史を含む古代寺院研究者や日本古代史研究者にも共通します。具体的には、平城京大安寺・元興寺・薬師寺は、藤原京大官大寺《だいかんだいじ》・法興寺（飛鳥寺）・薬師寺が移転した寺として名が挙がり、

『続日本紀』道昭卒伝《どうしようそつでん》（文武天皇四年三月己未条）や『日本三代実録』元慶元年十二月十六日壬午条を根拠に、平城京右京禅院《ぜんいん》は飛鳥寺東南禅院を徙建したとされます。また、寺伝により平城京興福寺は藤原京近辺の厩坂寺《うまやさかでら》から移転し、前身は山背国山科（宇治郡）にあった山階寺《やましなでら》へとさかのぼります。ほかに平城京左京五条の葛木寺や五条七坊の紀寺《きでら》は、飛鳥地域にあった葛城《かつらぎ》氏・紀氏の氏寺が移転したもので、葛木寺《かつらぎでら》の東に接する佐伯院《さえきいん》（香積寺《こうしやくじ》）、平城京東北にある伴寺《ともでら》（永隆寺《えいりゆうじ》）、京内南部にあった穂積寺《ほづみでら》・服寺《ふくでら》も平城京に移転した氏寺と考えられています（岩城　一九九九）。また、寺名は不明ですが、瓦の同笵《どうはん》関係から平城京平松廃《ひらまつはい》寺《じ》は、藤原京田中廃寺が移転したとする説もあります（帝塚山考古学研究所　一九九五）。

遷都時の寺院移転に関し、逆の意義を強調する立場もあります。すなわち、藤原京四大寺（大官大寺・川原寺《かわらでら》・飛鳥寺・薬師寺）のうち、川原寺は平城遷都時に移転しませんでした。一方、平城遷都後の四大寺（大安寺・興福寺・元興寺・薬師寺）のうち、興福寺は大寺として藤原京から移転したわけではないのに、川原寺の法号（弘福寺）と音が通じます。これを根拠に、平城遷都を推進した藤原不比等が、藤原氏の氏寺を官大寺に昇格するため、弘福寺を興福寺にすり替えたと考えるのです（上山　一九七七）。ただし、母・斉明《さいめい》天皇の菩提《ぼだい》を弔うため、川原宮の跡地に天智天皇が創建したとする説（福山　一九四八）を認めるなら、川原寺は現在地に存在することに意義があり、遷都時に興福寺に地位を譲ったとはいえません。また、平城遷都時の寺院移転に対し、長岡・平安遷都時に前身都城の寺院が移転しなかった事実を、桓武《かんむ》天皇による仏教政策・寺院政策の大転換とする解釈は教科書にも載っています。すなわち「僧侶の腐敗を清め、その檀家の勢力を抑え、其弊《そのへい》の蟠《わだかま》っている奈良の地を去って、彼等を振り棄て」ることが、長岡・平安遷都の「一の大きな原因」と理解するのです（辻　一九六〇）。

しかし、遷都にともなう寺院移転のイメージは、史料・寺伝・研究者の間で一致していません。正史筆録者や当事者の寺が、何を根拠に「移転」を主張したのかはっきりしませんが、寺院移転は一般に「法灯を継いだ」と理解します。法灯継承には建物移築などの引越をともなうとは限りません。しかし、旧京における施設や寺領の権利が関わるので「引越」の有無は深刻です。一方、『続日本紀』などを鵜呑みにして、具体性を欠いた寺院移転を説く研究者もいますが、建築史・美術史では、平城京薬師寺の金堂薬師三尊像や東塔の年代観に関わって「移転」論争があります（福山・久野　一九五八）。具体的「引越」を射程に入れた「移転」論です。建築史に学ぶことが多かった考古学では、瓦から「移転」を説くことが多く、平城京元興寺が飛鳥寺から移転した具体的イメージも、両寺の所用瓦から解説されてきました。以下、その経緯と問題点について検討します。

1　瓦を根拠とする元興寺移転のイメージ

元興寺では『続日本紀』以外に、禅室《ぜんしつ》および本堂（＝極楽坊《ごくらくぼう》）の屋根瓦に「飛鳥時代」の瓦を含む事実が、移転の具体的イメージとなっています。すなわち、飛鳥寺（法興寺）の第一〜三次の発掘報告で、「元興寺極楽坊修理に際し、降した四四一三枚の瓦の中に飛鳥寺に見られる各種の瓦を一四％も含み、中でも飛鳥寺創建時の特徴を持つものが四％用いられていた」と指摘され（奈文研　一九五八）、平城京元興寺が飛鳥寺（法興寺）から移転したことを示す物証と考えられたのです。

しかし、元興寺極楽坊所用の「飛鳥寺創建時の特徴を持つ」瓦は、写真などで具体的に示されていません。飛鳥寺第一～三次調査では、塔・中金堂・西金堂・東金堂・中門・南門・西門と回廊《かいろう》・講堂の一部および南の石敷広場が発掘されました。出土した軒丸瓦五六五点、軒平瓦四二点は、文様の特徴（写真・実測図・計測値）と出土点数が報告され、中心伽藍における軒瓦の使用状況が明らかになりました（図1）。同じ笵型を根拠に型式（同笵瓦）を認定し、各出土量から創建・大規模造営の年代を明らかにした画期的成果です。

　しかし、中心伽藍を全掘したのに、各堂塔にともなう軒瓦《のきがわら》を個別に

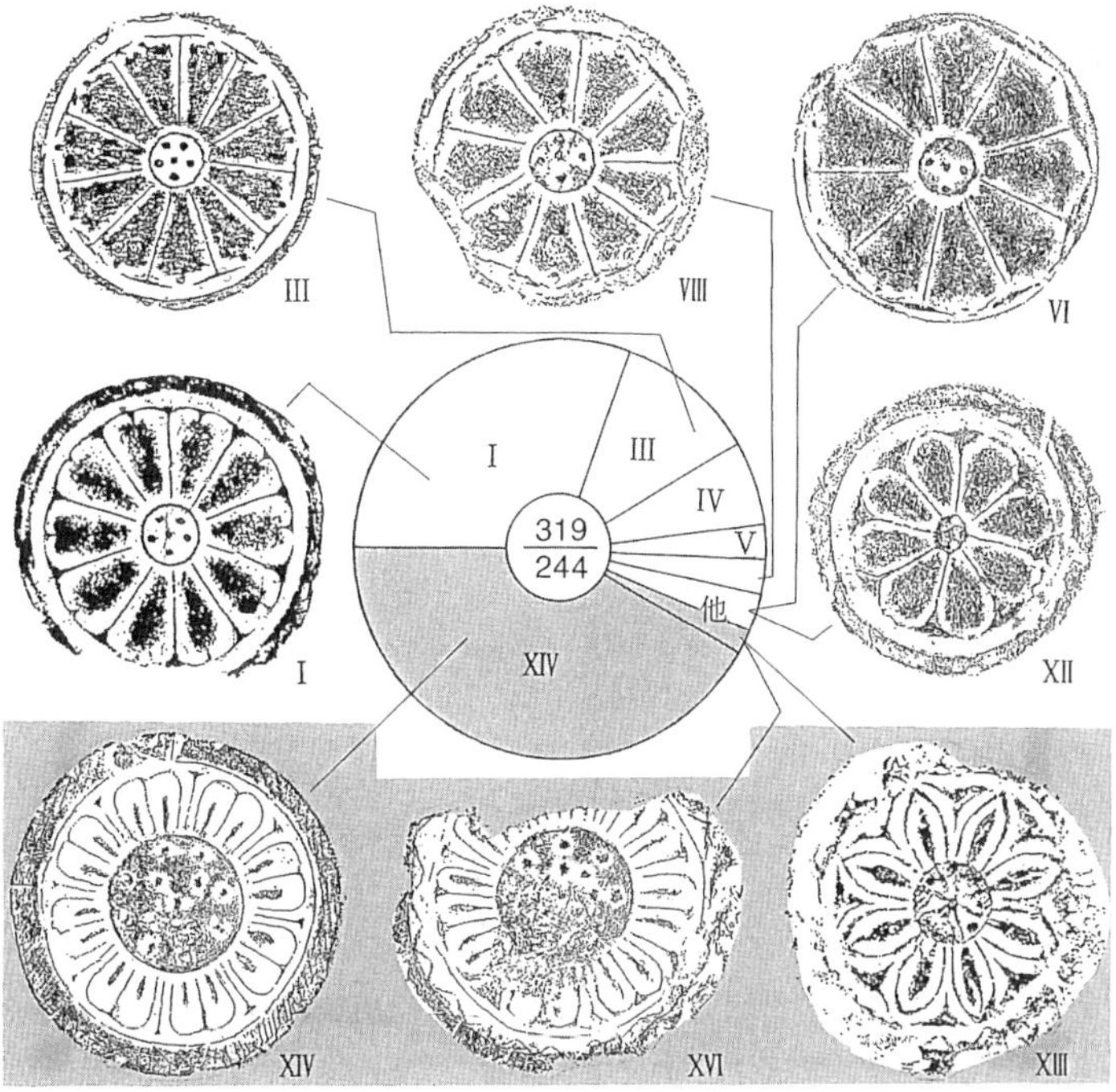

図1　飛鳥寺第1～3次調査出土の軒丸瓦（上原　1997）
（奈文研　1958）より作成。瓦拓本は縮尺約6分の1。ローマ数字は型式名。グラフ中央円内の数字は、6世紀末～7世紀初頭の軒丸瓦数／7世紀後葉～8世紀初頭の軒丸瓦数を示し、後者に網目をかけた。飛鳥寺で最も多数出土したXⅣ型式軒丸瓦は、天武朝における飛鳥寺の官寺化を示す。この系譜を引くXⅥ型式軒丸瓦は、元興寺創建軒丸瓦の外区斜縁に線鋸歯文を彫り加えたものである。

数量化せず、堂塔造立の順序を瓦から考定していません。また、中門北側で出土した丸・平瓦約六〇〇〇個体を、凸面叩目《たたきめ》などで分類し、同じ叩目の軒瓦と組むという前提で「飛鳥」「奈良前期」「奈良以降」の年代観を示しています。ただし、分類基準は、飛鳥寺創建の「軒丸瓦Ⅰ型式に対応するものに格子目叩文と平行の叩文」「Ⅲ～Ⅴ型式に対応するものとして叩文を全く磨消した薄手のもの」「XⅡ型式に対応する小型斜格子文」「軒丸瓦XⅣ型式以降に対応するものには、縄目叩文のもの」と、「格子目叩文」「平行叩文」「縄目叩文」など比較的ラフです。平瓦凸面の叩き痕跡から原体を復元すれば、軒瓦の同笵と同じ次元で分析できますが、密に叩いたり叩目を磨《す》り消した飛鳥寺の丸・平瓦の原体復元は難しく、具体例も丸瓦五点・平瓦九点を一枚の写真図版で提示したにとどまっています。

飛鳥寺第一～三次の報告では、丸・平瓦の「飛鳥寺創建時の特徴」が明快ではなく、元興寺移転の根拠となった極楽坊修理時に降ろした四四一三枚の瓦の実態も不分明なため、これを追証するのは困難でした。極楽坊の屋根から降ろし（再利用されることなく）保管された瓦は、一九六七年に発足した㈶元興寺仏教民俗資料研究所（現・公益財団法人元興寺文化財研究所）が整理・報告しました（元興寺仏教民俗資料研究所一九七四）。それを見て初めて知ったのは、誰もが飛鳥寺創建時と考える素弁蓮華文《そべんれんげもん》軒丸瓦（飛鳥寺式軒丸瓦、百済様式軒丸瓦、花組・星組軒丸瓦、図1のⅠ・Ⅲ型式軒丸瓦）は極楽坊所用瓦になく、極楽坊の「飛鳥寺創建時の特徴を持つ」瓦とは、丸・平瓦のみを指すことでした。

飛鳥寺第一～三次の報告は、極楽坊瓦の四％が「飛鳥寺創建時の特徴を持つ」と、「丸瓦、平瓦」の項目で明言しているので、飛鳥寺式軒丸瓦が極楽坊に葺かれていたというのは、単なる私の思い込みです。しかし、丸・平瓦の「飛鳥寺創建時の特徴」は共通認識となっていません。㈶元興寺仏教民俗資料研究所の報告は、極楽坊の屋根から降ろした丸・平瓦を、「行基《ぎょうき》丸瓦」（無段式丸瓦）八形式一一種、「玉縁丸瓦」（有段式丸瓦）三形式四種、平瓦凸面「スリ消」四種、「平行叩」二種、「格子叩」一三種、「斜格子」一八種、「菱形叩」三種、「花文叩」一種、「縄目叩」三種に細分し、一六枚の図版で写真・拓本・実測図を掲載しました。しかし、瓦質・色調・法量・叩目などの製作技術から時代変遷をとらえ、丸瓦と平瓦との組合せに言及しても、具体的な年代観は提示されていません。

極楽坊の屋根から降ろした瓦の分析成果で重要なのは、元興寺創建軒瓦が明確になったことです。飛鳥寺第一～三次の報告では、最も多く出土したXⅣ型式軒丸瓦を「南都元興寺創建の瓦当と同一型式」と述べていました。しかし、極楽坊の瓦を再検

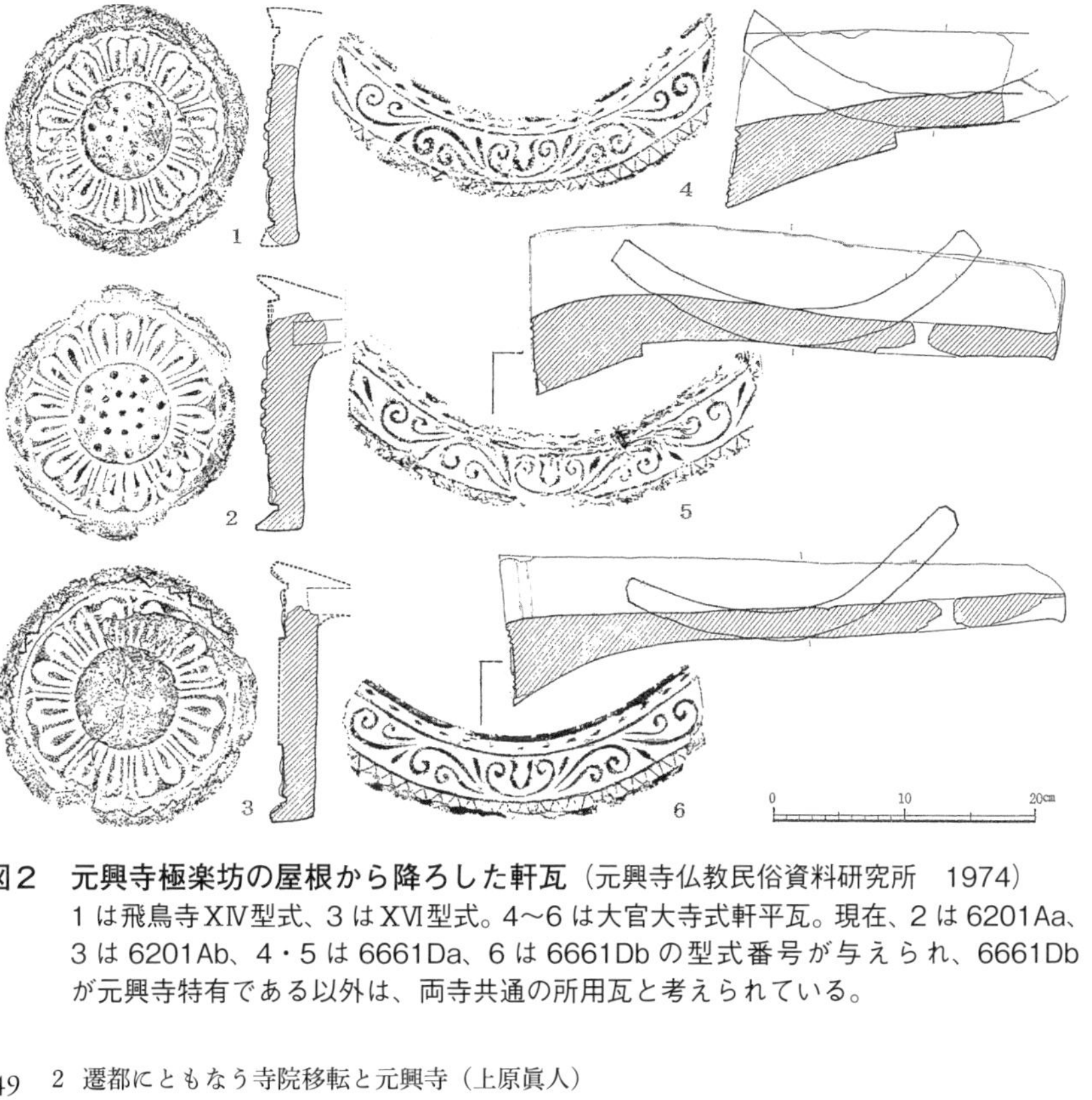

図2　元興寺極楽坊の屋根から降ろした軒瓦（元興寺仏教民俗資料研究所　1974）
1は飛鳥寺XⅣ型式、3はXⅥ型式。4〜6は大官大寺式軒平瓦。現在、2は6201Aa、3は6201Ab、4・5は6661Da、6は6661Dbの型式番号が与えられ、6661Dbが元興寺特有である以外は、両寺共通の所用瓦と考えられている。

討した結果、中房蓮子《ちゅうぼうれんじ》「1＋4＋8の瓦は、元興寺創建の折に移されたもの」（図2－1）で、「元興寺の複弁蓮華文瓦の主流の瓦の蓮子数は1＋8＋8」（図2－2・3）と認定されました。これに組む軒平瓦は大官大寺式で、深い（顎長の長い）段顎例（図2－4）は「飛鳥寺から移したもの」、浅い（顎長の短い）段顎例（図2－5）は、「飛鳥寺には見られないものであり、元興寺創建時のもの」、曲線顎（刳顎）例（図2－6）は「飛鳥寺には見られない。時代的には元興寺創建時よりやや下るもの」と認定されました。とくに、曲線顎例凸面の縄目痕は「平瓦一枚造りの縄目瓦とセット」で、丸・平瓦の検討成果の一部も反映されています（元興寺仏教民俗資料研究所　一九七四）。しかし、屋根から降ろした瓦のなかで古代瓦が占める量は少なく、さらに僅少な軒瓦の年代観には曖昧な点も残されました。

安政六年（一八五九）二月二十八日に炎上した元興寺五重塔（大塔《だいとう》）は、昭和二年に発掘され、奈良時代鎮壇具《ちんだんぐ》の基準資料が出土しました（稲森　一九三〇）。元興寺塔跡として、極楽坊境内・小塔院跡《しょうとういんあと》とともに国史跡です。しかし、平城京左京（外京）四条七坊から五条七坊にかけて東西四町、南北五町の広大な範囲を占めた元興寺寺院地のほとんどは、中近世以降の町屋の下に埋もれたままです。一九六一年の極楽坊収蔵庫建設に先立つ発掘調査（元興寺極楽坊　一九六五）を端緒とする元興寺寺院地の発掘は、当初、奈良県教育委員会や橿原考古学研究所が主体でおこなっていましたが、一九七九年に奈良市埋蔵文化財調査センターが発足。一つの調査機関が継続的にデータを蓄積する体制が整い、平成二三年度までに七〇次におよぶ発掘調査が実施されています。

広域が国史跡の大安寺旧境内と異なり、中近世以降の町屋が建てこんだ元興寺寺院地の計画的発掘は困難で、良好な遺構に遭遇するのも稀です。運良く鐘楼跡《しょうろうあと》の礎石《そせき》・基壇《きだん》の一部を検出しても、住宅建設にともなう小規模発掘で、所用瓦を確定する資料はありません（篠原　一九八二）。しかし、屋根に葺く瓦は膨大なので、遺構や出土状況を度外視すれば、量的に元興寺所用瓦を検討する材料は発掘で得られます。たとえば、元興寺寺院地北東隅の調査では、古代・中世の溝・井戸・土坑《どこう》などから七〇〇箱近くの瓦が出土しました（篠原・森下・鐘方　一九八七）。出土した軒丸瓦一二七点（奈良時代以前七九点）、軒平瓦一五四点（奈良時代以前三〇点）には、飛鳥寺Ⅰ型式軒丸瓦が一点含まれ、丸・平瓦だけでなく、飛鳥寺創建軒瓦も元興寺の地に運ばれたことがわかりました。

同地点の調査では、極楽坊で元興寺創建軒瓦と推定された軒丸瓦（図2－2・3）が七二点、軒平瓦（図2－4〜6）が八点出土し、これらが元興寺創建軒瓦であると数量的に裏付けられました。軒丸瓦には外区《がいく》が無文の図2－2と、線鋸歯文《せんきょしもん》を彫り加えた図2－3とがあり、後者は極少量ですが飛鳥寺でも出土している（図1の飛鳥寺ⅩⅥ型式）ことから、瓦が飛鳥寺→元興寺と一方的に動いていないこともわかりました（中井　一九八八）。つまり、平城遷都後に飛鳥寺で瓦を差し替える時、元興寺瓦の生産窯から製品が運ばれ、造元興寺司は飛鳥寺と平城京元興寺の両寺の造営・修理工事に関わったことになります。飛鳥寺が元興寺に移転したと八世紀のみやこ人が認識した背景には、造営工事や寺院を管理運営する役所が共通することも作用したのでしょう。

なお、元興寺極楽坊の屋根は無段式丸瓦（「行基丸瓦」と呼ぶ人もいますが、正確には「行基葺式丸瓦」）を葺いた姿が印象的で、これを飛鳥時代の特徴とする解説も見受けます。しかし、飛鳥寺創建軒丸瓦には有段式と無段式丸瓦が取り付き（奈文研　一九五八）、図2－2・3には無段式丸瓦が取り付きます（奈良市教委二〇一七）。無段式丸瓦は中世まで存続し、七世紀の瓦に限った特徴ではありません。なお、奈良市の報告でも元興寺寺院地の発掘で出土した膨大量の丸・平瓦は分析対象外で、飛鳥寺第一～三次報告で「飛鳥寺創建時の特徴を持つ」とされた極楽坊所用瓦の年代観を追認するには至りませんでした。

曖昧だった「飛鳥寺創建時の特徴を持つ」丸・平瓦の実態は、近年の飛鳥寺出土瓦の整理を通じて鮮明化しつつあります。飛鳥時代の造瓦を主題にしたシンポジウムで、飛鳥寺創建期の丸・平瓦として提起されたのは、飛鳥池《あすかいけ》遺跡一九九一年調査区の灰緑色粘砂土層から出土した瓦群です。同層は七世紀後半に操業した飛鳥池工房整地土の下にあり、飛鳥土器編年の飛鳥Ⅰ期のなかでも新しい時期の土器＝六四〇年前後の実年代が想定されます。『日本書紀』『元興寺縁起』などの史料と照合すると、創建期の飛鳥寺造営は六一〇年頃にほぼ終わり、次の大規模造営は飛鳥寺が官寺となる天武朝のⅩⅣ型式軒丸瓦の時期（六八〇年代）まで下ります（図1）。したがって、創建軒丸瓦は共伴してなくても、飛鳥池遺跡一九九一年調査区の灰緑色粘砂土層から出土した丸・平瓦は、五八八～六一〇年の飛鳥寺創建時に属するのです（花谷　二〇〇〇）。

飛鳥寺創建の軒丸瓦は、赤焼き瓦を含むⅠ型式軒丸瓦（花組）と灰色焼成のⅢ型式軒丸瓦（星組）とが主体です（図1）。両者と同年代の飛鳥池遺跡一九九一年調査区出土の丸・平瓦も、細部の技法に至るまで詳細に分析されています（花谷　二〇〇〇）。その成果は極楽坊の屋根にあった丸・平瓦の報告（元興寺仏教民俗資料研究所　一九七四）とただちに対応しませんが、折よく、保管されていた極楽房建築部材の再検討や年輪年代測定がおこなわれ、屋根から降りた丸・平瓦も、飛鳥池遺跡一九九一年調査区で出土した瓦とともに再検討されました（狭川編　二〇〇四）。

そのなかで、軒瓦の同笵関係ほど説得力はなくても、「平瓦では平行叩き目の細目の資料に、広端部付近に行われた補足の叩き締めを有する資料」や「行基式丸瓦では分割截線を凸面側から入れる事例」などが両者で共通する技法とわかったことは大きな成果で、曖昧だった「飛鳥寺創建時の特徴を持つ」丸・平瓦が元興寺極楽坊の屋根に葺かれていたことは確実となりました（図3）。また、年輪年代測定においても、樹皮近くまで年輪を残す巻斗《まきと》が、飛鳥寺造営が始まった五八八年の伐採年代を示し（図4）、極楽坊の建築資材が飛鳥寺から運んだ転用材を含むことが確

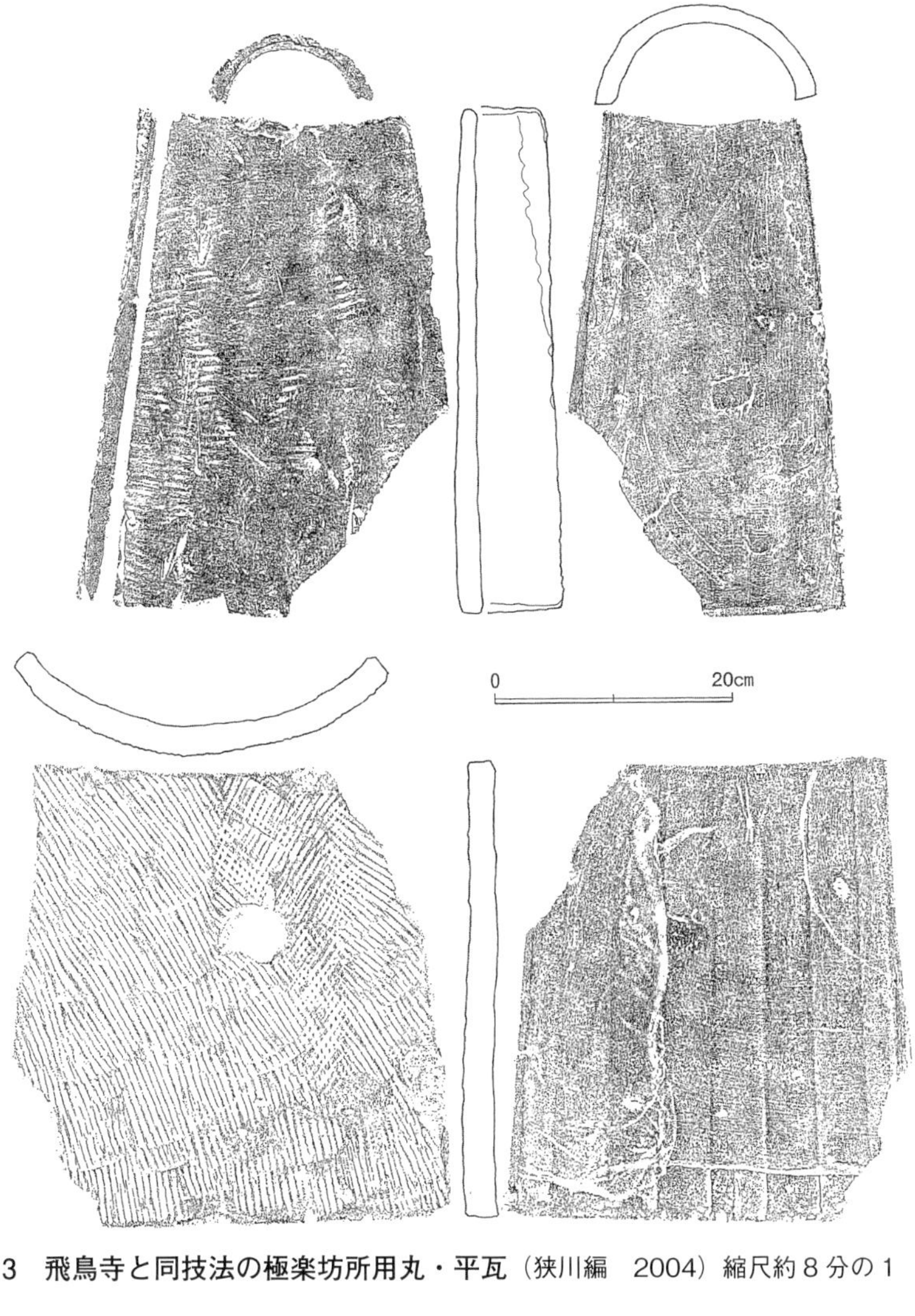

図3　飛鳥寺と同技法の極楽坊所用丸・平瓦（狭川編　2004）縮尺約8分の1

実となりました（狭川編　二〇〇四）。ただし、平城宮では藤原宮大垣（一本柱塀）に使った柱を、木樋暗渠に再加工・再利用した例もあり、転用材とわかっても、それが同じ建物の移転と同義とは限りません。古材は乾燥による変形がなく、重宝されます。飛鳥寺創建から元興寺創建まで、一世紀以上を経過していますが、その間の巻斗の形態差は指摘できないようです。したがって、図4の巻斗自体が飛鳥寺で使われていたものだと断言できません。いずれにしても、極楽坊の屋根に葺かれていた飛鳥時代の丸・平瓦の量は少なく、平城京元興寺が飛鳥寺から移転した事実を反映するとしても、移転の具体相には、再検討の余地が残されています。

図4　588年伐採材による極楽坊所用の巻斗（狭川編　2004）
風化した年輪の凹凸が拓本に鮮明に表れている。縮尺約10分の1。心持材で樹皮近くまで年輪が残る「樹皮型」もしくは「辺材型」試料で、『日本書紀』が記す飛鳥寺造営開始年代と合致する。

2 遷都にともなう元興寺移転の実相

平安時代には、飛鳥寺は本元興寺と呼ばれることが多くなります。現在、高市郡明日香村にある飛鳥寺(安居院《あんごいん》)では、旧中金堂中央に据えた石造台座上に、本尊飛鳥大仏(金銅製釈迦如来坐像)が鎮座します。そこが創建金堂に当たることは、古くから指摘され(石田 一九三六)、飛鳥寺伽藍地の発掘も、その再確認から始まりました(奈文研 一九五八)。その後の調査でも、本尊を安置する須弥座《しゅみざ》は当時のままで(飛鳥藤原宮跡発掘調査部 一九八四)、飛鳥大仏は七世紀初頭から同じ位置にあったと確定しました(大脇 一九八九)。平城遷都時に飛鳥寺中金堂は移転せず、本尊とともに創建の地にとどまったことになります。

また、建久七年(一一九六)六月一七日の雷火で、本元興寺塔は焼失します。翌年三月二四日、東大寺権大僧都弁暁《べんぎょう》などが舎利を発掘した記録が「本元興寺塔下堀出御舎利縁起」です(奈文研 一九五八、飛鳥資料館 一九八六)。古代の仏舎利は野外に建てた木造塔の頂部や地下に納めて礼拝しましたが、中世には仏像胎内に納めたり、小塔に納めて堂塔内で礼拝するのが一般化します。そのため、古代寺院の木造塔が廃絶すると、由緒正しい仏舎利として発掘・活用する場合があります。中国大陸や朝鮮半島と比べ、日本で伽藍地を構成する塔に納めた仏舎利の出土例が少ない一つの理由です(上原 二〇〇四)。その好例が飛鳥寺塔跡で、大規模に発掘して出土舎利の一部を再埋納した痕跡が明らかになり、「本元興寺塔下堀出御舎利縁起」の記事を裏付けました(奈文研 一九五八)。つまり、飛鳥寺五重塔は鎌倉時代初頭まで偉容を誇り、平城遷都時に移建されなかったのです。

発掘成果によれば、飛鳥寺伽藍中枢の他の建物も、平城遷都後にも機能していました。中門は自然崩壊したようですが、ともなう軒瓦は飛鳥時代が七割、残りは奈良時代で、平安時代のものが数個まじっていたため「創建の門が修理されながら平安末頃まで残っていた」と判明しました。また、「東金堂東方で検出した東回廊も（中略）礎石・基壇、瓦の堆積状況等全く中門両脇と同様であった」。さらに東西金堂の「瓦は飛鳥と奈良後期に限られ、それ以後ものはない」とのことですが（奈文研　一九五八）、延喜十七年（九一七）に成立した『聖徳太子伝暦《でんりゃく》』は、鹿深臣《こうかのおみ》が百済から将来した弥勒石像が「今在古京之元興寺東金堂」と明記し（敏達天皇十三年九月条）、東金堂は平安時代にも健在でした。つまり、回廊で囲まれた飛鳥寺伽藍中枢は、平城遷都後も寺として機能したのです。

回廊外北側の講堂跡は、基壇・礎石がよく残り、礎石の石質や形式、建物の軸線が中心伽藍と異なるので、遅れて建った可能性があります。しかし、雨落付近に堆積した軒瓦は「飛鳥時代のもの一四（うち棰先《たるきさき》瓦《がわら》一）奈良時代のもの二八、平安時代のもの一」でした（奈文研　一九五八）。その後、基壇南西隅・北東隅近辺の調査でも、飛鳥時代に創建され、七世紀後半のXⅣ型式軒丸瓦による大規模な葺き替えを経て、平安中期まで存続したことが再確認されています（飛鳥藤原宮跡発掘調査部　一九九四）。つまり、回廊・中門で囲まれた中金堂・五重塔・東西金堂および回廊外の講堂など、飛鳥寺の中心伽藍を構成する建物施設は、基本的に飛鳥の地に残ったのです。それでは、極楽坊の所用瓦や建築資材が語る「飛鳥寺からの移転」とは、具体的に何を意味するのでしょうか。

冒頭に述べたように、寺院移転には物理的移転（引越）だけでなく「法灯を継ぐ」という観念的な意味もあります。瓦などの考古資料や建築部材から、前者を具体的に分析できても、後者は史料や伝承がないと認識すらできません。観念的な移転概念は、考古資料による類型化の対象外です。その点、遷都にともなう宮殿施設の移転には観念的意味合いが稀薄なので、考古資料からストレートに類型化できます。

平城遷都時に、藤原宮から瓦や柱を運んだことが発掘で判明しています。当然、他の建築部材や石材にも、藤原宮から運搬・再利用・転用したものがあったはずです。藤原宮では、中枢の大極殿《だいごくでん》・朝堂院《ちょうどういん》と、宮域を囲む一本柱塀（大垣）や門が瓦葺でした。藤原宮式軒瓦と平城宮式軒瓦は文様も産地も異なり、容易に識別できます。平城宮の発掘では、宮域を囲む築地塀《ついじべい》（大垣）や門で藤原宮式軒瓦を再利用したことがわかりました（奈文研　一九七八）。塀が一本柱から築地に変わっても、瓦の使用場所を踏襲したのです。ただし、平城宮は東に張り出し部（東院）があり、大垣全長は藤原宮より長く、藤原宮大垣所用瓦をすべて運んでも、平城宮大垣で再利用するには絶対量が不足します。

一方、大極殿は元日朝賀《ちょうが》や即位式などの重要儀式に必要な施設で、天平十二年（七四〇）の恭仁《くに》遷都時には「平城大極殿并歩廊」つまり平城宮第一次大極殿院を解体・遷造しました（『続日本紀』天平十五年十二月辛卯条）。また、平安遷都時に元日朝賀が中止となった理由を、『類聚国史』巻七十一（歳時部二）は、延暦十三年（七九四）年は「以宮殿始壊也」、延暦十四年は「以大極殿未成也」と明記します。つまり、平安宮大極殿は長岡宮大極殿を解体・移築したのです。宮殿の中枢建物も遷造するのが一般的だったのです。

恭仁宮大極殿は廃都後、山背国分寺金堂に転用されます。その基壇の北西隅・南西隅に原位置で残る礎石は藤原京周辺産の片麻状花《へんまじょうか》崗閃緑岩《こうせんりょくがん》、基壇上に散在する礎石は流紋岩質凝灰岩《りゅうもんがんしつぎょうかいがん》（＝竜山石《たつやまいし》）で、国分寺施入後に建った塔礎石が地元産の黒雲母《くろうんも》花崗岩質ペグマタイトである事実と対蹠的です。恭仁宮大極殿の礎石は藤原宮から平城宮を経由して運ばれ、山背国分寺塔の礎石は地元で調達したのです（上原　一九八四）。なお、竜山石の礎石は全体を直方体に加工するのに、地元の礎石は上面以外は自然面です。

ところが、恭仁宮大極殿所用軒瓦には、平城宮から運んだ再利用瓦はほとんどありません。とくに基壇裾を広く発掘した南面は、恭仁宮造営時に新調した軒瓦で統一されていました（上原　一九八四）。近年、恭仁宮北面大垣の調査で、平城宮大極殿所用瓦が比較的まとまって出土しているので、おそらく平城宮と同様、周辺施設で旧都所用瓦を再利用したのでしょう。つまり、礎石から恭仁宮大極殿が平城宮大極殿を解体・遷造したことが確実視できても、所用軒瓦では裏付けられないのです。旧都から運んだ転用材でも、外観が目立たない基礎（＝礎石）と、外観を際立たせる軒瓦では、再利用のスタンスが違うのです。平城宮大極殿も藤原宮大極殿を解体・移築したことが、恭仁宮大極殿の礎石から推定できます。しかし、平城宮第一次大極殿院における藤原宮式軒瓦の出土量は一〜二％で、主体は平城宮の新調軒瓦です（奈文研　一九八二）。つまり、平城宮の大垣や門で藤原宮式軒瓦を再利用したのは、単に旧都の使用場所を踏襲したのではなく、周辺施設なので再利用を容認したと考えられるのです。

ただし、長岡宮内裏《だいり》地区では平城宮式軒瓦が七〇％近く、同大極殿院・朝堂院では難波宮式軒瓦が八〇％近くを占めます（向日市教委　一九八七）。長岡遷都に際し、平城宮や難波宮の主要施設を解体・移築した結果です。長岡宮朝堂院が朝堂八棟と聖武朝難波宮を踏襲している事実は、これを裏付けます。しかし、長岡宮では平城遷都や恭仁遷都のように、大極殿を移築しても所用瓦は新調するというスタンスは見られません。長岡遷都では工事を急がせたという説明もありますが、中枢施設を新調軒瓦で飾るという配慮をしなかったのです。内裏は檜皮葺《ひわだぶき》・甍棟《いらかむね》で、軒瓦の文様が目立たないこと、難波宮式軒瓦は重圏文《じゅうけんもん》で、文様が均一なことも背景にあるかもしれません。

つまり、遷都時に旧都の瓦を運んでも、新都で無限定に再利用したわけではありません。旧都の建物を解体・移築する時、瓦も含めて再利用することが多いのですが、中枢施設では新調軒瓦で外観を整える配慮をする場合もあるのです。しかし、旧都瓦の再利用は、原則として建物施設の解体・移築の結果と理解してよいでしょう。この原則は宮殿だけでなく、京内宅地にも適用できます。平安京左京三条二坊六町では、平城宮六二七二B型式軒丸瓦が出土しました。この軒瓦は平城宮内でも平安宮内でもまったく出土せず、平城京左京三条二坊の長屋王《ながやのおう》邸宅で多数出土します。また、平安京右京三条三坊五町で出土した長岡宮七一九二型式軒丸瓦は「寺院系長岡宮式軒瓦」と呼ばれ、山背国内の寺院修理に用いたと考えられています。これが主体的に出土するのは乙訓寺《おとくにでら》で、長岡京右京三条三坊に所在します（向日市教委　一九八七）。つまり、平城京や長岡京の限定された場所で使用した瓦が、平安京の同じ条坊で再利用されたのです（上原　一九九四）。その条坊にあった建物施設が解体・移築された結果と想定してよいでしょう。

遷都時の瓦再利用が、旧都にあった同種の建物施設の解体・移築にともなうものなら、元興寺極楽坊の「飛鳥寺創建時の特徴を持つ」丸・平瓦も、極楽坊本堂・禅室の本来の機能である僧房（浅野・鈴木　一九五七）が、飛鳥寺で解体され元興寺に移築された結果と考えられます。その理解のもとで解説した一般書も散見します。ただし、瓦再利用の実態には例外もあり、極楽坊における「飛鳥寺創建時の特徴を持つ」丸・平瓦の絶対量が少ないので不安です。所用部材の年輪年代（狭川編　二〇〇四）は不安を緩和しますが、解消してくれません。とくに飛鳥寺では僧房跡が見つかっておらず、今後の調査が期待されます。飛鳥寺僧房跡の柱や礎石の抜取痕跡から解体年代がわかれば確実な議論ができ、出土瓦を極楽坊所用瓦と対比できます。現状では、『続日本紀』が語る飛鳥寺から元興寺へ移転とは、中心伽藍の引越でも単なる法灯継承でもなく、僧房など周辺建物の一部移築を意味すると理解しておきます。移築に際し、僧や僧房機能の移転、所属僧を管理する三綱《さんごう》機能の移譲をともなった可能性も想定できますが、将来の検討課題です。

おわりに――寺院移転における元興寺の特色（予察）――

元興寺移転の実態が十分解明されていない現状では、保留したほうがよいかもしれませんが、藤原京あるいは飛鳥地域にあった他の寺院移転と対比した場合の、元興寺移転の特色を明らかにすることも大きな課題です。ここでは、四大寺に属する薬師寺・大安寺の場合を簡単に対比し、今後の検討に備えておきます。

平城遷都にともなう寺院移転に関して、美術史や建築史も巻きこんだ論争になったのが薬師寺です（福山・久野　一九五八）。すなわち、平城京薬師寺に残る金堂本尊（＝薬師三尊像）・東塔が白鳳《はくほう》様式である点は共通認識でも、藤原京から運ばれたのなら制作・建立年代も七世紀後半、移動・移築がなければ八世紀前半の制作・建立となります。出土軒瓦においては、両薬師寺の共通性が古くから認識され、伽藍配置が瓜二つである事実もふまえて、薬師寺伽藍は藤原京から平城京に移建したと説くのが一般的でした。しかし、両薬師寺の創建瓦は軒丸瓦は同じでも軒平瓦は異なり、同笵の軒丸瓦において笵傷《はんきず》が進行したものは、平城京薬師寺の造瓦《ぞうが》所《しょ》から本薬師寺へ運ばれたことがわかりました。さらに、検出した建物の状況から、中門・南面回廊・東塔・金堂などの中心伽藍には「移建の可能性はほとんどな」く、本薬師寺の「堂塔には奈良時代から平安時代初めまでの補修瓦があ」り、平城京薬師寺創建後も同じ造営機関が両寺を維持管理したことが判明しました（花谷　一九九五）。つまり、本薬師寺も飛鳥寺と同様、旧京に中心伽藍や本尊を残し、平城京薬師寺は新たに造営されたのです。ただし、平城京薬師寺が本薬師寺の中心伽藍を本尊も含めてそっくりに再現したのに対し、元興寺は飛鳥寺とは本尊も伽藍配置もまったく違う寺として生まれ変わっています。

一方、発掘成果や天平十九年（七四七）「大安寺伽藍縁起并流記資財帳」によれば、平城京大安寺は藤原京の文武朝大官大寺、天武朝大官大寺（高市大寺《たけちのおおでら》）、舒明朝百済大寺《くだらのおおでら》（吉備池廃寺《きびいけはいじ》）、聖徳太子の羆凝精舎《くまごりしょうじゃ》へ遡源します。大安寺金堂本尊は天智天皇が造った脱乾漆《だつかんしつ》丈六釈迦如来坐像で、これを飛鳥藤原地域から運んだことは、梱包材となる多量の布帛《ふはく》（丈六覆帛絁《じょうろくをおおうはくせ》二七条）や木枠に被せる袋（仏張柱褁布《ほとけのはりはしらをつつむぬの》三端）を仏物として資財帳に登録していることからわかります。ただし、文武朝に造営中だった大官大寺は焼失しており、本尊の釈迦如来坐像は天武朝大官大寺から運ばれたと考えられます（上原　二〇一四）。天武朝大官大寺の所在地や実態は不明ですが、文武朝大官大寺・吉備池廃寺は大安寺とまったく異なる伽藍配置が発掘で判明しています。大安寺創建時の軒瓦は、大官大寺式軒瓦と南山城にある石橋瓦窯《いしばしかわらがま》（棚倉《たなくら》瓦屋）で生産した独自の平城宮式軒瓦です。前者は大官大寺造営に関わる造瓦所から直接運ばれた可能性が高く、大官大寺造営官司を造大安寺司が継承したと考えられます。つまり、平城京大安寺は藤原京以前の前身寺院の本尊を移動し、造営組織を継承したと推定できますが、建物施設は移築しなかったようです。本尊を移動できたのは、飛鳥寺や本薬師寺のような金銅仏像ではなく、軽量の脱乾漆像だったことも大きいと思います。

以上、平城遷都にともなう元興寺への移転を、薬師寺・大安寺の場合と比較しましたが、各寺院が置かれた歴史的条件によって、移転のあり方が異なることがわかります。中心伽藍の建物や本尊を旧京に残したまま平城に遷都したという点で、元興寺の成立は平城京薬師寺と共通します。しかし、飛鳥寺の伽藍配置をまったく踏襲しない点は、薬師寺と大きく異なり、むしろ大安寺と共通します。つまり、遷都にともなう移転のスタンスは、寺によって個性的です。今後は、個々の建物施設の次元で、細やかに移転の実態を検討する作業が必要になります。

[参考文献]

浅野清・鈴木嘉吉　一九五七『奈良時代僧房の研究―元興寺僧房の復元を中心として―』(奈良国立文化財研究所学報第四冊)
飛鳥資料館　一九八六『飛鳥寺』(飛鳥資料館図録第一五冊)、奈良国立文化財研究所
飛鳥藤原宮跡発掘調査部　一九八四「飛鳥寺旧本尊台座の調査」『奈良国立文化財研究所年報一九八四』
飛鳥藤原宮跡発掘調査部　一九九四「飛鳥寺の調査」『飛鳥・藤原宮発掘調査概報』二四、奈良国立文化財研究所
石田茂作　一九三六『飛鳥時代寺院址の研究』聖徳太子奉賛会
稲森賢次　一九三〇「奈良市芝新屋町元興寺塔跡発見遺物調査」『奈良県史蹟名勝天然記念物調査会報告』第一一冊
岩城隆利　一九九九『元興寺の歴史』吉川弘文館
上原眞人　一九八四『恭仁宮跡発掘調査報告　瓦編』京都府教育委員会
上原眞人　一九九四「前期の瓦」『平安京提要』(角田文衞総監修)、角川書店
上原眞人　一九九七『瓦を読む』(歴史発掘一一)、講談社
上原眞人　二〇〇四「仏舎利信仰の日本的展開―失われた仏舎利―」『かにかくに―八賀晋先生古稀記念論集―』
上原眞人　二〇一四『古代寺院の資産と経営―寺院資財帳の考古学―』すいれん舎
上山春平　一九七七『埋もれた巨像―国家論の試み―』岩波書店
大脇　潔　一九八九『飛鳥の寺』(日本の古寺美術一四)、保育社
元興寺極楽坊　一九六五『元興寺極楽坊総合収蔵庫(第一収蔵庫)建設報告書』
㈶元興寺仏教民俗資料研究所　一九七四『元興寺古瓦調査報告書』
狭川真一編　二〇〇四『解体修理で下ろされた建築部材の基礎的研究』平成十三〜十五年度科学研究費補助金研究成果報告

書
篠原豊一　一九八二「元興寺旧境内発掘調査報告」『奈良市埋蔵文化財調査報告書　昭和五六年度』奈良市教育委員会
篠原豊一・森下恵介・鐘方正樹　一九八七「元興寺旧境内第七次の調査」『奈良市埋蔵文化財調査報告書　昭和六一年度』奈良市教育委員会
辻善之助　一九六〇『日本佛教史　第一巻　上世篇』岩波書店
帝塚山考古学研究所　一九九五『古代寺院の移建と再建を考える』
中井　公　一九八八「平城京元興寺創建期の軒瓦について」『考古学と技術』（同志社大学考古学シリーズⅣ）
奈良市教育委員会　二〇一七『平成二九年度秋季特別展　平城の甍Ⅱ―奈良市所蔵瓦展―』
奈良国立文化財研究所　一九五八『飛鳥寺発掘調査報告』（学報第五冊）
奈良国立文化財研究所　一九七八『平城宮発掘調査報告Ⅸ―宮城門・大垣の調査―』（学報第三四冊）
奈良国立文化財研究所　一九八二『平城宮発掘調査報告XI―第一次大極殿地域の調査―』（学報第四〇冊）
花谷　浩　一九九五「出土古瓦よりみた本薬師寺堂塔の造営と平城移建について」『展望　考古学』（考古学研究会一〇周年記念論集）
花谷　浩　二〇〇〇「飛鳥寺・豊浦寺の創建瓦」『古代瓦研究Ⅰ―飛鳥寺の創建から百済大寺の成立まで―』（古代瓦研シンポジウム記録）、奈良国立文化財研究所
福山敏男　一九四八『奈良朝寺院の研究』高桐書院
福山敏男　一九六八「大安寺と元興寺の平城移建の年代」『日本建築史研究』墨水書房
福山敏男・久野健　一九五八『薬師寺』東京大学出版会
向日市教育委員会　一九八七『長岡京古瓦聚成』（向日市埋蔵文化財調査報告書第二〇集）

3 年輪年代からみた元興寺僧房の履歴

狭川真一
Shin'ichi Sagawa

はじめに

元興寺に残された古材《こざい》を年輪年代法によって調査してもらったのは、平成十二年（二〇〇〇）だったと記憶しています。元興寺の古材はその昔に一度、年輪の調査を受けたことがあるそうですが、その時はまだわが国で年輪年代法が確立されていない段階で、データを蓄積していた頃だったようです。その折にも古い材木が混じっていることは推定されていたようですが、この年の成果は驚くべきものでした。

年輪年代の調査を行ってもらうきっかけは、元興寺文化財研究所企画の特別展で元興寺に残る古材の展示ができないかと思案している時でした。まず住職の了解をいただいて、奈良国立文化財研究所（以下、奈文研）の光谷拓実さんにも快諾をいただいたので、すぐさま古材を奈文研へ運びました。その時はライトバンの荷台に簡単な養生をしただけで、一〇数個の部材をゴロゴロと積み込んで運んだ記憶があります。しばらくして光谷さんから「飛鳥時代の部材が含まれていましたよ」という連絡を頂戴しました。驚愕の出来事です。すぐさま奈文研へ古材を引き取りに出かけましたが、帰りはすべてを厳重に梱包して荷台に乗せました。ただ飛鳥時代と判断された一点は梱包後、助手席に座るお手伝いさんの膝の上に乗って戻ってきました。

その翌年、科学研究費が採択されたのを契機にふたたび光谷さんのお世話になって、より詳細に調査を行ってもらいました。今度は光谷さんと一緒に国宝禅室《ぜんしつ》の屋根裏に保管してある年輪の計測ができそうな部材を探し、前回のものとともに再度調査をお願いすることにしました。その時の成果は報告書（狭川編二〇〇四）として上梓しましたが、それから一〇年ほどして現役の部材も計測が可能になったという連絡を頂戴し、ふたたび禅室の屋根裏に上がって調査を行うこととなりました。しばらくしてその成果は、光谷さんによって公表されました（光谷　二〇一〇）。

このように二度にわたって国宝元興寺禅室と本堂にかかる古材の調査が行われ、両者を合わせると二五点の部材から年輪年代の成果を得ることができました。本章ではこの両調査の成果をふまえて、人文考古学的な立場から元興寺における修理の歴史を検討してみたいと考えます。

なお、調査対象となった古材の樹種はすべてヒノキです。

1　年輪年代法による成果データの活用条件

年輪年代法についての詳しいことはその専門書（田中・光谷ほか　一九九〇）を繙《ひもと》いていただくとして、ここでは得られたデータを活用する前にそれぞれのデータの有効性について検討しておきます。

年輪年代の成果は、決して一律の条件で活用できるわけではありません。その部材に残された最外（最終）年輪の示す年代が、無批判に一人歩きしていることが稀にありますが、成果が提示される時には必ず、その部材が三つの型のどれに該当しているかをA・B・Cで示しておられます。これを読み誤ると成果がとんでもない方向へ行ってしまうので、それぞれの特性について筆者なりの理解に基づいて記載し、活用にあたっての問題点や条件などをまず整理しておきます。

〔A型〕　樹皮型ともいわれます。最外年輪の外面が、樹皮を剥いだ面として残っているものを指しています。つまり、最外年輪は伐採した年を表していることになります。伐採後すぐに柱や梁《はり》などに使用していたら、それは造営の年代に直結するものですので、きわめて重要なデータといえます。しかし、問題点も残されています。①伐採後何年が経過して工作されたかは不明です。②古い材を二次利用（再利用）した場合、一次利用時の年代を示しているだけで二次利用時の年代を示すものではありません。という二点が注意点としてあげられます。このうち②は考古学的な目で部材を鑑定することで、二次利用された資料か否かは判定がつく場合がありますので、細部の観察は欠かせません。①の判断はかなり難しく、一般的には一年程度は寝かす（乾燥させる）と聞きますが、実態は明らかではありません。しかし、あまり長期間放置すると部材が傷んでくることも考えられますので、伐採後は速やかに加工されることが多かったとみるのが一般的でしょう。①②の課題はあるものの、部材の製作年代を知る最も有用なタイプと言えます。

〔B型〕　辺材《へんざい》型とも言われます。辺材とは樹皮に近い部分で水分を吸い上げている部分を指し、樹木を輪切りにした場合に色がやや白く見えている部分が該当します。つまり、辺材部分の残り具合では限りなく伐採年代に近いものも含まれることになります。

しかしこの辺材型が、一筋縄ではいかないようです。光谷さんの報告（田中・光谷ほか 一九九〇）によりますと、原生ヒノキ一一二点の試料から計測した辺材部を構成する年輪数は、最大で一〇三層、最小で一七層と大きくバラつきます。それらを平均すると、五〇・三層で標準偏差一六・七という数値を得ているようです。つまり五一層±一七層となります。しかし、「この数値を年輪年代測定結果に加算して原木の伐採年を推定し、それに立脚して論を進めることは慎重であってほしい」と述べておられます。また光谷さんのご教示によりますと七割程度はこの範囲に入るそうですが、残る三割近い材木はこれから漏れてしまうそうです。つまり辺材型のデータでも、こうしたリスクを含んだデータであるということを理解して活用することが前提となります。本稿ではやや思い切ってB型（辺材型）と判定される部材にこの平均値を当てはめて、その部材が伐採された年代を許容幅込みで算出してみることとしました。計算例を巻斗《まきと》（01）で示しておきます。

最終年輪が西暦五八八年、辺材部分の残存層数が四八層ですから、五八八年−四八層＝五四〇年＋五一層＝五九一年±一七層→五七四〜六〇八年となります。ただしこの資料の場合は最外年輪が五八八年ですから、この部材が伐採された年は、その翌年の五八九〜六〇八年の間が最も可能性が高いと推定できます。

この計算は、B型と判定され且つ辺材の層数が判明しているもののみで行い、表一の棒グラフの右端に記している最外年輪年の横に五八八／五八九〜六〇八の形で示しました。

ここで思い切ってこの計算式を持ち出した理由を述べておきます。一般にどんな建物でも新たな材木が加えられる場合、細かな建具類を除いて、毎年あるいは数年おきに主要な部材が取り換えられるということは考えにくく、ある一定の、しかも何十年や百何十年という単位の年数が経過したときに、ある程度の規模で解体修理が行われます。その時に、劣化した部材を新材に取り換えたり、補強等で新材を追加するという行為が行われるわけです。つまり同一建物の場合、年輪年代の示す年代もその修理の時期に関連して、一定の集中がみられるのではないかと仮定できますので、ある程度の許容幅を理解したうえでその集中する時期を捉えることができれば、歴史的な情報として活用できるのではないかと考えました。光谷さんが書かれた忠告は忘れないようにして、ここでは試みとしてこの作業を行ってみることにします。

［C型］　心材型《しんざい》ともいわれます。心材とは材木の中心部分で固くなった部分を指します。辺材型のようにこの先何年の年輪が残存しているかを推定する要素はありません。したがって伐採年代を推定することは不可能です。ただ、たとえば土居桁《どいげた》（03）の場合ですと五五七年以前に伐採された可能性はない、という断定は可能です。したがって、一〇〇〇年台を示すC型の部材は、決して飛鳥時代や奈良時代に使われた部材ではない、ということは確かな情報として活用できます。

また、心材型の部材に先に示した辺材の最大値を加算することは危険な行為なので行いませんが、これとて木材の一般的な利用からすると、極端に大きく木材を削り取ることは用材の有効利用の観点からも行っていないだろうと推測されますので、C型の部材であってもある程度のまとまりとして見えてくるのではないかと考えました。

たとえば飛簷垂木《ひえんたるき》（09）の場合ですと、最外年輪年六四五年＋五一層±一七層の範囲（六七九～七一三年）で伐採された可能性はきわめて低いと理解できるため、六七九～七一三年以降に伐採された部材である可能性が高くなります、という読み方は可能であろうと考えます。そうするとこの飛簷垂木（09）は白鳳期の部材である可能性は低くなり、奈良時代の元興寺創建期の部材と見なす方がより妥当性のあることがわかります。しかし、伐採年を知るうえではかなり消極的な範囲での活用しか見こめないことは事実ですので、必要な場合に参考程度の作業に留めておくこととします。

2 年輪年代の成果とその活用

先に示した活用条件を理解したうえで、年輪年代が判明した元興寺に残る古材を年代のグループでまとめてみたのが次の表です。C型は伐採年の推定が難しいので、仮に最外年輪に約七〇年（辺材の平均五一層＋一七層）以上を加えた年以降を伐採年と推定して配置しています。また元興寺に残る古材はすべて僧房《そうぼう》（東室南階大房）一棟分のものと推定されますので、先述のとおり毎年のように当該建物が解体修理されることは考えられないため、一定の年数をおいて部材の年代は集中すると推測できます。その結果各部材は、表のとおり大きく六つのグループにまとめられ、それぞれⅠ期からⅥ期に区分できると考えました。以下、期ごとに見ていくことにしましょう。

Ⅰ期（飛鳥時代）

巻斗（01）を分析してみましょう。最外年輪年は五八八年ですから、上記の計算例で示したとおり伐採した可能性が高い年は、五八九年から六〇八年の間ということになります。そこで歴史的な事象を拾い上げてみました。元興寺の前身寺院が奈良県明日香村に所在する飛鳥寺（法興寺《ほうこうじ》）であることはよく知られていますので、その関連記事を『日本書紀』から拾い出してみますと、崇《す》峻《しゅん》天皇三年（五九〇）冬十月の記事に「入山取寺材」と見えます。現代語でいえば「山に入って飛鳥寺の材木を取る」となります。これは飛鳥寺造営にあたり、堂塔に使用する材木の伐採を行った最初の年を示しています。これ以後飛鳥寺では、五九二年に仏堂と歩廊《ほろう》が建ち、五九三年には舎利《しゃり》安置と刹柱《さっちゅう》の建立とありますから塔の造営を行っ

表　元興寺古材の年輪年代グラフ（年輪形状　A：樹皮型　B：辺材型　C：心材型）

時代	部材名	年輪形状	最外年輪年	年輪数	辺材層数		グラフ（A.D 400–1300）
Ⅰ期	巻斗（01）	B	588	189	48		588／589～608
	巻斗（02）	B/C	568	150			568／589～608
	土居桁／旧柱（03）	C	557	201			557
	北側柱筋頭貫（04）◆	B	586	150	40	※	586／587～614
Ⅱ期	巻斗（05）	C	607	257			607
	西妻南入柱巻斗（06）	C	616	118		※	616
	第3室境大梁（07）◆	B	654	160	35	※	654／655～687
	巻斗（08）	B/C	665	150	27		665／672～706
Ⅲ期	飛檐垂木（09）	C	645	100			645
	東妻北肘木上巻斗（10）	B	677	180	15	※	677／696～730
	大斗（11）	C	672	120			672
	第1室中央大梁（12）◆	B	692	152	18	※	692／708～742
Ⅳ期	間斗（13）	A	1097	117			1097
	方立（14）	C	1002	105			1002
	茅負（15）	C	1015	260			1015
Ⅴ期	蟇座（16）	C	1071	174			1071
	西妻上虹梁（17）	C	1084	230		※	1084
	地垂木（18）	C	1094	95			1094
	大斗（19）	C	1120	148			1120
	西妻下虹梁蟇股（20）	C	1124	137		※	1124
Ⅵ期	間斗（21）	C	1191	150			1191
	東妻二重虹梁上蟇股（22）	B	1226	212	70	※	1226／1227～
	第4室補強大梁（23）	A	1246	191		※	1246
	蟇股（24）	C	1206	217			1206
	蟇股（25）	C	1234	302			1234

◆2020年再計測部材
過去の報告と数値が異なる部分もあります
※禅室の現役部材

ています。さらに六〇五年には造像が開始され、六〇九年には金堂に安置されています。つまり六世紀末から七世紀初頭は飛鳥寺の造営が活発に行われていた時期といえます。しかもその初期段階の五九〇年には材木の伐採が行われていたのです。このことからおそらく巻斗（01）は五九〇年かその翌年頃に伐採され、飛鳥寺の造営に用いられた部材と考えてまちがいないでしょう。

また、巻斗（02）は巻斗（01）と同じ年輪変動パターンを示しましたので、同じ材木から切り出された可能性が高いためここでは巻斗（01）と同じ扱いとしておきます（狭川編　二〇〇四）。

さらに現役部材の北側柱筋に使われる頭貫《かしらぬき》（04）は、最外年輪が五八六年で、四〇年分の辺材が確認されましたので、五八七年から六一四年に伐採された可能性が高い部材といえます。しかも辺材が四〇層も残存していることから、削り取られた辺材部分は少ないと考えられますので、最外年輪年にきわめて近い年が伐採年と推定できます。よってこの部材も、巻斗（01）と同様に飛鳥寺創建期の部材として捉えることができるでしょう。また土居桁に転用された旧柱材（03）はC型ですので、伐採年代の推定は難しいのですが、未知の辺材を最大限に想定しても六三〇年から六五〇年頃の伐採となります。過去の修理状況をふまえると、次のII期（白鳳時代）に入れるよりもこのI期（飛鳥時代）に位置づけておくのが無難かと思われます。

II期（白鳳時代）

I期には含められず、またIII期まで下らせる必要はないと判断された部材の一群です。まず現役部材の第三室境大梁《おおばり》（07）はB型で、最外年輪年が六五四年ですが、三五層分の辺材が確認されていますので、伐採推定年は六五五～六八七年ということになります。最大値でも平城遷都《せんと》以前となりますが、I期の五九〇年頃の伐採でないことは確実です。つまり七世紀後半頃に切り出された部材ということになります。同様に巻斗（08）も最外年輪年が六六五年ですが、二七年分の辺材が判明していますので、伐採推定年は六七二年から七〇六年ということになり、やはり最大値でも平城遷都以前です。

ところが最外年輪年が巻斗（08）に近い東妻北肘木《ひじき》上の巻斗（10）の場合は、最外年輪年が六七七年で一五年分の辺材が確認されていますので、伐採推定年は六九六年から七三〇年ということになります。ほぼ確実に八世紀の部材だと言えますので、次のⅢ期へ帰属させておきます。

このようにⅡ期は七世紀後半頃と推定できるのですが、この時期にはまだ元興寺は創建されていません。ただ、元興寺に残る瓦の中に白鳳期に属する格子《こうし》叩き目の瓦が、かなりの数量で残存しているという指摘があります（藤澤　一九七二）。これは木材の状況とも一致する所見です。そうすると前身の飛鳥寺で白鳳時代頃に何があったのかということになります。すでに飛鳥寺出土瓦の研究によって指摘されているとおり、飛鳥寺は天武天皇の時代に大規模な改修工事が行われていたことが知られていて、屋根瓦の大半を葺き替えるような大工事であったと推定されています（上原　一九九七）。具体的な修理の年次は明らかではありませんが、天武九年（六八〇）四月に天皇が寺院に関わる勅《ちょく》を出していますので、その直後頃を飛鳥寺の修理時期と考えるのが妥当かと思います。

元興寺に残されたこのⅡ期の部材を七世紀後半頃のものとすると、それらも飛鳥寺から運ばれた部材であろうと考えられます。七世紀後半の飛鳥寺では瓦の葺き替えだけでなく、部材をも取り換えるような刷新が図られたといえます。

Ⅲ期（奈良時代）

上記の巻斗（10）のほか、大梁（12）が候補としてあげられます。先述のとおり東妻北肘木上の巻斗（10）は、六九六年から七三〇年頃に伐採の年代を求めることができますので、これは奈良時代の部材といえるでしょう。第一室中央の大梁（12）も現役部材で、最外年輪年が六九二年、辺材部分が一八層と確認されていますので、七〇八年から七四二年頃に伐採されたとみておきます。飛簷垂木（09）と大斗《だいと》（11）はともにC型のため、筆者の恣意的な配置である点は否めませんが、仮にこの位置に配置しておきます。

さて、奈良時代はまさに飛鳥寺が平城京左京の地へ移転し、元興寺が創建された時代です。『続日本紀《しょくにほんぎ》』には養老《ようろう》二年（七一八）に元興寺を創建したと記載していますが、元興寺諸堂宇《どうう》の具体的な建設年代は記録されていません。しかし五重大塔は、発掘調査で出土した鎮壇具《ちんだんぐ》中に皇朝十二銭の「神功開宝《じんぐうかいほう》」が含まれており、その初鋳年《しょちゅう》が天平神護元年《てんぴょうじんご》（七六五）とされていますので、それ以降に落慶《らっけい》したとみられます。また小塔院《しょうとういん》も、称徳《しょうとく》天皇の発願《ほつがん》になる百万塔を宝亀《ほうき》元年（七七〇）に諸寺へ分配されたのを契機にして造営されたとみられています。このように伽藍の整備には数十年という歳月を要したと思われますので、ほぼ寺観が整ったのは八世紀後半に至ってからのことだろうと考えられます。

このように元興寺の建設には多大な時間を要したようで、年輪年代が示す奈良時代の部材も八世紀前半から中頃（第Ⅱ四半期頃）までに伐採の年を求めるのが妥当なようです。この頃に飛鳥寺から僧房の一つを現在地に運び、建設したとみられます。このことは元興寺全体の伽藍整備の状況をふまえても矛盾するものではありません。

Ⅳ期（平安時代中期）

ここにはA型と判定された間斗《けんと》（13）があります。一〇九七年に伐採された部材です。二次加工された形跡もありませんので、そのまま一〇九七年に限りなく近い年に加工され、元興寺の建物に使用されたと思われます。同じ欄に並べている方立《ほうだて》（14）と茅負《かやおい》（15）はともにC型ですが、仮に辺材の最大値（六八年）を加えても一〇九七年には届きませんので、この時期に含めておくのが妥当だろうと考えています。この状況から十一世紀最末年頃に、ある程度の規模の解体修理が行われたと想定できるでしょう。

しかも表を一見して気が付きますのは、Ⅲ期とした部材の一群とこのⅣ期とした部材の一群の間に大きな年代差があることです。そこには、三〇〇年以上の年代差を認めてよいと思います。このことは奈良時代創建以後、一〇九七年頃を区切りとした大きな修理を迎えるまでの間に、目立った修理は行われていなかったことを物語っています。このあたりの事情を歴史史料から検討してみたいと思います。

平安時代に入りますと、南都《なんと》仏教の本流から教学が衰退してゆきます。さらに法会《ほうえ》に参加した各寺院の僧侶の数も正暦《しょうりゃく》五年（九九四）に一度急増しますが、その後は大きく減少してゆく傾向にあります。南都の各寺は同じように凋落《ちょうらく》の傾向が見えていますが、なかでも元興寺の衰退は著しかったようです（岩城一九九九）。おそらくこの衰退過程の期間中、大きな修理を行うだけの力は保有していなかったと思われます。

では一〇九七年に近い頃の元興寺の様子はどのようなものだったのでしょうか。幸いなことに元興寺の建物の様子が、長元《ちょうげん》八年（一〇三五）に記録された「堂舎損色検録帳」（『平安遺文』五五一号、以下「検録帳」）に詳しく記載されています。この「検録帳」は東大寺に保管されていたものですが、そこに記載される諸事項が元興寺のものであることが判明しています（浅野・鈴木　一九五七）。この文書の存在で元興寺諸堂宇の名称や規模が詳細に分かっただけでなく、この文書の性格上、元興寺伽藍の崩壊状況が具体的に知られることになるのです。ここでは「検録帳」に記載された、元興寺本堂・禅室の前身建物である東室南階大房の部分を引用してみます。

一僧房

東室南階大房十二房

件房南北両面飛簷垂木木尻瓦負等所々朽損、棟堤瓦窪損半分之一損失、小壁所々破損、西端房雨不止并経蔵戸一具破損、自餘所々雨漏之

建築部材だけでなく屋根瓦から壁に至るまで傷みがひどく、雨漏りもしていることが理解できます。またこれに付随する小子房は辛うじて自立するものの傾いている様子を伝え、北階大房に至ってはすでに無くなっている旨が記載されています。主要な建物はほぼすべて何らかの記載がありますので、大伽藍の威容はまだ維持されていたとみられますが、その損壊状況から悲惨なすがたを曝《さら》していたこともまた理解できるのです。三〇〇年近く放置された大寺院のすがたを彷彿とさせるものです。

では逆に一〇九七年以後のすがたを伝えるものを見てみましょう。それは『七大寺日記』（『校刊美術史料』寺院編上）の記事が参考になります。『七大寺日記』は、大江親通《おおえのちかみち》が嘉承《かしょう》元年（一一〇六）の秋に大和の七大寺を巡礼した折の手記とされています。今の元興寺本堂・禅室に関係する部分を引用してみます（漢字は当用漢字に変換）。

極楽房者、智光頼光両聖人之、共往生セル房也、仏房ハ塔之北ニ一町許行テ、東西ニ横ル連房アリ、其

中心馬道アリ、其馬道之東ノ第一房也、其房ニ為智光カ所現浄土相ヲ図写セル極楽曼陀羅、尤可拝見、すでに荒廃している様子はなく、この時点で残存している堂宇が記載されており、伽藍の中枢部はまだまだ往時の姿を保っていることがうかがえます。その中で極楽房《ごくらくぼう》は、馬道の東の第一房にあって曼陀羅《まんだら》の信仰が盛んである様子が見てとれます。十一世紀末の修理によって元興寺が一定の回復をみせ、巡礼する貴族等が信仰を寄せていたことが分かります。

このように十一世紀末の修理をはさんで元興寺はある程度復興したように見えます。やはりこの時期に修理が行われたことはまちがいないでしょう。

しかもこの時期は元興寺だけでなく、奈良の他の寺院でも修理が行われていたようです。近年解体修理が完成した唐招提寺《とうしょうだいじ》金堂における年輪年代の成果をみてみます（光谷　二〇〇九）。年輪年代が判明した一五九点の多くは創建時の部材とみられましたが、その中に一〇〇〇年頃の年代を示す九点の部材（飛簷垂木八点、飛簷垂木裏板一点）が確認され、そのうちB型（辺材型）だった飛簷垂木三点の年代は、一〇六三年、一〇九九年、一〇九三年でした。辺材が何年分残存していたかの報告はありませんが、〇・八から二・五㌢の辺材部が残っていたようです。おそらく一一〇〇年を少し過ぎたあたりの伐採かと思われます。残る六点はC型と判定されていますが、一〇一七年から一〇五七年の範囲におさまり、B型の材より最外年輪年は古いので、一一〇〇年頃に伐採された部材の可能性を否定するものではないでしょう。これらのことから、元興寺のⅣ期よりわずかに遅れる時期に唐招提寺（金堂）でもある程度の修理が行われていたと考えられます。

もう一件、新薬師寺《しんやくしじ》本堂に報告事例があります（奈良県文保編　一九九六）。年輪年代が判明したのは七点の部材で、報告書には「伐採年代」として報告されていますが、数字のバラつきからA型とするには違和感を覚えましたので、光谷さんに照会しましたところ「すべてC型です」とのご教示をいただきました。残念ながらこの年代は、もっとも使いにくい情報であることが判明してしまったのです。しかし、その示している年代を見ますと八七七年から一一一六年で、うち一〇〇〇年台を出しているものは一〇〇五年、一〇四〇年、一〇四九年、一〇九八年となっています。唐招提寺のC型材もよく似た年代を示していることに注意したいと思います。しかもほとんどが垂木材から得た年代という点も共通します。さらに部材の種類は異なりますが、元興寺のⅣ期に含めたC型の材ともよく似た年代を示していますので、おそらくこの堂も十一世紀末から十二世紀初頭頃に、ある程度の規模で修理が行われた可能性があるといえるでしょう。やや消極的なデータですが、一一〇〇年を前後する頃の南都では、各地の寺院が大小の修理を受けていたのではないかと思われます。

このように考えますと、少し想像を逞しくすることになりますが、十一世紀の中頃までに各寺院の荒廃状況を中央に報告するため、「検録帳」のようなものが南都の主要な寺院で製作され、それを受けた天皇家や貴族等が経費を負担しつつ、荒廃が進んでいた多くの寺院で修理を行ったのではないでしょうか。『七大寺日記』はその修理の完成を確認するかのような記録に見えてきます。

少し回り道をしましたが、この時期に元興寺はある程度の修理を受けることによって、回復の兆しが見えてきたことは確かでしょう。

Ⅴ期（平安時代後期から鎌倉時代初期）

ここに当てはまる部材はすべてC型であり、積極的に評価するのは難しい資料といえます。しかし、最外年輪が示す年代はⅣ期の一〇九七年に近接するか、超えるものばかりです。近接するものは一〇九七年より古い位置にあるものの、数年から二〇年ほどの差しか確認できず、辺材の平均値を当てはめたとしても大きくⅣ期の範囲を越えてしまいますので、その一群に加えることは難しいと判断しました。またすべてがⅥ期（鎌倉時代）の部材とすることもできなくはありませんが、相当数の年輪を加算する必要がありますので、Ⅳ期の次に本堂改築時となる十三世紀中頃の時期を設定せず、あらたな時期設定が必要だろうと判断しました。

ここで注意したいのは、本堂および禅室の解体修理時における所見です。検討された論文を拝見しますと、奈良時代創建と鎌倉時代の大改修の間に「中古」「鎌倉初期」の二時期の修理、改造が確認されています（浅野・鈴木　一九五七）。つまりここにいうⅣ期は「中古」に相当し、このⅤ期は「鎌倉初期」に該当するものと思われます。この時期の改修は解体をともなわない程度の改造とみられているのですが、部材の時期区分が正しければ、Ⅳ期は軽微な改造と推測できるものの、Ⅴ期の場合は取り換えられた部材が多めなので、やや規模の大きな改修が行われたと見てもよいでしょう。

Ⅵ期（鎌倉時代中期）

現役部材の禅室第四室補強大梁（23）がA型と判定されており、一二四六年の伐採と分かりますので、それにほど近い時期の加工、使用と考えられます。このⅥ期は元興寺東室南階大房が大改造を受けて、現在見る本堂と禅室の形になった時期に該当します。その具体的な改造時期は、元興寺に残されていた棟札に記された「寛元《かんげん》二年（一二四四）」の紀年銘がその時と考えられています。しかし、本堂と禅室のどちらにあったものかは忘れられていましたが、そこに「往生講衆《おうじょうこうしゅう》一百余人、結縁衆《けちえんしゅう》二百余人」と記載されていることに注目して、本堂に掲げられた棟札《むなふだ》と結論づけられました（浅野・鈴木　一九五七）。そこでは本堂より前に、禅室の改修は終えていたと考えられています。

しかし、禅室の改修時期に関してはこの大梁（23）の示す時期を積極的に評価すれば、寛元二年にほど近い一二四六年段階で禅室はまだ修理中であったことになります。禅室の改修工事の判定は前後しますが、棟札の時期とは若干ずれることになり、やはり棟札は本堂のものとする報告書の見解にまちがいはないと言えましょう。

さらに禅室で現役の東妻二重虹梁《こうりょう》上の蟇股《かえるまた》（22）は、最外年輪年が一二二六年のB型で辺材部分が七〇年分も確認されています。このことは先の辺材年の最大偏差を含めた平均値を越えるものです。この点に注意すればこの蟇股（22）の最外年輪年は、限りなく伐採年に近い可能性があると考えることもできます。一部に先学の見解と矛盾点も指摘できますが、十三世紀第Ⅱ四半期の後半頃に大規模な改修工事が行われていたことは、建築史学的所見、棟札、年輪年代のいずれもが語るところとなりました。

ただこの時期の資料には問題点も出てきました。現役を退いている蟇股（24）・蟇股（25）の両部材が示す年輪年代のことです。この両者は、本堂に使われていた部材で昭和の解体修理中に盗難に遭い、完成後に古道具屋に売られているのが見つかって買い戻した、といういわくつきの資料です。形態的には現在の本堂の改造時（一二四四年）に製作されたと考えられるもので、鎌倉時代の蟇股の代表例といえます。この二点の蟇股はいずれもC型で、蟇股（24）の最外年輪は一二〇六年、蟇股（25）では一二三四年と判定されています。後者の場合、本堂の大改造までわずか一〇年の差しかありません。その中に辺材部が押し込まれることなるので、きわめて無理があるといわざるを得ません。蟇股（24）にしても改造時の一二四四年まで三八年しかなく、この間に辺材部を想定するのは同様にかなり無理があると言えましょう。

ただ本堂は、寛元二年以後もたびたび修理・改造を受けていたようで、建築部材の墨書や文献史料などから康正《こうしょう》三年（一四五七）、応仁《おうにん》二年（一四六八）、文明《ぶんめい》六年（一四七四）、慶長《けいちょう》七年（一六〇二）の修理が知られていますが、これらは小規模なものだったようです。そのため、鎌倉期以降は根本的な解体修理は行われていなかったようで、ほとんどの部分で鎌倉期のすがたをそのまま伝えていたといいます（奈良県文保課一九五七）。したがいまして、もっとも古い修理でも本堂の改造から二一三年を経過していますので、この二点の蟇股の時期とするにはあまりに下り過ぎるきらいがあります。この部材の位置づけは、今後の課題として残しておくことといたします。

おわりに

年輪年代法によって導き出された建築部材の年代を使って、元興寺の修理の歴史を見出し、可能な範囲でその背景を探ってみました。建造物の修理は、何十年あるいは百何十年に一度のタイミングでないと実施されないという特性をふまえますと、B型に判定された部材もそれが伐採され加工された年代、すなわち修理が行われた年代に近づけるのではないかという問題提起を行えたかと思います。C型と判定された部材については、まだまだ上記の目的に活用するのは難しいのですが、A型・B型の活用によって画期が見出された場合、いろいろな条件つきではありますが、そこにあてはめて考えることが可能になるのではないかと考えました。今後も類似の事例が増加し、検証されてゆくことを願っています。

［参考文献］

浅野清・鈴木嘉吉　一九五七『奈良時代僧房の研究』（奈良国立文化財研究所学報第四冊）、奈良国立文化財研究所
岩城隆利　一九九九『元興寺の歴史』吉川弘文館
上原眞人　一九九七『瓦を読む』（歴史発掘一一）、講談社
狭川真一編　二〇〇四『解体修理で下ろされた建築部材の基礎的研究』平成十三～十五年度科学研究費補助金研究成果報告書
田中琢・光谷拓実ほか　一九九〇『年輪に歴史を読む―日本における古年輪学の成立―』同朋舎
奈良県教育委員会文化財保存事務所編（奈良県文保編）　一九九六『国宝　新薬師寺本堂　重要文化財　地蔵堂　重要文化財　南門　重要文化財　鐘楼　修理工事報告書』奈良県教育委員会
奈良県教育委員会文化財保存課（奈良県文保課）　一九五七『元興寺極楽坊本堂・禅室及び東門修理工事報告書』
藤澤典彦　一九七二『元興寺古瓦調査報告書』元興寺仏教民俗資料研究所
光谷拓実　二〇〇九「年輪年代調査」『国宝唐招提寺金堂修理工事報告書』奈良県教育委員会
光谷拓実　二〇一〇「国宝元興寺禅室部材の年輪年代」『坪井清足先生卒寿記念論文集―埋文行政と研究のはざまで―』坪井清足先生の卒寿をお祝いする会

4 元興寺の中世化——古代官寺から中世的都市寺院へ——

Hiroto Yokouchi 横内裕人

はじめに——権門化しなかった元興寺——

元興寺は、日本最古の本格寺院法興寺（飛鳥寺）に由緒をもつ寺院です。そして現在に至るまで法灯を伝える元興寺は、日本仏教と寺院がたどってきた歴史を知るうえで、絶好の研究対象といえるでしょう。古代官寺の代表といえるのが、平城京に建立された、東大寺・興福寺・元興寺・大安寺・西大寺・薬師寺と、斑鳩《いかるが》の地に残った法隆寺、いわゆる平城七大寺です（太田 一九七九、『奈良市史』一九九四）。平安京遷都後も、平城七大寺は寺域を変えずに存続します。平安期を通じて興福寺・東大寺は、国家権力からの自立の度合いを強めて権門《けんもん》寺院となり、そのなかでも興福寺は大和一国を政治的に支配する勢力に成長しました。

興福寺・東大寺の権門化については、先行研究が、寺院機構整備と経済基盤の強化のありさまを明らかにしています（永村 一九八九、稲葉 一九九七、久野 一九九九、安田 二〇〇一）。両寺においては、十世紀から十一世紀にかけて別当《べっとう》の権力が拡大し、十一世紀末から十二世紀初頭には公文所《くもんじょ》に結集した三綱《さんごう》の組織的整備が進む一方、十二世紀以降、寺院大衆《だいしゅ》の成長と院家《いんげ》支配の深化が同時進行する過程が認められます。両寺は、貴種の入寺による院家・門流《もんりゅう》の縦の系列化（分裂的契機）を遂げつつ、寺院大衆による寺内横断的な横の結集（集権的契機）を進めた結果、興福寺の「衆徒《しゅと》」や東大寺の「惣寺《そうじ》」のように集団的な意思・権力を持つに到るとされるのです。

このように十世紀以降、政所《まんどころ》の縦系列の集権化のもとに寺内横断的に大衆組織が成長し、その一方で内部での分権化の傾向を強めていくという、一見、矛盾する複雑な動きを示します。従来の研究は、自立する権門化という寺院運営の変化を、古代寺院から中世寺院への変化ととらえてきたわけです。

しかしその一方で、興福寺・東大寺以外の寺院は、十世紀以降に勢力が衰え、興福寺の系列下に編成されていきます。法隆寺は十一・十二世紀における寺僧の勧進《かんじん》・宗教活動により地域の社会的編成の核として再生します（久野　一九九九）。また西大寺をはじめとした多くの寺院が鎌倉時代における律家による仏教復興運動により再興され、新しい宗教的役割を果たしていくようになります（大石　二〇〇四）。こうした寺院の中世化の様相は、史料の制約もあり、かならずしも研究が進んでいるわけではありません。

そこで本章では、日本最古の由緒をもち、当初東大寺に次ぐ寺格をもつ官寺でありながら、中世移行期に大きな変容を遂げ、「庶民信仰の寺」となっていった元興寺の動向を例に、その中世への歩みを南都全体の寺院の動向のなかでたどってみたいと思います（岩城編　一九八三、岩城　一九九九）。

1 元興寺史の概略

元興寺は、蘇我《そが》氏が建立した日本最初の寺院飛鳥寺（法興寺）の後身で、平城遷都《せんと》とともに平城京外京《げきょう》に移されました。興福寺の南に南北四町、東西二町の寺地を占め、金堂以下の七堂伽藍《しちどうがらん》を備えた大寺院でした。天平感宝元年（七四九）に定められた墾田地《こんでんち》の上限は、東大寺の四〇〇〇町に次ぎ元興寺は二〇〇〇町を許され、大安・薬師・興福寺が一〇〇〇町と続きました（『続日本紀《しょくにほんぎ》』）。このことからも、元興寺が奈良時代において高い寺格を誇ったことが知られます。

しかし、平安時代を通じてしだいに寺勢は衰え、元興寺とその境内は解体・再編されていきます。十二世紀初頭には、元興寺の別院として禅定院《ぜんじょういん》が建立されますが、その後、興福寺大乗院《だいじょういん》院主が禅定院を兼帯すると、大乗院は禅定院を通じて元興寺に強い影響を与えるようになります。

また奈良時代には学問寺として多くの学僧を輩出した元興寺は、平安時代には浄土信仰の聖地としての新しい顔を持ち始めます。極楽往生を遂げたとされる智光《ちこう》の感得した浄土曼荼羅《まんだら》を安置する極楽坊《ごくらくぼう》が十一世紀末以降、京都や南都僧俗の浄土信仰を集め、伽藍僧房《そうぼう》の一室が発展して堂舎として独立したのです。さらに南都の都市化を背景に、十四世紀初頭には元興寺の寺辺住民を核として元興寺郷が成立しますが（安田一九八八）、極楽坊は大乗院や有力郷民の墓所となり、民衆寺院・地域寺院として存続します。宝徳三年（一四五一）の土一揆《つちいっき》による伽藍焼失後、堂舎の本格的な再建は見られず、戦国期にかけて境内は町家《まちや》化していくとされます。

発掘調査の成果から考えると、元興寺は十二世紀後半に食堂《じきどう》以北の境内域を失い、西僧房は消滅、東僧房には極楽坊が成立し、堂舎の分解が進行します。十四世紀には西僧房付近で製墨が行われるなど、町家が成立していたと推測されますが、極楽坊が興福寺大乗院や寺辺有力郷民の墓所とされていたことから、宝徳三年の土一揆を経ても境内域はほぼ維持されたようです。しかし十六世紀後半から十七世紀初頭にかけて急速に境内域に町家の侵入が進行し、境内域は近世的な奈良町へと転換するとのことです（佐藤 二〇〇三）。

以上が、古代から中世にいたる元興寺の推移です。一言でいえば、元興寺は官寺から極楽坊という都市的惣堂《そうどう》へと変貌するのです。しかし、なぜ元興寺が東大寺・興福寺のように権門化の道をたどらなかったのか、その理由は必ずしも明確ではありません。また、別院禅定院や極楽坊の形成、その他に垣間見える十二世紀頃からの新しい動向が、元興寺の解体・再編とどのような関係にあったのか、言及したものはないようです。

次節からは、中世成立期の元興寺において認められる新動向を参照し、元興寺の中世化がどのように進んできたのか、考えてみましょう。

2 平安京遷都後の元興寺

大寺元興寺の衰退

古代から中世移行期の元興寺の推移を端的に把握するため、大規模な法会における七大寺僧の出仕者数を

表1　大規模な法会における七大寺僧の出仕者数

	東大寺	興福寺	薬師寺	元興寺	大安寺	西大寺	法隆寺
延喜元年(901)	70	70	20	20	20	20	20
正暦５年(994)	300	300	80	80	60	40	40
文治元年(1185)	300	500	100	15	30	15	40

注　延喜元年：東大寺解除会（『東大寺要録』諸会章）、正暦５年：東大寺大般若経転読（『類聚符宣抄』三）、文治元年：東大寺大仏開眼供養会（『東大寺続要録』供養編本）

掲げてみましょう。ここから七大寺内での元興寺の位置づけを読み取ります。

単純な数字の比較ではありますが、元興寺は、出仕僧《しゅっしそう》を漸減させつつも十世紀末まではかろうじて大会に出仕しうる僧侶が確保できています。ところが十二世紀末には、七大寺中最小の出仕僧を出しているにすぎません。興福寺・東大寺の両寺、および薬師寺僧の割合が、やや微増しているのに対し、元興寺・大安寺・西大寺が激減しているのです。これらの寺院には、大規模な大衆組織が存在しなかった可能性が高いとおもわれます。

もう一つの数字を出してみます。表2は、南都僧侶の登竜門、維摩会《ゆいまえ》講師《こうじ》の推移を寺ごとにまとめたものです。これをみますと、平安時代を通じて、興福寺法相宗《ほっそうしゅう》の僧が他を圧倒し、東大寺三論《さんろん》宗僧がかろうじて一定数を維持していることが一目瞭然です。二大寺による寡占が進行する趨勢のなかで、元興寺は、九世紀には興福寺に次いで講師を輩出していたにもかかわらず、十世紀には東大寺に取って代わられ、永観三年（九八五）以降は、ついに講師を勤めるものがいなくなります。

また、寺家《じけ》別当《べっとう》について目を向けましょう。元興寺別当は、天元五年（九八二）の東大寺頼算《らいさん》の別当就任以降、東大寺・興福寺僧など寺外の僧侶が別当職を兼任するようになります。すなわち元興寺の維持経営は、寺外の別当のもとで行われるようになったのです。

表２　七大寺僧の維摩会講師数

時代	宗	興福寺	元興寺	薬師寺	東大寺	西大寺	大安寺	法隆寺	計
承和～仁和（847～888）	法相宗	16	7	7	1	3	1	1	36
	三論宗	1	7			2	3	1	14
	華厳宗			2	5				7
	計	17	14	9	6	5	4	2	57
寛平～永観（889～984）	法相宗	38	4	3	7	2	3		57
	三論宗		5	3	12		1		21
	華厳宗			1	6				7
	計	38	9	7	25	2	4		85
寛和～応徳（985～1086）	法相宗	74		3	5		1		83
	三論宗			1	8				9
	華厳宗				7				7
	計	74		4	20		1		99
寛治～元暦（1087～1184）	法相宗	81			1				82
	三論宗				12				12
	華厳宗				4				4
	計	81			17				98
総計		210	23	20	68	7	9	2	339

注　井上光貞『新訂日本浄土教成立史の研究』山川出版社、1956年、391頁表を改編引用

九世紀における院家の成立とその後

九世紀末に成立したと考えられる「音石山《おといしやま》大僧都（明詮《みょうせん》）伝」（『日本高僧伝要文抄《にほんこうそうでんようもんしょう》』）は、すでに九世紀半ば、別当延祥《えんしょう》の頃に僧供《そうぐ》が絶える風が始まったといい、その理由を「時代漸衰、寺之封邑不二貢租一也、」と封戸《ふこ》の途絶に求めています。

元興寺の寺勢の衰退は、九世紀以降の経済基盤の悪化を背景に、十世紀末から顕在化しはじめます。それは寺外別当の常態化・大衆組織の欠如―寺家運営主体の極小化―という寺院機構の変化となって現れたといえるでしょう。

他の寺院では、世俗権力とつながりのある有力な僧侶を開基として、院家が叢生成長し、中世化を遂げる際に大きな役割を果たしますが、元興寺ではどうだったのでしょうか。

注目したいのは、前掲「音石山大僧都（明詮）伝」の後半部分です。元興寺別当の法相宗

高僧、明詮（七八九〜八六八）が、「元興寺南」に玉華院《ぎょくかいん》という院家を建てた際の逸話が記されています。院家の建立を耳にした綱所《こうしょ》の僧が、「某（明詮）身為二元興寺別当一而私建二道場一、此故致二絶寺中僧供飯食一也、」と咎めたというのです。別当の身でありながら、私的な院家を建立し、公的な財源を押領《おうりょう》したため僧供が途絶したというわけです。

伝記では、元興寺を運営する三綱は、綱所の批判を明確に否定しているものの、元興寺において別当による私院建立が始まり、寺家の資財を横領していたとの認識があった点は見逃せません。公的な寺家と私的な院家との区別がされ、後者の発展が前者を衰微させていくと考えられたようです。

東大寺の例をみると、東南院《とうなんいん》・尊勝院《そんしょういん》という院家が九世紀から十世紀にかけて建立され、それぞれ三論宗・華厳《けごん》宗の有力院家に成長します。東大寺・興福寺でも、元興寺と同様に封戸の衰退という状況に直面しますが、院家を梃子《てこ》に、経済基盤を整え、僧侶の修学を支えて学僧を輩出していきます（横内　二〇一四）。明詮建立の玉華院も本来そうした性格をもち、九世紀の学僧養成をめざしたのだと思われます。しかし、玉華院は、その後の史料には、治承の焼失後の再建記事を除き、ほとんどすがたを現しません。元興寺にも院家を基盤とした中世化の萌芽は認められますが、結局育たなかったと評価してよいと思います。

3　十一世紀の転成——寺門の衰退と寺外院家の成立——

政所・大衆組織の衰退

さて平安時代中期に変容を遂げはじめた元興寺の機構ですが、実際の伽藍はどのように変化してたのでしょうか。

長元八年（一〇三五）十一月の「堂舎損色検録帳《どうしゃそんしきけんろくちょう》」（「東南院文書」、『平安遺文』五五一号）という伽藍の破損状況を記した史料があります。これをみると、堂舎によって破損の度合いが異なっていることが知られます。まず金堂、講堂、食堂といった伽藍の中心的役割を果たす主要堂舎です。いずれも被害はあると記載されているものの、その一部は前別当智真《ちしん》が修理したため利用は可能であったと推測できます。これに対し、「大破」あるいは「無実」とされるグループが認められます。食殿、東屋、新堂院七間二面堂・同僧房、東塔院僧房、中院七間屋・甲蔵・三双蔵、温室院七間阿舎《おんしついんしちけんあしゃ》、蔵院北双倉・同院厠などの名前が散見します。

そのひとつ大衆院《だいしゅういん》と呼ばれる政庁地区の舎屋に注目してみます。その中門は傾き、政所と見られる七間二面屋をはじめ、酢殿《すどの》、醤殿《しょうどの》、大炊殿《おおいどの》はすべて「無実」と記載されています。また伽藍の経営維持に不可欠な修理所《しゅうりしょ》（資材や動産を収蔵する籾倉、稲倉、竈屋《かまどや》、倉七宇を含みます）もまた「皆悉無実」とされるありさまです。古代における大衆院とは、文字通り、寺院大衆のための院、すなわち衆徒が生活する基盤となる勝手向きをこなすための屋舎であります（石村　一九九一）。これらの建物がことごとく「無実」であるというのは、すなわち、もはや多数の僧侶が正規の形では同寺に常住していないことを意味しているのです。

さらに、かつて長大な規模を誇った伽藍僧房にも目を向けてみますと、東室北階大房《ひがしむろほっかいたいぼう》は「無実年尚矣、跡有二大樹之一」という有様で、その他も破損、無実の記事が並んでいます。

以上をまとめてみますと、いわゆる七堂伽藍を構成するモニュメンタルな堂舎はかろうじて維持されているのですが、伽藍で仏事を行う僧侶が多数居住する様子はもはや見られません。なにより寺院経営の中核となる政所組織が文字通り形を失い、寺家においては寺院経営がもはや不可能な状況に至っていたと推測できるのです。十一世紀初頭の元興寺は、いわゆる中世化のよりどころとなる基盤―政所（経営組織）と大衆―を欠く事態に至っていたと見られるのです。

では、十世紀まで元興寺で育成されていた学僧はどこに消えたのでしょうか。前述の別当智真は、治安三年（一〇二三）に維摩会講師を遂げ、長元二年（一〇二九）に別当となった学問僧です。その履歴をみますと「本師元興寺智増五師、豊智威儀師弟子」と記され、もともとは元興寺僧であったですが、のちに「（興福寺）大師真喜僧正、林懐大僧都弟子」となり、興福寺尊教院《そんきょういん》に住していたといいます（『維摩講師研学竪義次第』宮内庁書陵部、一九七三）。このように、才能のある学問僧の中には元興寺に本貫《ほんがん》を置きながらも、南《なん》京三会《きょうさんえ》遂行のためか、興福寺に移っていくものがあったのではないでしょうか。そうした学問僧の受け入れ先が、興福寺尊教院のような院家であったことも、興福寺が栄えていく背景を考える上で示唆的です。

禅定院の成立と興福寺

さて、十一世紀初頭における寺門の衰退状況を確認しましたが、これより少し遅れて、元興寺には新しい動きが見られます。それが、元興寺別院禅定院の成立です。

禅定院は、興福寺の高僧、成源《せいげん》の建立した院家です。『三箇院家抄《さんかいんげしょう》』は、建立の由緒について「本願権少僧都成源、為二元興寺之別院一、建二立飛鳥郷一、仍号二飛鳥坊一也」と記しています。禅定院は、もともと成源が元興寺別院として「飛鳥郷」に建てた房舎でした。

この「飛鳥郷」については、候補となる場所が二つ考えられます。

まず『大乗院寺社雑事記《だいじょういんじしゃぞうじき》』長禄三年（一四五九）七月十三日条に、元興寺の旧地を指して「橘都飛鳥郷」と明記しています。すなわち『三箇院家抄』の「飛鳥郷」は、元興寺の旧地、すなわち本元興寺《もとがんごうじ》の飛鳥を指すと考えることができます。一方、禅定院の旧地（現在の旧大乗院庭園）周辺には、現在、「飛鳥」の小地名が残っています。元興寺の旧地である飛鳥に由来する地名であろうかと思われます。確たる証拠はありませんが、「飛鳥郷」がこちらを指す可能性も否定できません。

成源は、天台横川《てんだいよかわ》から興福寺に移り法相を学んだ僧侶で（『三箇院家抄』・『大乗院寺社雑事記』長禄三年九月晦日条）、寛徳二年（一〇四五）以来一四年間にわたり元興寺別当の任にあたりました（「諸寺別当并維摩会天台三会講師等次第」京都府立総合資料館歴史資料課、一九九〇）。

その後、禅定院は、成源の甥で大乗院本願とされる隆禅《りゅうぜん》へ、さらには頼実へと継承され、大乗院門跡《もんぜき》兼帯の「三箇院家」の一つとなりました。『三箇院家抄』には「元興寺郷等事、大乗院知行子細者、就二禅定院一事也、」とあり、大乗院による元興寺郷支配の由緒とされました。永久年中（一一一三〜一八）に成源の入室弟子頼実が堂舎を建立したとの記録があります（「内山永久寺置文」東京国立博物館　一九九四、菅家本『南都七大寺巡礼私記』）。『中右記《ちゅうゆうき》』元永二年（一一一九）二月二十日条には、藤原宗忠《ふじわらのむねただ》が「奈良禅院房〈元興寺辺也〉」に来着していることが見えますので、永久年間に禅定院の整備が進められたとみてよいのではないでしょうか。

長期にわたり寺家別当として携わった寺外の興福寺僧が、元興寺別院として私坊を建立し、これを継承した弟子が整備して私院として開発整備し、元興寺との関係を深化させたわけです。以後、この門流の興福寺僧が、私院を媒介に元興寺内に食いこみ、別当系列とは異なる次元で元興寺を動かしていくこととなるのです。これを〈院家による支配〉とさしあたり考えてみたいと思います。


ところで、元興寺の三綱を務めた権上座円昭《ごんのじょうざえんしょう》という僧侶は、承暦四年（一〇八〇）に入手した京東五条三里二十五坪内の私領田三〇〇歩を、承徳二年（一〇九八）に「禅院敷地限肆門」と「相替」しています（内閣文庫所蔵東大寺文書、『平安遺文』一三九九号）。実質的には禅院敷地を買得したわけです。禅定院が元興寺の寺僧私領の受け皿となり、所領を集積していったと推測されます。同時に元興寺三綱クラスの実務僧が、禅定院敷地内に所領（居宅か）を移していく状況も看取されます（これを考えると、成源私坊の「飛鳥坊」は、現在の旧大乗院庭園付近に建立されていたとみてもよいのかもしれません）。

元興寺三論供と東大寺

本章の最後に、十一世紀の後半に生じたもう一つの新しい動きにふれておきます。延久三年（一〇七一）、朝廷は宣旨《せんじ》によって元興寺三論供《さんろんく》別当を東大寺東南院に移しました（佐藤　二〇〇六）。元興寺における三論宗の修学拠点であった「三論供家《さんろんくけ》」が朝廷の命によって解体消滅させられたのです。

永承八年（一〇五三）正月日の「元興寺三論供家牒」（『平安遺文』六九八号）に、前述の元興寺別当成源は三論供家別当として署判していました。成源は、興福寺法相宗の僧侶でしたから、公的に所属する宗派にズレが生じていることがわかります。この時すでに元興寺三論供家の組織は形骸化していたといえましょう。

また康平三年（一〇六〇）の「元興寺三論供愛智庄司解」（『平安遺文』九五四号）という文書には、「以二元興寺一為二本家一」とあります。庄司らが裁許《さいきょ》を仰いだ「本家政所」が元興寺三論供家ではなく、元興寺政所（別当）であることがわかります。時の元興寺別当は、東大寺東南院の院主であった有慶《ゆうけい》という僧侶でした。つまり十一世紀半ばには、元興寺三論供家は東大寺東南院の影響のもとにあり、実質的には解体していたとみることができるのです。

さきほどの延久三年の朝廷の命によって、元興寺三論供家の経営に関わる文書や所領が東大寺東南院に移され、元興寺の三論教学の修学組織そのものも東南院に移転したと意義づけることができましょう。学問寺としての元興寺の修学基盤が解体され、寺外に移されていったわけです。これも〈院家の支配〉の一形態と見なすことも可能でしょう。

以上、興福寺・東大寺の権門寺院化にともなう、院家を介した寺内再編の動きを概観しました。ただ、元興寺のすべてが興福寺や東大寺の院家に吸収されていったわけではないようです。十二世紀半ばには、元興寺五師永覚《えいかく》が私領として「三間四面房一宇并地五間」と田地計五段を保有し、妻に譲渡していることが知られます（保元元年十一月二十四日元興寺五師永覚房地等譲状『春日神社文書』、『平安遺文』二八二〇号）。また元興寺惣摂大五師《そうしょうだいごし》有厳《ゆうげん》が俗人から私領田地を購入している事例もあります（治承某年五月十三日宇治中子田地売券『大東急記念文庫所蔵文書』、『平安遺文』三九一四号）。こうした元興寺僧の実態は残念ながら不明です。私領をもちイエを形成する中世的な僧侶の姿が、院政期の元興寺にも見られたことは確かですが、興福寺・東大寺のような大集団とならなかった点が重要でしょう。

4 古代的伽藍から中世的堂舎へ——極楽坊成立の背景

十一世紀の半ばから十二世紀初頭にかけて、元興寺では法相・三論の修学体制が瓦解し、寺院組織の面では他寺別当の私的院家建立によって転機を迎えたことを確認しました。これと歩調を合わせるように、十一世紀の末期、奈良時代の元興寺三論僧智光が極楽浄土で感得した浄土曼荼羅がにわかに注目されることになりました（『時範記』承徳三年〈一〇九九〉八月八日条）。十二世紀初頭には、智光の住房とされた僧房の一室が「極楽房」と呼ばれ、そこに安置される「極楽曼荼羅」が貴族の参詣の対象とされていることが知られています（嘉承元年〈一一〇六〉撰『七大寺巡礼私記』）。

浄土曼荼羅への信仰の有様を伝えるのが、往生伝の記述です。『後拾遺往生伝《ごしゅういおうじょうでん》』には、興福寺荘厳院僧都の大童子であった忠犬丸《ちゅうけんまる》という人物が「飛鳥寺」（元興寺）の傍に「草廬《そうろ》」を結んで居所とし、念仏に勤しみ、天永元年（一一一〇）に往生したという説話が載せられています。また同じく『後拾遺往生伝』に、十二世紀初頭、極楽房では百箇日念仏講が営まれ、興福寺龍華院《りゅうげいん》の上人が講衆《こうしゅ》の一員となっていたとの記述が見られます。また極楽坊本堂刻銘の「念仏講僧供料田地寄進状」からは、興福寺僧や元興寺僧五師・三綱らが結衆《けっしゅう》となり田地寄進などによって講を支えたことが知られます。建久八年（一一九七）には、結衆死去の際、講衆が行う追善供養の内容が詳細に定められました（『讃仏乗抄《さんぶつじょうしょう》』八）。以上のように、興福寺の関係者や上人たちは極楽房で念仏講を営み、極楽房を浄土信仰の実践の場として聖地化していったのです。こうして極楽房は、興福寺僧を中心とする寺僧の後世安穏祈願の堂舎となっていきました。

極楽房は、院政期興福寺に集う寺僧の後世信仰の受け皿となったのです。先に見たように、十一世紀以降、元興寺は、法相・三論の修学体制の形骸化による大衆の不在という事態に至り、さらに興福寺・東大寺の院家を通じ、人や荘園などの経済基盤が外部へと流出していきましたが、これと引き替えに、権門化を遂げつつある院政期興福寺に集結した寺僧・聖らの求める新しい信仰形態に応じて、浄土の聖地極楽房が生みだされたといえましょう。

寛元二年（一二四四）の改造で、僧房の一室から発達した極楽坊は単立の堂舎として独立しました（山岸二〇〇四、高橋　二〇〇七）。興味深いことに、極楽坊改造後、寺僧を檀越《だんおつ》とした百日念仏講の史料はすがたを消し、替わって登場するのが、文永二年（一二六五）「伊王女屋地売券」（本堂柱銘。『鎌倉遺文』九二四四号）を初見とする極楽房七昼夜大念仏です。この変化は先行研究により、「僧侶中心の講から民衆中心の講への変貌」と評価されています（岩城　一九九九、二〇五頁）。結衆の中心は、興福寺の権門化に連動して成長した興福寺寺辺郷の住民と推測されます。前述の伊王女からの屋地獲得は、寄進ではなく買得であり、極楽坊が主体的に経済基盤を集積しはじめたことが窺えます。また文永十二年（一二七五）には、春日若宮に参詣した伊賀国住人が極楽房を「宿所」としていたことが見え（『中臣祐賢記《なかとみのすけかたき》』同年二月十九日条）、俗人との関わりを深めていく状況が看取されます。

鎌倉後期には、極楽坊は元興寺という単立寺院の枠を大きく逸脱し、興福寺および南都に集住する人々の来世信仰の中核となり、その意味で南都という都市に構造的に組みこまれたといえましょう。室町時代に、律院化することによって、都市的寺院の様相をさらに深めていくのです。

5 興福寺による復興

さて、鎌倉時代中期には、興福寺が元興寺の復興に積極的に取り組んでいきます。正嘉元年（一二五七）、東大寺戒壇院円照《えんしょう》が元興寺僧房の再建のため勧進の講説説法を行い、道俗・学侶らの施財によって大小の僧房を造り、興福寺法相宗の英哲《えいてつ》を講師として唯識《ゆいしき》長日談義を開始、談義料として荘園を寄せ置いたのです。これは廃れてしまった三論・法相両宗の内の、法相宗の再興であったといいます。興福寺の一乗院・大乗院両院主が檀越として円照の復興を支えたのです（以上、『円照上人行状』）。興福寺がてこ入れして、元興寺に僧房を再建し常住僧による修学を再開しようとしたのです。

この唯識談義が継続した様子は窺えませんが、興福寺による元興寺の末寺化（系列下への編成）が、元興寺の吸収という一方的な流れではなく、元興寺の由緒を復興するという、本末の双方向的な関係に支えられていたことは確認しておく必要がありましょう。

6 堂衆の成長——土地の買得集積——

鎌倉時代後期には、さらに新たな動向が生まれました。それは、元興寺中門堂衆《ちゅうもんどうしゅ》の所領集積です。元興寺の中門には、長谷寺《はせでら》十一面観音の御衣木《みそぎ》で造立したという十一面観音が置かれ、信仰を集めていました。

『七大寺巡礼私記』によれば「高名霊像」と記された観音に、「道俗継㆑踵参詣云々、其行人六十余口、是号㆓中門衆㆒矣」とみえます。元興寺には、少なくとも十二世紀初頭までには中門堂衆が成立し、観音を本尊とする信仰を核に寺内で一勢力を築いていました。これは東大寺両堂衆の登場と揆を一にしています。

残念ながら堂衆の活動を示す史料には恵まれませんが、鎌倉時代中期にかけて元興寺中門に水田・屋地が寄進されたり、買得によって土地が集積されていきます（岩城　一九九九、二一六〜二一八頁）。特に屋敷地は寺辺が多く元興寺郷所在の民衆との関わりが深いようです。室町時代の元興寺千部経には東大寺・興福寺・元興寺の両堂衆が参加しており、東大寺・興福寺の堂衆との提携が見られた点は、今後、その意義をめぐって研究する余地があります。

おわりに

これまでの議論をまとめておきます。十一世紀以降、元興寺は、法相・三論の修学体制の形骸化により大衆を欠く寺院となります。興福寺・東大寺の院家を通じ、人や荘園などの経済基盤が外部へと流出していきます。一方で権門化を遂げつつある院政期興福寺に集結した寺僧・聖らの求める新しい信仰形態に応じ、極楽坊が生まれました。極楽坊は、院政期興福寺に集う寺僧の後世信仰の受け皿となります。鎌倉後期には、極楽坊は元興寺という単立寺院の枠を大きく逸脱し、興福寺及び南都に集住する人々の来世信仰の中核となり南都という都市に構造的に組み込まれたのでした。

以上、古代的な寺院の枠組みの解体と新しい体制に応じた再編のすがたをみてきました。元興寺の中世的再編が主として興福寺の権門寺院化と連関していた点に再度注意を喚起しておきます。

忘れてはならないのは、形骸化したとはいえ元興寺という枠組みは強固に残されていた点です。元興寺別当は中世を通じて興福寺僧・東大寺僧が補任されつづけており、別当系列の支配も存続し、決して廃寺の方向には進みませんでした。

従来二大寺以外の七大寺は、「権門寺院になれなかった寺院」として考えられてきましたが、元興寺のように巨大権門寺院と複合化して、一種のコンソーシアムを形成し、中世南都の中で独自の位置を確保してきたと考えてみてはどうでしょうか。中世化の歩みは、各寺さまざまですが、元興寺の変遷は、興福寺や都市の成長・展開と密接に連動するだけに、とりわけ興味深く、さらに追求する必要性を感じます。

〔参考文献〕

石村喜英　一九九一「古代寺院に見る大衆院の性格」『日本仏教史学』二五号

稲葉伸道　一九九七『中世寺院の権力構造』岩波書店

岩城隆利　一九九九『元興寺の歴史』吉川弘文館

岩城隆利編　一九八三『増補元興寺編年史料』吉川弘文館

大石雅章　二〇〇四『日本中世社会と寺院』清文堂

太田博太郎　一九七九『南都七大寺の歴史と年表』岩波書店

京都府立総合資料館歴史資料課編　一九九〇「諸寺別当并維摩会天台三会講師等次第」『資料館紀要』第一八号

佐藤亜聖　二〇〇三「中世奈良町と元興寺」水野正好先生古稀記念論文集『続文化財学論集』第二分冊、文化財学論集刊行会

佐藤泰弘　二〇〇六「東大寺東南院と三論供家」『甲南大学紀要』文学編一四四号

高橋慎一郎　二〇〇七「中世寺院における僧坊の展開」小野正敏ほか編『中世寺院　暴力と景観』高志書院
永村　眞　一九八九『中世東大寺の組織と経営』塙書房
奈良市史編集審議会　一九九四『奈良市史』通史二、吉川弘文館
久野修義　一九九九『日本中世の寺院と社会』塙書房
安田次郎　二〇〇一『中世の興福寺と大和』山川出版社
安田次郎　一九八八『中世の奈良』吉川弘文館
山岸常人　二〇〇四「中世寺院の僧房と僧団」『中世寺院の僧団・法会・文書』東京大学出版会
横内裕人　二〇一四「平安期東大寺の僧侶と学問」『ザ・グレイトブッダ・シンポジウム』一一号

（補記）本章は、拙稿「平城京寺院の中世化―元興寺を例に―」（『季刊考古学』第一一二号、雄山閣、二〇一〇年）に加筆、改編のうえ、転載するものです。

5 納骨塔婆からみた元興寺極楽坊納骨の展開

藤澤典彦
Fumihiko Fujisawa

はじめに

古代から中世への転換は政治的にも文化的にも大きなものがありました。その点は元興寺史においても同様です。古代国家解体過程で元興寺も歴史の波に翻弄されたであろうことは、元興寺の諸堂舎の現状を記録したとされる「堂舎損色検録帳」の記載からも知られます。事実、元興寺では平安時代後期の瓦がほとんど出土しないことからも、「検録帳」記載事項の内容の確実さをうかがうことができます。当時、伽藍《がらん》が荒廃していたのです。元興寺が中世的展開を遂げるに際して、それを内から支えたのが奈良時代の僧智光《ちこう》と智光曼荼羅《まんだら》の存在です。中世元興寺の諸活動は智光曼荼羅をめぐって展開したといっても過言ではありません。智光に関しては、元興寺の中での伝承は当然あったでしょう。でも、評価とは当然のことながら立場・時代によって変化します。智光に対する最初の評価は『日本霊異記《にほんりょういき》』です。この系統の話は智光が行基《ぎょうき》との対比で語られています。しかし、『霊異記』の基本的視点は行基の側にあり、奈良時代の代表的学僧である智光に対しては厳しいものとなっています。対して、『日本往生極楽記《にほんおうじょうごくらくき》』に見える、智光と同房に住した僧頼光《らいこう》が入滅《にゅうめつ》の後に極楽に往生したことを夢の中で知り、そこで極楽往生の理由を教えられ、浄土観想《じょうどかんそう》の重要性を悟り、夢中の極楽の情景を掌《たなごころ》に写して夢から覚め、掌中に描いてきた浄土の相を画師に描かせたとする智光曼荼羅成立を主題とする系統の話は、平安前期以前成立の書には見られず、『今昔物語集』など十世紀中頃降成立の書で展開します。智光に対する再評価は平安後期の古代国家解体の歴史過程の中でこそ進行したというべきで、それは平安時代後期の浄土信仰に対する高まりの流れと軌を一にしています。また極楽に対する希求が時代的必然性を持って現れたことを示しています。

　智光曼荼羅に描かれている情景は他の浄土変相図《へんそうず》とは異なり、夢とはいえ極楽を実際に見て、写し帰った掌中のメモを本に描かれたので、方尺余の小画面とはいえその信頼性の高さは、大画面の当麻《たいま》曼荼羅や紺地に金線で描かれた華麗な青海《せいかい》曼荼羅にひけを取るものではありません。夢の重さは、今われわれが見る夢とはちがうのです。そして当麻曼荼羅・青海曼荼羅とともに智光曼荼羅が日本三曼荼羅であるとされますが、その言説は元興寺の主張であったのでしょう。そして智光曼荼羅はしだいに世上に知られるようになります。そのきっかけになったのは、関白藤原師通《ふじわらのもろみち》の追善法会《ついぜんほうえ》（康和元年〈一〇九九〉）で智光曼荼羅が用いられたこと、また後白河《ごしらかわ》法皇に進覧されたことなどであったと思われます。智光曼荼羅は十二世紀には貴族社会で広く知られるようになっていたのです。

　平安時代末以降、元興寺、とくに極楽坊《ごくらくぼう》の諸活動は、この智光曼荼羅を中心に展開しました。その最初は智光曼荼羅の前での念仏会《ねんぶつえ》ですが、当初は貴族階層で行われたものであったでしょう。百日念仏として行われていたものが、七日念仏へと変化してゆき、しだいに階層的広がり見せてゆきます。その経緯については念仏講運営の当番を示す番衆札《ばんしゅうふだ》の分析から知られます。そこに見られる地名や人名から、奈良を中心とした庶民階層の参加がうかがわれます。

その他、千体地蔵、柿経《こけらきょう》、納骨関係資料、など多数の資料が残されています。それらは中世を通じての遺品が残されており、元興寺の信仰展開がうかがえる興味深いものです。今回は納骨信仰にかかわる資料のうち、納骨塔婆《とうば》の分析を通じて納骨信仰がどのように展開したかを、資料の分析方法を中心にみてゆきたいと思います。

1 納骨とは

平安時代中期以降極楽に対する憧憬はしだいに強まりをみせてゆきます。それには社会的要因・時代的風潮・思想傾向が複雑に絡んでいますが、きわめて単純化していうなら、厭離穢土《おんりえど》・極楽浄土往生が強く望まれたということでしょう。極楽憧憬の具体的表現としてはさまざまにありますが、それには流行があり、時代ごとにもろもろの手段が考え出されました。極楽の方向である西に向かって斜めなる夕陽を凝視し、極楽へと導かれることをイメージする日想観《にっそうかん》。それが嵩じると極楽の方向である西に向かってひたすらに歩みを進めてゆくことも行われます。海に行き当たれば、そのまま入海《じゅかい》ということになり、さらには入海が目的で旅を海辺から始めることも行われたのです。そのような行為は、おもに僧侶たちのおこないでしたが、浄土信仰の先駆け的意義を有するものでもありました。

それについで出てくるのが、納骨信仰です。納骨とは遺骨を聖地・霊場などに納める行為ですが、その場が極楽への入口、あるいは信仰次元では極楽そのものと意識されていたのです。当初は極楽への入口、あるいは極楽往生を待つ場所とされていても、しだいに極楽に近い場所から極楽とほとんど変わらない場所、さらには極楽そのものと考えられる方向に展開してゆき、納骨するからには、その場がそれに相応しい場であるとの意義づけはしだいにエスカレートしていきます。それは人間の願いの常であるのでしょう。

納骨に近い言葉として蔵骨《ぞうこつ》がありますが、「蔵」は埋・収・奉などと連動して使われ、「おさめる」の意ですが、「かくす」とも読まれることもあります。「かくす」は「隠す」に近く、人間の死の「隠れる」とも繋がっていて、「蔵」は奈良時代から遺骨を墓所に埋める時の言葉として使われています。墓も火葬墓の場合、それは仏塔として見られ、遺骨は舎利《しゃり》とみなされてきました。弥勒《みろく》信仰が高まりを見せると、墓は弥勒下生《げしょう》を待つ場所としての意義づけもなされるようになります。高野山奥の院は弘法大師《こうぼうだいし》とともに弥勒の世の到来を待つ場所でもありました。地元の墓に蔵骨するだけではなく、さらに確実に極楽にゆくための保証を求めて、墓への蔵骨に重層する形で納骨行為が発生したのです。しかし、弥勒の下生を待つにしても、五十六億七千万年先のことを、現実感を持って待つことは普通の人間にはできないでしょう。もっと早く極楽に行ける方途として極楽に一番近い入口としての霊場に遺骨の一部を納めるようになり、それが先述したように極楽そのものへと展開するのです。だから納骨とは、その場の極楽性を保証する霊験《れいげん》に呼応する営みでもあるのです。

高野山は日本総菩提所といわれ、日本全体の遺骨を受け入れる総合センターといってよいでしょう。しかし高野山が納骨開始当初からすべての階層に開かれた納骨霊場であったわけではありません。高野山納骨の最初期、万寿三年（一〇二六）の上東門院《じょうとうもんいん》の納髪、永暦元年（一一六〇）の美福門院《びふくもんいん》の納骨の場合、遺骨における穢《けが》れの有無や女性の遺骨・遺髪の納置が女人禁制《にょにんきんぜい》に当たるか否かなど、女性であるがゆえに、また前例のないことを行うにあたっていつの時代においてもありそうなすったもんだの議論が行われています。また堀河《ほりかわ》天皇の遺髪の場合は『中右記《ちゅうゆうき》』に納髪にいたる経緯の詳細な記載があります。堀河天皇の遺品整理をしていると、厨子《ずし》中に元服時の髪が見いだされ、その取り扱いについて「先例不分明」のゆえに、仏像中に奉納する、清浄所で焼くなどの意見が出されました。仏像胎内奉納案に関しては、数百年先の落失が心配のゆえに、清浄所にての奉焼案もいかにも憚りありとてなかなか結論がでませんでした。藤原忠宗《ただむね》の意見で最終的に高野山奥の院に納めることになり、「此事誠第一之計也」と『中右記』の筆者は自画自賛しています。その理由として「件所清浄地、大師入定、久期慈尊出世三會之暁之所也」とし、さらに「就中先帝慈尊値遇之志、御平生之昔、所思食也」と先帝の信仰のありようとご意向の慮りを決定の根拠にしています。さらに興味深いのは「仍互成議定、奉加入法華経、加奉埋高野山之由相定了、但不可及披露、世人自難者出来歟、尤可然、深銘心中了」と記してあり、法華経《ほけきょう》の同時埋納と、議定《ぎじょう》過程を秘匿しているのです。

法華経の同時埋納は納骨と埋経《まいぎょう》（経塚《きょうづか》）との関係を示し、議定過程の秘匿はいつの時代でもありますが、ここでは高野山納骨・納髪がまだ一般的に開かれていなかった事を示しています。

こうした右往左往があって高野山納骨が確立するのですが、これは最終的には奥の院納骨に収斂《しゅうれん》してゆきます。奥の院は弘法大師の入定地で、さらに弥勒下生を待つ場所でもありました。それが弥勒の浄土そのものと考えられるようになるのです。弥勒下生信仰は経塚造営と重なる文化現象です。末法《まっぽう》の仏法衰滅期を通り抜けて五六億七千万年後には確実に失われているであろう経典の保存設備である経塚は墓所にとっても重要な設備であったし、納経は納骨に際し、ともに行われるべきものでありました。高野山奥院出土の多数の経筒類の埋納に際しては、納骨もともなったと考えられます。のちに展開する地方の納骨霊場の成立も埋経遺構との関係で考える必要があるでしょう。

しかし五十六億七千万年はいかにも長く、早刻の極楽往生が願われ、極楽への入口とされる霊場納骨へと展開し、高野山自体もその方向へと変化していきます。『塵添壒嚢抄《じんてんあいのうしょう》』という室町時代の辞書では弥勒の浄土の意識は残しながらも、「高野山は是日本に九品浄土ある中に上品上生《じょうぼんじょうしょう》に当たれり」とし、極楽と等質の場へと変化してゆくのです。いくらこの世の、さらには日本の地とはいっても、高野山は遠く、現実的にはすべての人々に開かれていたわけではありません。納骨の広がりとともに高野聖なる専門行者に納骨の委託が行われました。それとても当然のことながら経済的負担がともないますので、近くの高野山に代わる納骨霊場が求められるようになります。

さらなる納骨慣行の広がりとともに、さらに狭い範囲の納骨霊場・霊場寺院・納骨堂舎への納骨が展開するようになりますが、その展開は要するに手近な納骨霊場が必要とされたということで、それは納骨に際しての費用負担の軽少化が求められたということであり、納骨風習の階層的広がりを示しています。

納骨行為の受容は、畢竟、火葬の受容があってこそ行われるものです。各地の納骨霊場では遺骨以外に納髪も行われていて、納髪の場合は火葬が絶対とはいえないし、剃髪《ていはつ》時の髪、逆修《ぎゃくしゅ》にともなうもの、先の元服時の髪、さらには土葬の場合の遺骨に代わるものとしてなどさまざまな想定が可能ですが、広くは納骨慣行に含まれる行為であることはまちがいないでしょう。そして納骨慣行の展開は、火葬葬法の受容と軌を一にしたものでした。火葬は中世を通じてしだいに階層的広がりをみせ、畿内中枢部では中世最末には自営農民階層にまでおよんでいます。当然、火葬拡大にともなう納骨霊場の手近さが求められたのですが、納骨と火葬の展開とは表裏の関係にありました。

そして全国各地に納骨霊場が成立してゆきますが、単に安近短だけではなくて、霊場には霊験がともない、それも霊場選択基準となってゆきます。各霊場の信仰圏もそれらの要因を絡ませながら全国区・大小地方区とおのずからに成立していきましたが、それら各霊場をつなぐ存在が高野聖《こうやひじり》を代表とする聖の存在で、それらのネットワークを通じて霊験で選ばれた複数箇所納骨も展開するようになります。霊験譚とは信仰獲得のためのキャッチ・スローガンであったのです。

2 元興寺の納骨塔婆——形・型展開——

納骨信仰の具体相を知るのに一番良いのは納骨の容器です。納骨容器の残存により、納骨信仰の定着度合いが知られるのですが、それらの多くは長い歴史的展開の中で処分され失われてしまいました。納骨資料の残存にはいくつかのタイプはありますが、その多くはたまたま忘れられた形で残ったのです。それらを調べると何がわかるのか、以下それらの資料のたくさん残されている元興寺極楽坊の納骨容器の分析を通じて、納骨信仰の具体的展開を見てゆきたいと思います。

元興寺極楽坊の場合、納骨容器としてはさまざまなものが用いられていますが、主要なものは納骨塔婆です。その他、竹筒・曲げ物・土釜・土鍋・小型焼き物容器など、すべてで二〇〇〇点を超えます。納骨塔婆は一二八二基あり、五輪塔《ごりんとう》形が九五％以上で他の塔形（宝塔《ほうとう》四、宝篋印塔《ほうきょういんとう》一九、板碑《いたび》六、層塔《そうとう》一三、塔ではないが地蔵立像も一）はきわめて少数です。納骨塔婆というより納骨五輪塔と総称されるのも宜なるかなというところです。ただ竹筒容器は形の残存したものだけが調査されており、出土物で形が歪み、破片となった物の調査は行われていません。それらは大量に残されており、破片も多く数量の確定は困難をともないます。調査がおよべばさらに数百の数は増えることになるでしょう。

大量の納骨塔婆を見てゆく場合の目標は、制作時点の確定、形による編年となります。微妙な形の違いがいかなる力学によって成立しているのか、そしていかに変化・展開していくのか、そして納骨の歴史展開といかにかかわっているのかを考えることが最終目標といえます。

それにはまず形の分類が必要ですが、微妙な形の変化をあまり細かく見すぎると、一点一点まで分類してしまうことになります。納骨五輪塔の古い遺品の場合、総じてていねいに作られており、ある程度の図面的なものはあったかもしれませんが、時代の降る遺品では設計図的なものはあまり考えられません。設計図というよりイメージは作者の頭の中にあって削りながらそれに合わせてゆくのであり、厳密な規画製作性は求められないのです。

形の上から誰が見てもそれとわかる特徴として、地輪《ちりん》が高くなる変化（長足化）があります。あと空風輪《くうふうりん》幅の地輪幅までの拡大があり、古いものほど空風輪の幅は狭く、時代が降るほど地輪の幅に近づいてゆきます。それは一本の棒状素材を削り込んでゆく時に、時代が降るほど、制作における省力圧力が働いて削り込みが少なくなってゆくことを示しています。省力圧力が働くのは同じようなものを大量に作らなければならない時であり、背景には納骨塔婆の多数制作が必要とされた、すなわち納骨慣行の盛行があります。同様な形態変化を示すものとして、石造一石五輪塔《いっせきごりんとう》があります。一石五輪塔の場合、まったく同じ論理で空風輪幅の拡大が見られますが、時代的にもほぼ並行した展開といえるでしょう。

長足化の背景にはいくつかの要因があります。一つは納骨五輪塔のモデルである石造五輪塔自体も高地輪化の展開があり、それに倣ったという点、さらに別タイプの石造長足五輪塔からの影響もあります。そもそも長足五輪塔とは柱状の台の上に五輪塔をのせたもので、古い長足五輪塔は地輪部と柱部との界線《かいせん》がめぐらされていますが、界線がしだいに省略され、正面だけに配されるようになり、最終的にはなくなっていきます。

柱の役割とは何かというと、まずは多くの人の目につくように塔を上に乗せる・掲げるための台座なのであり、いかなる目的での造立かを知らしめるための記銘空間としても機能しました。同じ展開は木製五輪卒塔婆《そとば》などでも見られるところです。納骨五輪塔の長足化はそれら塔婆に共通した動きと見てよいでしょう。

長足化における納骨塔婆の自律的要因としては二点あげられます。一つは書写（墨書）される内容がしだいに長くなり、それへの対応です。最初は法名《ほうみょう》だけであったところに命日（月・日）＋没年＋名号・偈頌《げじゅ》などがしだいに加わり、さらには住所なども記されるようになりました。もう一点は、納骨五輪塔を堂内に固定するために木（竹）釘が使用されたのですが、長足化した納骨五輪塔では、釘を打つ位置がほとんどの場合、総高の中央付近にあり、本来の地輪部の直下あたりに来ることになります。釘を打つ箇所としても機能したのです（釘穴については後述）。横道にそれましたが、地輪の長さでは、A短足、B中足、C長足、の三分類が可能でしょう。短足は五輪塔地輪本来の規画内に納まるもの、中足は本来の規画の地輪が銘文挿入圧力で高化したもの、長足は他の長足の石造品や木製卒都婆などをモデルに作り出されたものであります。以上のことから、地輪の長さは短足→中足→長足と展開するといえるでしょう。また、それぞれの範疇内でも長足化の動きが見られます。

次に有効なのは構造型式の分類です。

a四面立体型式→四角棒状の四面から五輪塔形を彫り込む。（円柱形も含む）

b三面立体型式→背面は平坦で彫込みを省略したもの。

c板状型式　→板状。両側面からのみの彫り込みで、シルエット表現のもの。

全ての遺品がこの三分類に当てはまります。そして石造五輪塔の研究で積み重ねられてきた五輪塔形の変化の有り様から、三型式を見る時、四面→三面→板状の順に展開する事（初出がその順で以後は併存する）が見えてきました。

ついで、それらをさらに分類するのに着目したいのは、納骨穴の位置と形です。納骨塔婆であるからには原則、遺骨の一片や歯などを納入するための穴が穿《うが》ってあり、その形に円形と四角・長方形があります。そして穿たれている位置を確認すると以下の分類ができます。その場合に地輪の長さ（高さ）を短足・中足・長足の三分類とし、細分しました。基本的な傾向として、時代が降る（新しくなる）ほど地輪は高くなる傾向があります。実際に地輪骨穴の短足のものには有紀年銘遺品はなく、中足のものには永正十五（一五一八）、元亀三（一五七二）、天正五（一五七七）などの紀年銘遺品があります。長足のものには天文二（一五三三）、天文二十（一五五一）、天正五（一五七七）、天正七（一五七九）、天正九（一五八一）、天正十七（一五八九）の紀年銘遺品があり、中足のもので室町時代中後期に、長足のものは室町時代後期に集中時期があり、時期的に長足の出現の方が少し遅れることがうかがえます。そこで以下の分類をしました。

①底面骨穴、②上部骨穴（空風輪または火輪《かりん》以上を栓とするもの）、③水輪《すいりん》円形骨穴、④水輪方形骨穴、⑤地輪円形骨穴・短足、⑥地輪円形骨穴・中足、⑦地輪円形骨穴・長足、⑧地輪方形骨穴・短足、⑨地輪方形骨穴・中足、⑩地輪方形骨穴・長足、⑪水地両輪円形骨穴、⑫無骨穴

水輪骨穴と地輪骨穴とではどちらが古いのかを紀年銘遺品で確かめてみます。図１は骨穴の穿たれた位置の年代推移を示したグラフです。一五四〇年から一五五〇年の一〇年の間で主流の骨穴の位置が水輪から地輪へと逆転したことを示しています。そして骨穴の形も、水輪から地輪へ動く事で円形から方形→長方形へと展開することもわかります。このことから五輪塔（形）に対する認識の変化がうかがえます。

さらに、分析すべき属性として釘穴があります。ここから、納骨塔婆の堂内安置のあり方の変化がうかがえます。多くの納骨塔婆が堂内の柱・壁・長押《なげし》などに木釘・竹釘などで打ち付けられたのですが、そこで釘

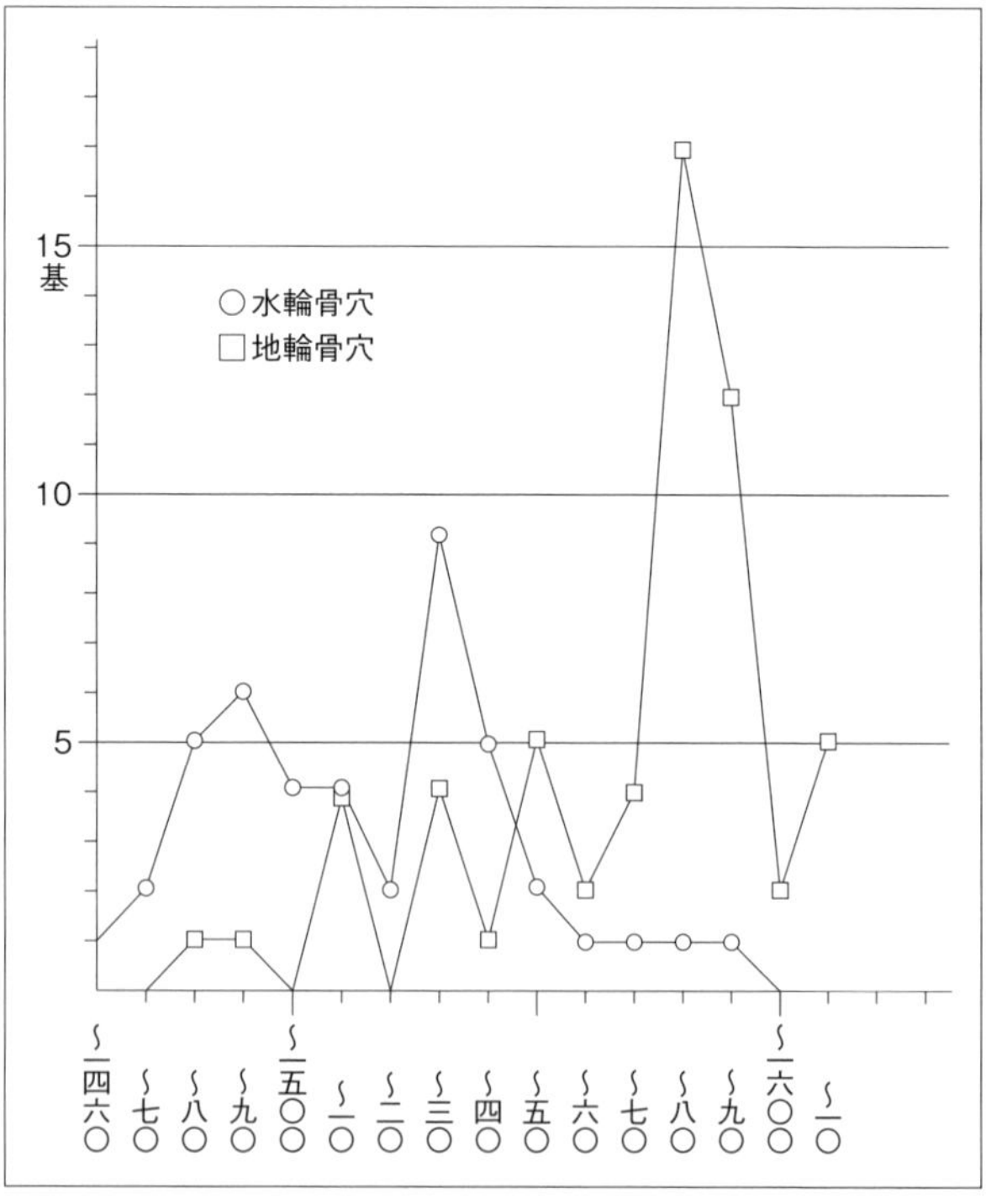

図１　水輪骨穴・地輪骨穴年代推移グラフ

穴の位置を確認してみると、以下の通りです。

㋑釘穴のないもの、㋺地輪下部作出部分、㋩火輪と水輪の界線上、㋥水輪と地輪の界線上、㋭水輪の中央、㋬長足の場合、本来の地輪の下端部、㋣地輪の中央より下部

その中間部分で判断の難しいものもありますが、大きくは以上に分類できます。この中で一番古いものは、㋑の釘穴のないものです。釘穴がないことから納骨開始当初、納骨塔婆は壁面等に打ち付けられてはいなかったことがわかります。ついで㋺が出現します。㋺タイプ出現の意味は、五輪塔は塔であると同時に仏体でもあり、仏体に釘を打つことが憚られたのでしょう。しかし、地輪下にわざわざ作り出しを作ることは面倒でもあり、仏体打釘忌避意識はすぐに忘れられ、便法が採られます。㋩の火輪と水輪の界線上に釘を打つように変化しますが、短足の五輪塔の場合、その位置が塔総高のほぼ中央部に当たるからです。そして界線上なら仏体を構成する五大《ごだい》の隙間に当たり、仏体打釘の罪意識が軽減されたのです。そして五輪塔の長足化の流れの中で、打釘の位置がしだいに下がり、㋥の水輪と地輪の界線上になり、さらに納骨穴の位置が水輪部から地輪部へ変化すると水輪部への打釘忌避意識もなくなってきます。さらに長足化が進むと打釘位置は㋬から㋣へと下がってくるのですが、塔総高の中央近くに打釘しようとする際の自然な現象でもあります。

3 元興寺納骨信仰の展開

以上、地輪高・骨穴位置・打釘位置の三要素の展開をみてきました。これら三要素を加味して並べたの

が、図2の納骨塔婆編年表です。以下この編年表を見ながら元興寺納骨信仰の展開を考えたいと思います。図は三段構成になっており、上段から四面立体・三面立体・板状遺品が並び、右から鎌倉→室町前期→室町後期と時代が降る表構成です。五輪塔の地輪が左下に向かってしだいに長くなる事がわかります。さらにそれぞれの型式の初出が下段になるほど左に移るので、右下部分が空白になります。これは編年表の定めでありますので、その部分にその他の形式の納骨塔婆を並べました。この部分の並びは時代推移とは無関係です。

四面立体の最初の遺品（図2、上段右端）ですが、かなり小型です。空風輪の幅が地輪幅に比して小さく、火輪の軒先厚も小さく、古い要素が明瞭です。さらに注目すべきは、骨穴が地輪底面から上に向かって穿

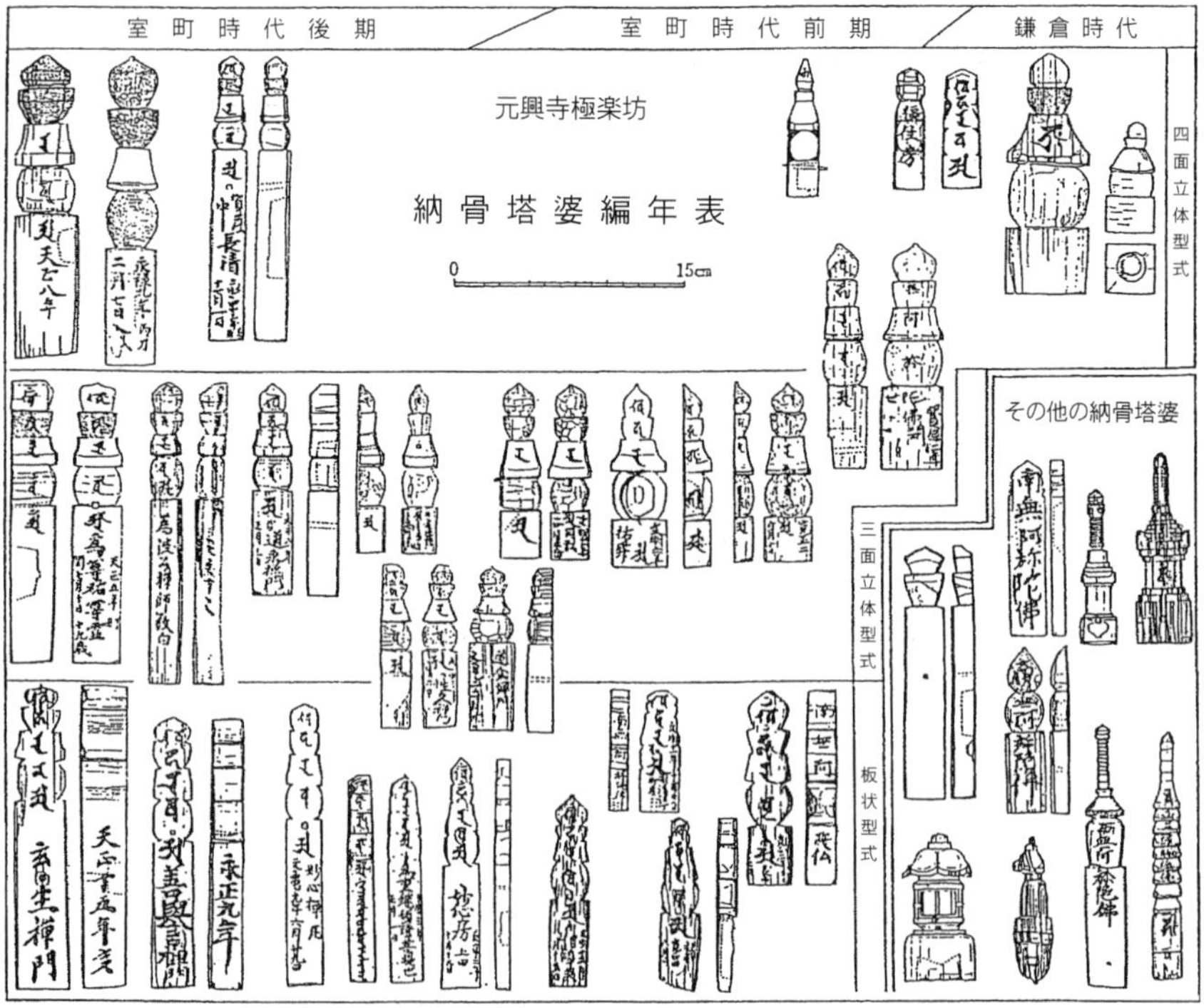

図２　元興寺極楽坊納骨塔婆編年表

たれて、水輪まで到り、地輪部分には栓が挿入されるでしょうから、これは水輪への納骨であったといえます。骨穴位置が地輪底面にあるものが、四面立体初期のものの基本構造です。このことは、初期納骨五輪塔は打ち付けるものではなくて置く物、安置するもので、それは智光曼荼羅の周囲であったのでしょう。それがしだいに打ち付けられるものに変わってゆきます。智光曼荼羅が置かれていた内陣部までの導引が負担になってきたのです。背景には納骨の盛行をうかがうことができます。

さらにこの五輪塔で注目すべきは金箔押しされていることです。金箔押し、これは一般庶民のなせることではありません。この五輪塔はおそらく貴族階層のものであったでしょう。時代は少し降りますが、室町時代には記録で元興寺に金箔押納骨五輪塔の打ち付けが知られます。文明十三年（一四八一）に興福寺大乗《だいじょう》院門跡尋尊《いんもんぜきじんそん》の父・一条兼良《いちじょうかねよし》《かねら》が没しました。当時の京都は情勢不安定で貴族の多くは南都に避難していたのですが、兼良も息子尋尊のもとに身を寄せていたこともあるのです。兼良没後四七日に大和の各寺院に納骨が行われました。『大乗院寺社雑事記《だいじょういんじしゃぞうじき》』はその時の様子を、

御骨奉籠之、大安寺不退寺以西者、自法花寺殿御沙汰也、御間寺極楽坊以東者、自此方沙汰也、横坊明禅両人爲籠使、六个所也、極楽坊分者金之五輪キンハク也、代百文、六个所燈明六十、明禅布施五十文下行了、萬陁ラ堂内陣西方長押打之

と文明十三年四月二十九日条に記しています。金箔五輪はその少し前の文明九年（一四七七）年条にも、「極楽坊参詣、御五大院御袋之五輪墓在之、萬陁ラ堂之南ニ後寶峯院之金五輪在之…」とあります。後者は少し石造五輪塔と紛らわしい表現ですが、「金五輪」の呼称は次の文亀二年（一五〇二）七月十三日条の中にも「参詣極楽坊後智恵光（院脱カ）・後長岳寺・豫石塔、萬タラ堂内陣長押ニ金五輪在之後成恩寺之御骨

也」と見られ、納骨五輪塔を指すものであったといえます。そして後成恩寺《ごじょうおんじ》、すなわち一条兼良の遺骨がまだ記憶されていたことがうかがえます。これらの記載から金五輪は貴族の用であったことがわかります。そして、文明十三年条の「六个所也、極楽坊分者金之五輪キンハク也」の記載から六ヶ所納骨が行われていたこと、そしてその中でも極楽坊納置のもののみが金五輪であったことは、納骨寺院の中では別格であったことがうかがえます。そして六ヶ所納骨は複数納骨の場合の一つの単位であっただろうことも他の史料からうかがうことができます。さらに、ほとんど同形・同寸の複数遺品がある事例もあり、六ヶ所納骨だけではなく、その簡易版としての一所六塔婆納骨も考えられます。

さて、少し先走りましたが、ついで、三面立体に移る前に編年表の四面立体と三面立体の間に掛けておいてある型式についての説明が必要です。これは地輪の下部に釘を打つ場所を作り出しているタイプです。基本的には四面立体のものですが、これは安置されていた納骨塔婆が壁面・長押等に打ち付けられるようになった初期の出現と位置づけられます。先述のように、仏体そのものでもある塔本体に釘を打つことが憚られたのです。しかしこの慎みもしだいに忘れられ、遺骨（舎利）位置を避けながらも本体に釘を打つようになります。すると、これまでの安置式であると底面が見えない部分（裏）であり、蓋（栓）のある位置になりますが、壁面打ち付けになると、底が見えるようになり、さらには遺骨が落ちることも危惧されます。それを避けるために骨穴は横から、それも打ち付けられる面（背面）から穿たれるように変化します。いわば壁面が蓋になっているのです。すると、骨穴の蓋は底面骨穴のように栓などのしっかりしたものではなく、紙・へぎ板様を貼りつける簡単な構造になってくるのです。

柄式の段階を経て三面立体型式が成立します。壁打ち付けの開始当初、四面立体であっても、それが定着してくると、壁に接する面は見えなくなる。すなわち背面になります。すると、見えない面をわざわざ彫りこむことが無駄に思えてきます。こうなると背面彫りこみが面倒になり、省略されるようになります。石造塔でも墓地の構造によって、正面観が強くなってくると背面の梵字の省略がなされるようになり、さらには両側面の梵字が省略されるようになったり、少し薄型になったりの変化が見られるようになるのです。これは何も石造塔婆や納骨五輪塔だけの話ではなく、何事においても出現する現象です。三面立体型式の展開中で水輪円形骨穴から中足地輪方形骨穴へと展開し、そして長足化した納骨塔婆が元興寺納骨の終焉まで使用されるのです。

三面立体型式成立にやや遅れて、板状型式が成立してくる。板状型式採用の背景にも省力化圧力が存在したことは、まちがいないでしょう。板状型式には大きく中足と長足タイプが見られます。これは型式の違いとみてよく、この型式の違いの背景に長足化の二系統をみる必要があります。長足のものすべてが中足からしだいに長足化したものではなく、初めから長足のものがあったのです。これは木製卒都婆や長足五輪塔（例えば高野山町石のようなもの）などからの影響が考えられます。さらに板状型式のものは薄型と厚型に分けられますが、薄型のものはその原イメージに板卒塔婆の存在が強くうかがえます。

同様な展開を見せるものとして、一石五輪塔があります。高野山にはさまざまな一石五輪塔がありますが、石材の違いで大きく分類できます。おもな石材は砂岩《さがん》と緑泥片岩《りよくでいへんがん》で、砂岩製のものは平面（地輪横断面）方形タイプが多く、緑泥片岩製は薄いタイプが多い。そして地輪の長さは砂岩製遺品は地輪が徐々に伸びていったことが明瞭ですが、緑泥片岩製品は当初から長足の薄型のものが多く見られます。サイズ的にもそれらは板卒都婆に近く、高野山での使用法としては板卒塔婆に代わるものとしての使用法が想定できますが、ともに小型化していく中でしだいに融合してゆく傾向もうかがえます。板状も元興寺納骨の最終まで使われます。

おわりに

以上、四面立体型式から板状型式までの形・納骨穴構造の展開を述べました。細かい話ですがこの細部分析を通じて何がわかるのかが問題でしょう。

①納骨開始当初から貴族階層を含む上層階層の営為として始まった。
②納骨位置が智光曼荼羅近くへの安置から壁面打ち付けに変化する。これは納骨階層の広がりに対応する納骨手続きの簡素化といえる。
③壁面打ち付けが定着すると背面彫刻を省略する三面立体型式が成立する。
④さらに続いて板状型式が出現する。それには五輪塔地輪がしだいに長足化したものと、長足五輪塔や板卒塔婆からの影響を受けたものとの二系統がある。これも納骨慣行の広がりに対応した動きとみられる。
⑤三面立体・板状型式の長足化にともない、納骨穴の穿たれる位置が、水輪部→地輪上部→地輪中央部へとしだいに下に下がってくる。
⑥これらの動きは納骨信仰・慣行が下の階層にまで拡がってゆく動きに対応したもので、さらにその背景

には各階層での火葬受容があり、納骨信仰と火葬とが表裏の関係で展開したことがうかがえるのです。

以上のようにまとめられるでしょう。近世には全国的に土葬化の動きが展開し、納骨は火葬を継続した都市民やその他火葬を継続した地域では続けられたところもあります。元興寺では、江戸時代初期、寛永年間に堂舎の整理が行われ、納骨受容が終焉を迎えたのです。

残された課題は多いですが、この五輪塔を作ったのは誰かという問題があります。先述の一条兼良の納骨の史料中の「横坊明禅両人爲籠使、六个所也、極楽坊分者金之五輪キンハク也、代百文、六个所燈明六十、明禅布施五十文下行了」の記事がそれを示しています。同じく『雑事記』文明七年（一四七五）七月十八日条に「横坊善久房高野僧也上北面墓守息也」と見え、「高野僧也」と明記されているのが注目されます。「高野僧」とは「高野聖」のことだとする伊藤久嗣氏の指摘があります。納骨の差配は高野聖がタッチしていたのです。そして極楽坊納骨は高野山納骨をもともなっていたことが『雑事記』明応三年（一四九四）四月十三日条などからわかります。高野山納骨のネットワークにつながっており、当然、高野聖がそれにあたりました。そして納骨塔婆はその範囲内で製作されたと考えてよいでしょう。納骨五輪塔にはさまざまな形式が見られますが、それらの原形はほとんど石造塔に求められます。そして畿内に見られるタイプだけではなく日本各地の塔に原形を求められます。今、一々にそれを検討する余裕はありませんが、このことは全国各地を見聞してきた高野聖が各地で見てきたさまざまな五輪塔をモデルに削り出したものであることを示すものでしょう。今後の興味深い課題といえます。

大和国内では元興寺以外に当麻寺《たいまでら》・法隆寺《ほうりゅうじ》・松尾寺《まつおでら》・金峯山寺《きんぷせんじ》・円成寺《えんじょうじ》などで納骨塔婆・容器が発見されています。当麻寺では竹筒容器が数多く見いだされています。竹筒は日本人だけではなく東洋人の生活の中でさまざまに利用されてきましたが、単なる生活用具だけではなく、自然にできる不思議な空間のゆえに、宗教的意義も強く持ちます。経筒・薬品容器・楽器・聖水入れ・華瓶《けびょう》・茶杓入れ・一遍《いっぺん》上人の尿筒としても利用されました。そして納骨容器もその一つです。竹筒納骨容器についてはふれられませんでしたが、当麻寺の竹筒納骨容器には二〇チ《セン》ぐらいから三チ《セン》ぐらいまでのさまざまなサイズのものが残されており、小型・細型のものほど古い傾向があります。それは聖たちの遠方納骨にともなうもので、携帯性が考慮されたものといえます。当麻の遺品は聖たちの巡礼ネットワークに強く組みこまれていたようで、広い収骨範囲がうかがえます。法隆寺もそれにつぐ広い信仰圏を有していたようですが、それらに比して元興寺の場合は納骨五輪塔に記された地名から北大和・南山城あたりの信仰圏がうかがえます。単なる竹筒ですがさまざまなことを語りかけてくれるのです。

納骨塔婆・竹筒納骨容器は歴史の流れの中で廃棄されてきたものです。残された個々は小さな資料であっても、ある程度のまとまりを持つとさらにさまざまなことを語りかけてくれます。少数しか残されていなくても全国的に集めて大きな資料塊にすると、さらに違うことが見えてくるでしょう。資料のさらなる集積が続けられねばならないのです。

〔参考文献〕
元興寺仏教民俗資料研究所編　一九七八『日本仏教民俗基礎資料集成　第二巻　元興寺極楽坊Ⅱ』中央公論美術出版
伊藤久嗣　一九七六「南都極楽坊をめぐる信仰の一背景」竹田聴洲博士還暦記念会編『日本宗教の歴史と民俗』隆文館
藤澤典彦　一九八八「日本の納骨信仰」藤井正雄編『仏教民俗学大系四　祖先祭祀と葬墓』名著出版

藤澤典彦　二〇一六「極楽坊と大和の納骨寺院―竹筒納骨容器から―」『季刊　考古学』一三四号（狭川真一編・特集　中世の納骨信仰と霊場）

1 元興寺経の古写経研究

三宅徹誠
Tetsujo Miyake

両親のために書写させた一切経

藤原房前《ふささき》（六八一～七二七）の娘で聖武《しょうむ》天皇（七〇一～七五六）の后である藤原夫人《ぶにん》（?～七六〇）が、亡くなった父親の房前の冥福と存命中の母親の幸福のために一切経《いっさいきょう》を書写させました。それを「藤原夫人願《がん》経《きょう》」といいます。一切経とはすべてのお経という意味で、当時は約四〇〇〇巻のお経を写すことが「一切経書写」だったようです（山下　二〇〇〇）。お経の最後に藤原夫人の願いが書かれ、そこに天平十二年（七四〇）三月十五日の日付があります。お経自体は天平十一年頃から写し始めていたようで（栄原一九九五）、天平十五年（七四三）には元興寺に収められています。お経の裏側に「元興寺印」という朱色のまるい印鑑が押されているので、「元興寺経」とも呼ばれています。現在、京都国立博物館の『阿難四事経《あなんしじきょう》』（重要文化財）、香川県八栗寺《やくりじ》の『道行般若経《どうぎょうはんにゃきょう》』巻第二など、約二〇点が残っています。

一切経書写の流行とお経の手本

藤原夫人願経が書写され始めた頃は、聖武天皇の皇后光《こう》明子《みようし》（光明皇后）による一切経の書写事業が行われている時期でした。この一切経は「五月一日経《ごがつついたちきよう》」と呼ばれています。天平五年（七三三）頃に書写が始まった当初は約四〇〇〇巻を写すのが目的でした。天平七年、唐から僧侶玄《げん》昉《ぼう》が帰国し、数千巻のお経と『開元釈教録《かいげんしやつきようろく》』（『開元録』）という当時最新のお経の目録を持ち帰ったので、天平八年から『開元録』の目録にあるお経を写すように方針が変更されました。しかし、『開元録』には当時日本に伝わっていないお経も記載されていたので、その代わりに天平十五年（七四三）から『開元録』の目録上にないお経の註釈書なども写すことになります。その後、写したお経の文章に誤りがないか確認する作業が行われました。確認には書写の手本とは別の本を用います。五月一日経の場合、天平勝宝六年（七五四）に鑑《がん》真《じん》などが日本に伝えて国の図書館である図書寮《ずしよりよう》という役所に収められたお経の多くが確認の手本だと考えられています。

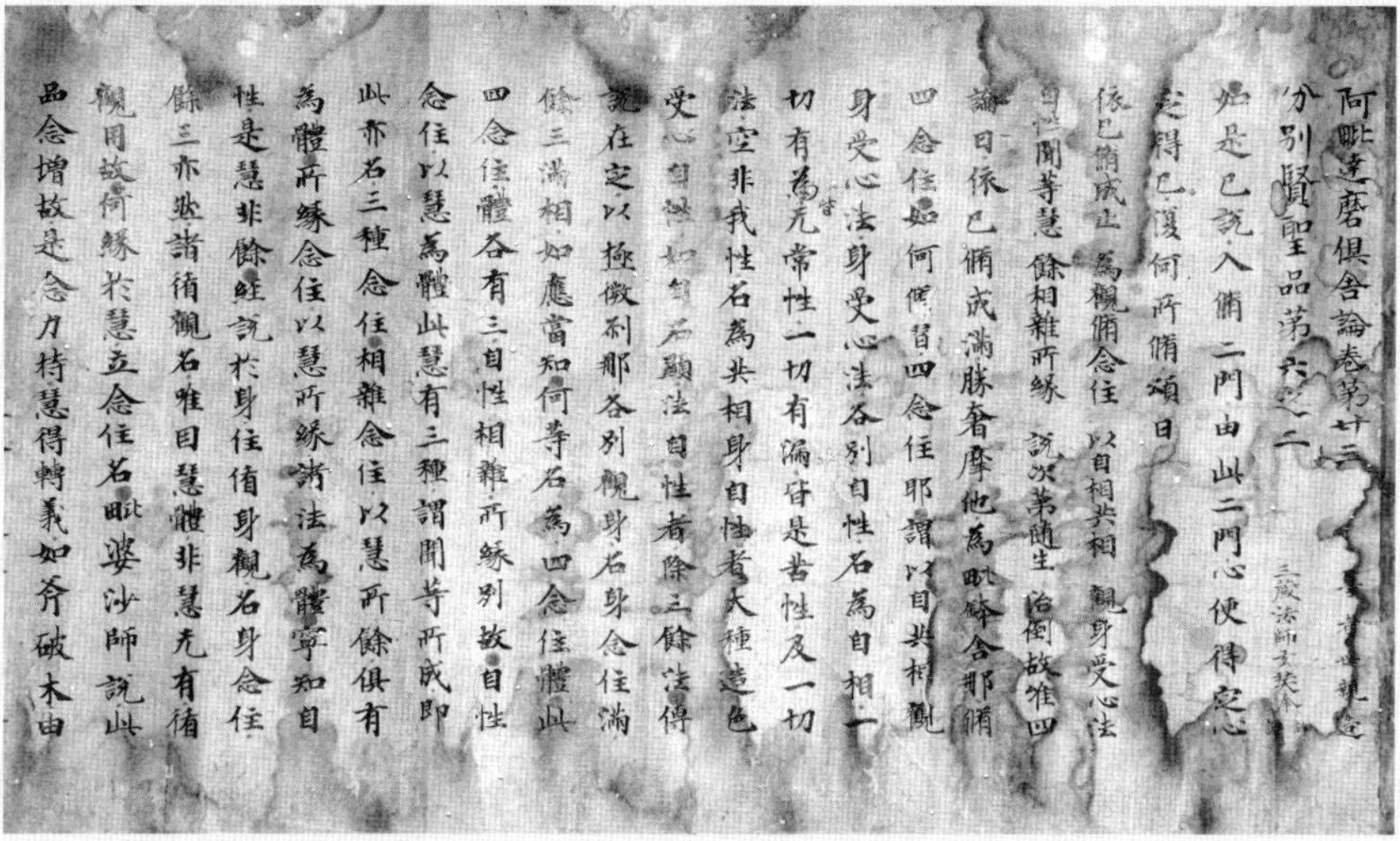
阿毘達磨倶舎論巻第廿三　尊者世親造
分別賢聖品第六之二　三蔵法師玄奘奉詔訳
如是已説入脩二門由此二門心便得定心
定得已復何所脩頌曰
依已脩成止　為観脩念住　以自相共相　観身受心法
自性聞等慧　餘相雜所縁　説次第随生　治倒故唯四
論曰依已脩成満勝奢摩他為毘鉢舎那脩
四念住如何脩習四念住耶謂以自共相観
身受心法身受心法各別自性名為自相一
切有為無常性一切有漏皆是苦性及一切
法空非我性名為共相身自性者大種造色
受心自性如自名顕法自性者除三餘法傳
説在定以極微刹那各別観身名身念住満
餘三満相如應當知何等名為四念住體此
四念住體各有三自性相雜所縁別故自性
念住以慧為體此慧有三種謂聞等所成即
此亦名三種念住相雜念住以慧所餘倶有
為體所縁念住以慧所縁諸法為體寧知自
性是慧非餘経説於身住循身観名身念住
餘三亦然諸循観名唯目慧體非慧者有循
観用故何縁於慧立念住名毘婆沙師説此
品念増故是念力持慧得轉義如斧破木由

図　『阿毘達磨倶舎論』巻第二十三（真言律宗元興寺所蔵）

天平宝字二年（七五八）には確認作業が終わります。

　五月一日経とは別に、光明皇后は「五月十一日経」と呼ばれる一切経も書写させています。天平十五年（七四三）五月十一日の日付があるのでその名があります。五月一日経の確認作業では、文の誤りや違いを確認すると朱色の墨などで訂正した文字を書いていますが、『雑阿含経《ぞうあごんきょう》』というお経については、その訂正文字と、五月十一日経のお経の本文とがほぼ一致することが最近の研究でわかりました（林寺　二〇一九）。五月一日経の確認作業が図書寮のお経を手本としていたなら、五月十一日経を写したときの手本は図書寮の本と同様の本文をもつお経だということになります。

「善光朱印経《ぜんこうしゅいんきょう》」という一切経の書写も光明皇后によるものといわれます。法華寺《ほっけじ》の善光という尼僧の朱印がお経の最後に押してあるのでその名が付いています。お経本文の確認作業が終わった五月一日経を写しています。お経の最後に、お経を写すときの配役（写す者、確認する者、巻物仕立てにする者など）などが詳しく記されているのが特徴です。書写と確認作業は天平勝宝六年（七五四）頃には始まっていたようです（山下　二〇〇一）。本文確認済みの五月一日経を写しているならば、五月十一日経と本文が近いと思われます。

藤原夫人願経のお経本文

　藤原夫人願経の書写は、天平十一年（七三九）頃に始まり、元興寺に収められた天平十五年までには終わっています。天平勝宝六年（七五四）二月、唐から伝わったお経が図書寮に入った頃から、本文の確認作業が始まり、天平勝宝八年頃に終わったようです。確認作業には五月一日経や水主宮経《みぬしのみやきょう》（天智天皇の娘水主皇《みぬしのひめ》女《みこ》所有のお経、没後は東大寺に収蔵）が用いられたとされます。確認に五月一日経を用いているので、藤原夫人願経の書写の手本は、五月一日経ではありません（栄原　一九九五）。手本は玄昉よりも以前に日本に伝わったお経のようなので、飛鳥時代以降、大陸から続々と伝わってきたお経の本文が、藤原夫人願経に反映しているでしょう。高句麗や百済は、東晋や梁など中国江南の仏教の影響を受けており、その地のお経が朝鮮半島を経由して日本に伝わり、藤原夫人願経にその痕跡を残しているかもしれません。

隋や唐でのお経までさかのぼる

お経の本文を比較することで、どのような一切経を手本としたかが明らかになります。元興寺経についても、現存する奈良時代の一切経などと本文を比較すれば、元興寺経本文の特徴、さらには元興寺経によって隋・唐や高句麗・百済・新羅の時代のお経本文を明らかにできるかもしれません。更には、人を介して改変される前、つまり、中国語に訳された当初のお経の本文を解明できる可能性もあるのです。

【参考文献】
栄原永遠男　一九九五「北大家写経所と藤原夫人発願一切経」（虎尾俊哉編『律令国家の政務と儀礼』吉川弘文館）
林寺正俊　二〇一九「本文テキストから見た法道寺所蔵の天平写経『雑阿含経』の特色」（国際仏教学大学院大学日本古写経研究所編『日本古写経善本叢刊第十輯　法道寺蔵天平写経雑阿含経巻第三十六　岩屋寺蔵思渓版高僧伝巻第一』）
山下有美　二〇〇〇「五月一日経における別生・疑偽・録外経の書写について」（『市大日本史』三）
山下有美　二〇〇一「嶋院における勘経と写経―国家的写経機構の再把握―」（『正倉院文書研究』七）

2 観音堂本尊 十一面観音菩薩像の行方

植村拓哉
Takuya Uemura

史料が語る観音堂十一面観音像

元興寺において、早くから信仰をあつめていたのが「中門観音《ちゅうもんかんのん》」と称された観音堂本尊の丈六（一丈六尺＝約四八〇センチ）十一面観音菩薩立像（以下、中門観音）でした。『元興寺縁起（仏本伝来記）』で霊験ある「長谷寺観音御体」として記され、嘉承元年（一一〇六）の大江親通《おおえのちかみち》による『七大寺巡礼私記《しちだいじじゅんれいしき》』でも、「高名な霊像」とあります。長谷《はせ》観音とのかかわりでは、長谷寺の火災に際して参詣していた元興寺僧が灰の中から頂上仏面を見いだして持ち帰り、それをもとに中門観音を造立したという縁起も生まれます（『諸寺縁起集（菅家本）』）。史料をみる限り中世頃までは中門にあったと考えられ（岩城　一九九九）、それゆえに中門観音と称されたようです。その後、観音堂は五重大塔《ごじゅうのだいとう》とともにおしくも安政六年（一八五九）に火災にあい、中門観音も失われてしまいました。

しかし、近年の調査によって興味深い史料が見いだされました。華厳宗元興寺が所蔵する「元興寺本堂仮殿再建幷私記」（以下、私記）は、五重大塔と観音堂の焼失後、慶応二年（一八六六）から明治四年

（一八七一）までの元興寺の動向を伝えています。そのなかに、慶応三年に予定されていた奈良奉行小俣景徳《おまたかげのり》の巡検にそなえて作成された書上げの写しがあり、被災後の中門観音について、「焼失の砌《みぎり》に取り出し候処、大に破損し候に付、修覆中胎内五尺六寸の尊体仮屋へ安置仕候」と記します。これを素直に解釈すれば、破損した丈六の中門観音の像内から納入仏が取り出され仮の御堂に安置した、となります。この「五尺六寸の尊体」は今に伝わるのでしょうか。

元興寺　十一面観音菩薩立像について

華厳宗元興寺に伝来する十一面観音菩薩立像（以下、元興寺像）は来歴がよくわかりませんが、作風や技法から鎌倉時代中期頃に活躍した善円《ぜんえん》（善慶《ぜんけい》）あるいはその周辺の仏師による制作と考えられています。X線透過撮影によれば胸部あたりに小さな十一面観音立像が確認され、腹部あたりには巻子《かんす》状のものが多数納められています。さらに興味深いのは、頭上の変化面のうち左耳上辺りの忿怒面《ふんぬめん》が木心乾漆造《もくしんかんしつづくり》で奈良時代から平安時代初期頃にさかのぼるものである点でしょう。ほかにも、条帛《じょうはく》にあらわされる渦文や脛前で天衣《てんね》を交差させる形式なども奈良時代から平安時代初期頃の作例を意識した古様さがうかがわれ、なんらかの古像を再興した可能性が指摘されます（岩田　二〇〇八）。右掌には持物《じもつ》を留めていたと考えられる小孔の痕跡があり、数珠を留めていたか、あるいはもともとは枘《ほぞ》を設けた錫杖《しゃくじょう》を持つすがたであった可能性も推定されます。

像高は頂上仏面を含めて一九〇・七センチ（約六尺三寸）、髻高で一七九・五センチ（約五尺九寸）を数え、華厳宗元興寺に伝わる十一面観音像のうち、私記にいう「五尺六寸」にもっとも近い法量の御像となります。大きさの違いからこれまで丈六の中門観音とのかかわりは議論の余地がありませんでしたが、「仮屋」が後に現華厳宗元興寺本堂となることから、元興寺像が「尊体」であった可能性が高まります。

しかしながら、出来栄えや保存状態からは元興寺像が中門観音の像内納入品とはとても考えられません。新出史料の発見によって、さまざまな憶測を呼ぶことになりました。どのように理解すべきでしょうか。

図1　十一面観音菩薩立像
（鎌倉時代　華厳宗元興寺所蔵、画像提供：奈良国立博物館〈撮影 森村欣司〉）

失われた中門観音像を求めて

華厳宗元興寺には、十一面観音像をあらわした御影護符《ごふ》が伝わります。摺《す》られた版木自体は江戸時代後期にさかのぼると考えられ、下辺には「七大寺随一元興寺」とあり、やはり元興寺の代名詞たる観音堂本尊をあらわしたものでしょう。しかしながら大ぶりの水瓶《すいびょう》と数珠を執る姿、重なりや立体感を強調する裙《くん》の衣文線や腰布をつける点、さらに脛のあたりで天衣が交差してその端を右に垂らすさまなどは、元興寺像のもつ形式的特徴がよくあらわれています。つまり、中門観音の被災にともない、本像を元興寺の本尊と位置づけようとしたものと考えられます。

焼失の約三カ月後、早速に中門観音の修理が企てられますが（「元興寺略縁起」華厳宗元興寺蔵）、それもかなわなかったようです。中門観音が失われたことによって大きな信仰のよりどころをなくした元興寺は、求心力の確保のため、元興寺像を中門観音の胎内仏と位置づけることで霊験性の継承を試み、復興の契機にしようとしたのではないでしょうか。そして、護符には本尊御影として元興寺像のすがたを写し、結縁勧進《けちえんかんじん》を募ったのでしょう。しかしその復興はなかばで頓挫し、結果的に元興寺像が中門観音とのかかわりのなかで語りつがれることはなかったのだと考えられます。

【参考文献】
岩城隆利　一九九八『元興寺の歴史』吉川弘文館
岩田茂樹　二〇〇八「奈良・元興寺十一面観音像について」『鹿園雑集』一〇号

図２　十一面観音御影護符
（江戸時代後期　華厳宗元興寺）

コラム

元興寺研究の最前線から―文献学・美術史学編―

3 華厳宗元興寺所蔵文書をひもとく

服部光真
Mitsumasa Hattori

「大元興寺」を捉える試み

現在元興寺の法灯は、真言律宗元興寺、華厳宗元興寺、真言律宗小塔院の三カ寺によって継がれています。このうち真言律宗元興寺の所蔵文化財については、建造物や仏像の多くが指定文化財であり、本堂の屋根裏や境内の地中から発見された六万五〇〇〇点余におよぶ「元興寺庶民信仰資料」も、調査室（のちの元興寺文化財研究所）が設立されて整理が進められ、資料化されました。一方、華厳宗元興寺と小塔院の所蔵文化財については、仏像や部分的な発掘調査をのぞくと総合的な調査は行われていませんでした。

しかし、元興寺の全体の歴史、すなわち真言律宗元興寺だけではなくかつての「大元興寺」の全貌を明らかにするためには、まずは華厳宗元興寺・小塔院両寺の調査が不可欠であることはいうまでもありません。

元興寺文化財研究所では創建千三百年記念事業で二〇一八年に両寺所蔵の伝世文化財の概要調査を行い、『大元興寺展』でその成果を一部紹介しました。特に未紹介資料が多い華厳宗元興寺についてはその後も総合調査を継続し、古文書分野では五七〇件におよぶ新出史料が見出されました。

絶えざる修復勧進を不可欠とした寺院構造

この新出史料のなかでは、まず複数種類の近世の勧進帳《かんじんちょう》や略縁起が注目されます。近世の華厳宗元興寺は観音堂と五重大塔を擁していましたが、いずれも古代・中世以来の巨大建造物であっただけにその維持は容易ならざるものがあり、間断なく修復事業が行われていました。特に宝永の大地震（一七〇七年）で破損した観音堂の修復は明和六年（一七六九）までかかり、それが一段落すると今度は五重大塔の修復に着手するという始末でした。

慢性的な修復事業を経済的に支えたのが勧進で、観音堂の開帳、富くじや芸能興行などが催されたほか、五重大塔は奈良でも有数の観光名所になっていきました。そしてその過程で十八世紀初頭からクローズアップされたのが、元興寺の鬼伝説・道場法師《どうじょうほうし》説話に基づき道場法師の形相を表したという八雷神面《はちらいじんめん》です。調査ではこれの略縁起、護符《ごふ》とその版木も見いだされ、その霊験が積極的に喧伝されていたことが分かりました。絶え間なく続けられた修復勧進が、近世元興寺の存立に構造的に組みこまれていた様相が見えてきました。

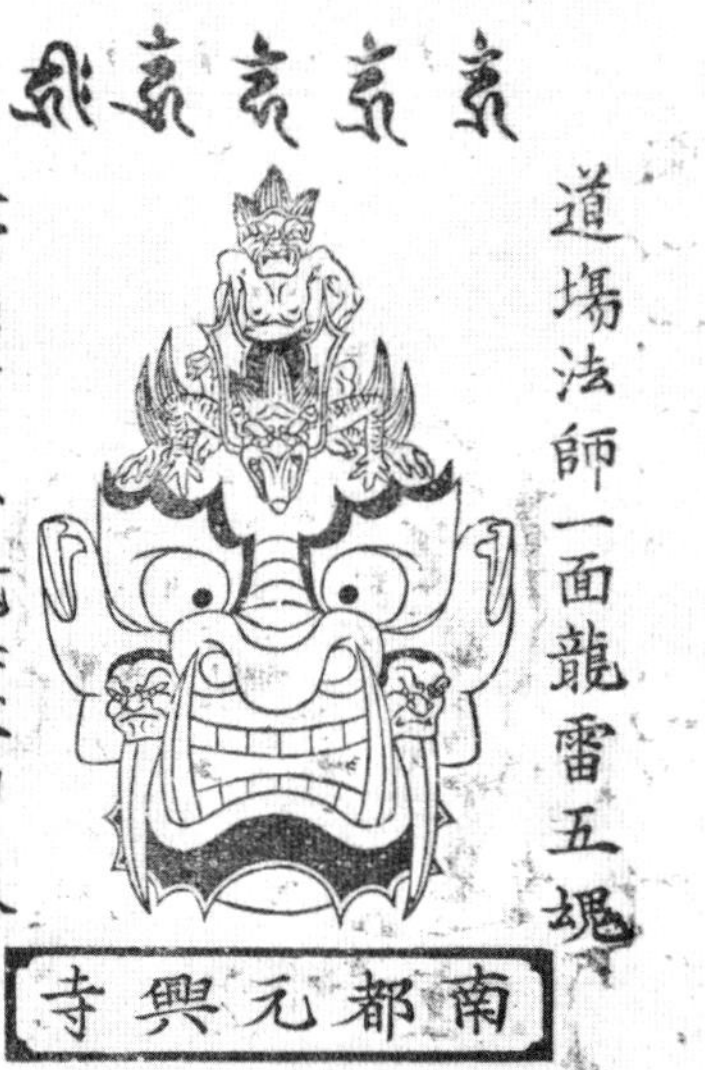

図　八雷神面護符 摺物（華厳宗元興寺所蔵）

嘉永七年（一八五四）の伊賀上野《いがうえの》地震（安政大地震の一つ）でも五重大塔の屋根が落ち、その修復のために安政五年（一八五八）に作成された勧進状も見いだされました。その屋根の修理中に起きたのが翌年の大火です。二月二十九日の深夜、出火元の隣接する町家から五重大塔五重目に火が燃え移り、屋根が修理中で杉皮の仮葺きであったために消火ままならず、燃え広がって最後には五重大塔、観音堂もろとも全焼してしまいました。

五重大塔の焼亡と伝説の再生産

こうした大火の顛末がまとめられた記録も見いだされました。寺僧や近隣の住人らの証言や見聞をもとにした詳細な記録で、火事に際しての人々の動きが分かる貴重な史料です。上層から五重大塔が焼け落ちていくなか、近くの璉珹寺《れんじょうじ》住職の了融《りょうゆう》が塔内に飛び込んで初層に祀られていた薬師如来立像（現在国宝）を救い出そうとしたときの奇譚もここに記録されています。お像は重たく、了融らは最初なかなか動かすことができませんでしたが、「もしもお逃げになりたいとお思いならば私の肩につかまってください」と一心に祈念したところ軽々と持ち上がり、外へ運び出すことができたというものです。その後明治期の略縁起では、薬師如来立像は火中から自力で逃げた「不思議の霊像」として災厄難除けの霊験が新たに喧伝されるというオチもつき、逞しくも寺院の存続が図られるとともに伝説が絶え間なく再生産され続けていたことが分かります。

大火後の動向はあまり知られていませんでしたが、直後の復興の時期や、まもなく到来した激動の明治維新期、さらには昭和の復興期の史料も確認されました。幕末から明治初頭にかけての寺記録は、神仏判然令や社寺領上知令などの新政府の政策に寺院がいかに対応していたのか、実態をよく伝えています。昭和の復興についても、住職水野圭真によって残された膨大な記録があり、近代寺院史の重要な素材となるでしょう。

華厳宗元興寺所蔵文書の史料的意義

新出史料はいずれも近世以降のもので、古代・中世の元興寺に直接かかわる史料は見いだされませんでした。それでも上述のように華厳宗元興寺の寺史や奈良町の地域史が判明する点で近世・近代史の史料として重要です。さらに、本書前節で植村拓哉が十一面観音立像を例に検討しているように、既知の古代・中世の文化財の伝来や安置状況、修復などの履歴情報が含まれている史料もあり、それらの文化財の再評価を可能にする点でもこの文書群が見いだされた意義は小さからざるものがあるといえます。

〔参考文献〕

元興寺文化財研究所　二〇一八『大元興寺展』（特別展図録、真言律宗元興寺ほか発行）
元興寺文化財研究所　二〇二〇『華厳宗元興寺所蔵歴史資料調査報告書』

あとがき

最後に本書のなりたちについて申し添えたいと思います。

本書収録の講演録・論考のもととなった講演会・シンポジウムでの講演は以下の通りです。

二〇一八年四月二十二日 （於ならまちセンター）

企画展『仏法元興』関連シンポジウム『仏法元興―法興寺創建とその時代―』

東野治之氏「法興寺の造営」

黒崎直氏「飛鳥の〝まちづくり〟は法興寺創建から始まった」

箱崎和久氏「法興寺と飛鳥時代の建築」

二〇一八年五月六日 （於明日香村中央公民館）

企画展『仏法元興』関連特別講演会『法興寺の遺産・元興寺への道程』

里中満智子氏「法興寺の光と影」

相原嘉之氏「飛鳥寺創建」

二〇一八年九月二十九日 （於ならまちセンター）

特別展『大元興寺展』関連シンポジウム『平城京と元興寺―その創建とうつり変わり』

東野治之氏「法興寺から元興寺へ」
上原眞人氏「遷都にともなう寺院移転と元興寺」
横内裕人氏「元興寺の中世化」

いずれも元興寺創建一三〇〇年を記念する奉賛行事の一環として、二〇一八年に真言律宗元興寺・華厳宗元興寺・真言律宗小塔院の三ヵ寺と公益財団法人元興寺文化財研究所の主催で開催した講演会、シンポジウムです。

ここに挙げた講演以外にも、森川裕一氏（明日香村村長）、植島寶照氏（飛鳥寺住職）、柳林修氏（元読売新聞社）、藤澤典彦氏、狭川真一氏には、各講演会・シンポジウムのなかで座談会やパネルディスカッションにご登壇いただきました。また九月十五日には特別展『大元興寺展』関連特別講演会として西山厚氏（帝塚山大学客員教授）、逢香氏（妖怪書家）にご講演いただきました。一連の諸行事のなかで、多忙をおしてご登壇いただいた先生方にはこの場を借りて御礼申し上げます。

本書では、上記諸講演に加え、長年元興寺文化財研究所に携わり元興寺・法興寺の研究を積み重ねられてきた藤澤氏と狭川氏に書き下ろしの論考をご寄稿いただき、さらに同研究所の塚本敏夫による研究所での公開講座の内容をまとめた論考、その他現役の研究員による元興寺研究に関わるコラムを添えて一書としました。

元興寺創建一三〇〇年という節目に際し、元興寺の法灯を今に伝える上記三ヵ寺で記念法要をはじめとする仏教行事が大々的に行われましたが、同時に、元興寺および当研究所としてはこれを元興寺の歴史や文化財についての調査・研究を前進させる契機とも捉え、学術的な面でも実りあるものとし、かつ一般の方々にその成果を広く発信する機会としたいと考え、上記の講演会・シンポジウムを企画展・特別展とともに企画しました。

冒頭の里中氏の特別講演では、元興寺の前身である法興寺（飛鳥寺）の役割や、蘇我氏の動向などについて、近年の研究動向を踏まえつつ独自の捉え方で分かりやすく語っていただきました。第一部の各篇では、法興寺創建の歴史的位置づけについて、当時の東アジアの国際社会や国内の動向も踏まえて文献史学・考古学・建築史学の各立場から多角的にアプローチされています。第二部の各篇では、僧房の利用の実態や、法興寺の平城京への「移転」の内実、中世寺院化の過程など古代・中世の元興寺に関わる重要な論点について正面から検討され、さらに僧房の履歴についての年輪年代法による検討、納骨信仰の展開などについての総括的な研究成果も披瀝されました。いずれも研究の現段階における到達点を示すとともに、今後の研究進展に向けた様々な論点が提示されていると考えています。

本書が、姉妹編にあたる『図説　元興寺の歴史と文化財―一三〇〇年の信仰と法灯―』と合わせて広く読まれ、元興寺をめぐる歴史や文化財に関心を喚起し、その価値や魅力を再認識していただくきっかけとなることを願っています。

最後になりましたが、本書刊行にあたって、写真図版の使用につきご協力いただいた関係の皆様、刊行にご尽力いただいた吉川弘文館の石津輝真様には厚く御礼申し上げます。

令和二年九月

編者を代表して　元興寺文化財研究所　服部光真

執筆者紹介（生年／現職）

里中満智子（さとなか　まちこ）　一九四八年／マンガ家
東野　治之（とうの　はるゆき）　一九四六年／武田科学振興財団 杏雨書屋館長
黒崎　　直（くろさき　ただし）　一九四六年／大阪府立弥生文化博物館名誉館長
箱崎　和久（はこざき　かずひさ）　一九七〇年／奈良文化財研究所都城発掘調査部部長
相原　嘉之（あいはら　よしゆき）　一九六七年／奈良大学文学部文化財学科准教授
塚本　敏夫（つかもと　としお）　一九六一年／元興寺文化財研究所総合文化財センター長
佐藤　亜聖（さとう　あせい）　一九七二年／元興寺文化財研究所総括研究員
村田　裕介（むらた　ゆうすけ）　一九八〇年／元興寺文化財研究所研究員
坂本　　俊（さかもと　しゅん）　一九八八年／元興寺文化財研究所研究員
上原　眞人（うえはら　まひと）　一九四九年／辰馬考古資料館長・黒川古文化研究所所長
狭川　真一（さがわ　しんいち）　一九五九年／大阪大谷大学文学部歴史文化学科教授
横内　裕人（よこうち　ひろと）　一九六九年／京都府立大学文学部歴史学科教授
藤澤　典彦（ふじさわ　ふみひこ）　一九四五年／元興寺文化財研究所評議員
三宅　徹誠（みやけ　てつじょう）　一九七〇年／元興寺文化財研究所嘱託研究員
植村　拓哉（うえむら　たくや）　一九八〇年／元興寺文化財研究所研究員
服部　光真（はっとり　みつまさ）　一九八五年／元興寺文化財研究所研究員

日本仏教はじまりの寺　元興寺
一三〇〇年の歴史を語る

二〇二〇年（令和二）十一月二十日　第一刷発行

編　者　元興寺
　　　　元興寺文化財研究所

発行者　吉川道郎

発行所　株式会社　吉川弘文館
郵便番号一一三－〇〇三三
東京都文京区本郷七丁目二番八号
電話〇三－三八一三－九一五一〈代〉
振替口座〇〇一〇〇－五－二四四
http://www.yoshikawa-k.co.jp/

印刷・製本・装幀＝藤原印刷株式会社

Gangoji, Gangoji Institute for Research of Cultural Property 2020.
Printed in Japan
ISBN978-4-642-08388-1